#상위권_정복
#신유형_서술형_고난도

일등
전략

이 책을 집필해 주신 분들
이승환 영도중학교 교사
신장우 창문여자고등학교 교사
최연우 구산중학교 교사

Chunjae
Makes
Chunjae

▼

[일등전략] 중학 국어 문학 3

개발총괄 김덕유
편집개발 고명선, 이동주, 정인구, 이명진
디자인총괄 김희정
표지디자인 윤순미
내지디자인 박희춘, 우혜림
제작 황성진, 조규영
조판 대진문화인쇄(구민범, 권재원)

발행일 2022년 4월 15일 초판 2022년 4월 15일 1쇄
발행인 (주)천재교육
주소 서울시 금천구 가산로9길 54
신고번호 제2001-000018호
고객센터 1577-0902
교재 내용문의 02)3282-1788

※ 정답 분실 시에는 천재교육 교재 홈페이지에서 내려받으세요.

중학 국어 문학 3

BOOK 1

학 교 시 험 대 비

일등
전략

이 책의 구성과 활용

주 도입

이번 주에 배울 내용이 무엇인지 안내하는 부분입니다. 재미있는 만화를 통해 앞으로 배울 학습 요소를 미리 떠올려 봅니다.

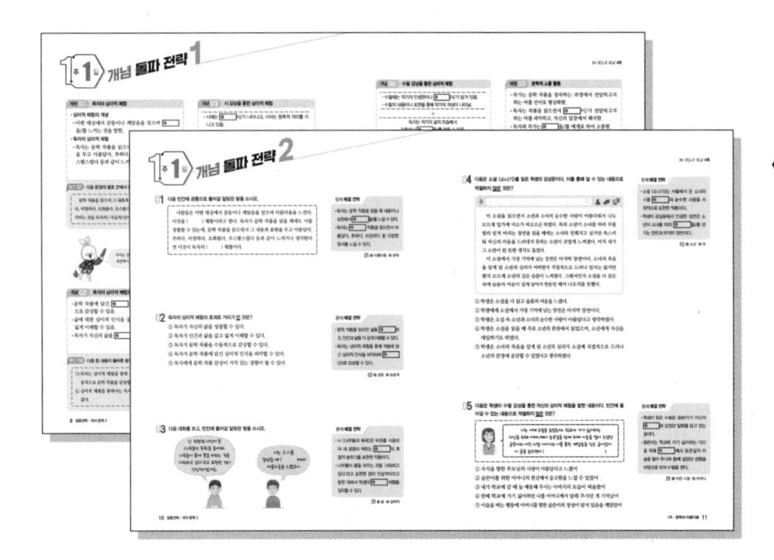

1일 개념 돌파 전략

성취기준별로 꼭 알아야 하는 핵심 개념을 익힌 뒤 문제를 풀며 개념을 잘 이해했는지 확인합니다.

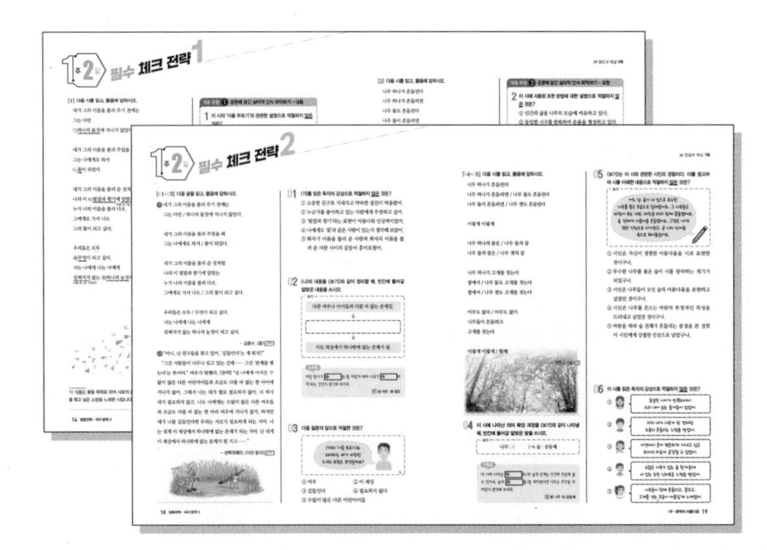

2일, 3일 필수 체크 전략

꼭 알아야 할 대표 유형 문제를 뽑아 쌍둥이 문제와 함께 풀어 보며 문제에 접근하는 과정과 방법을 체계적으로 익혀 봅니다.

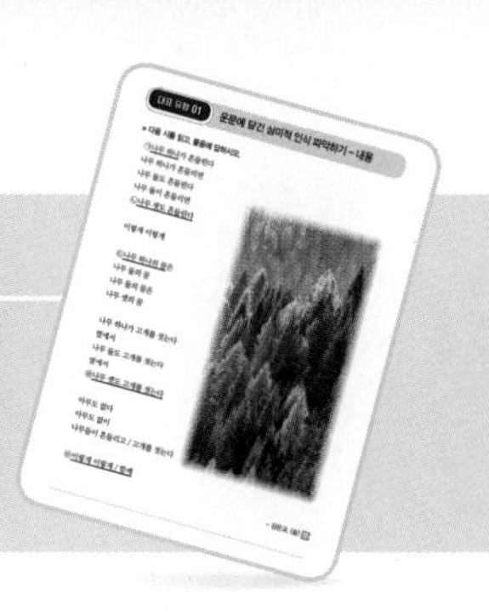

부록 시험에 잘 나오는 대표 유형 ZIP

부록을 뜯으면 미니북으로 활용할 수 있습니다. 시험 전에 대표 유형을 확실하게 익혀 보세요.

주 마무리 코너

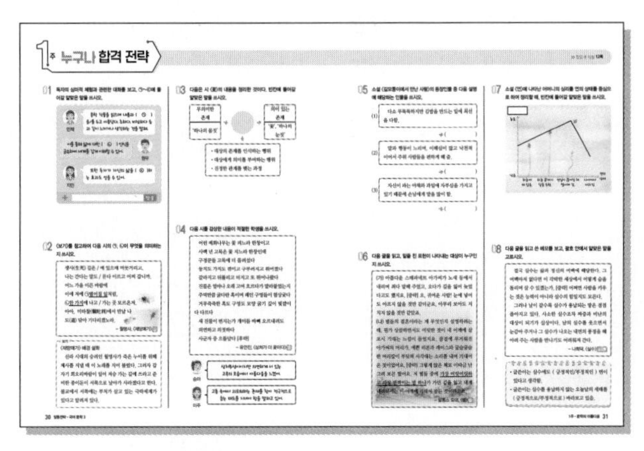

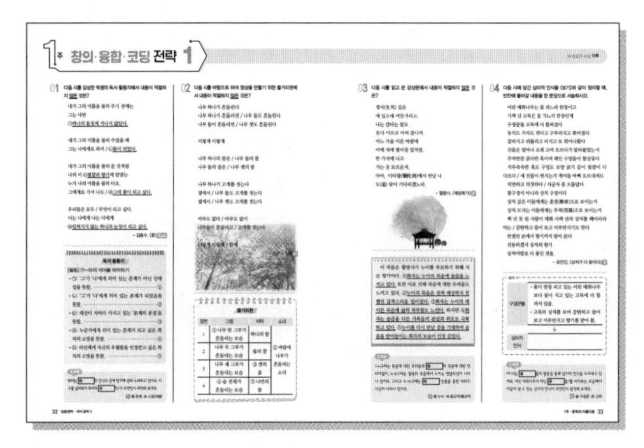

누구나 합격 전략

기초 이해력을 점검할 수 있는 종합 문제로 학습 자신감을 고취할 수 있습니다.

창의·융합·코딩 전략

융복합적 사고력과 문제 해결력을 길러 주는 문제로 구성하였습니다.

권 마무리 코너

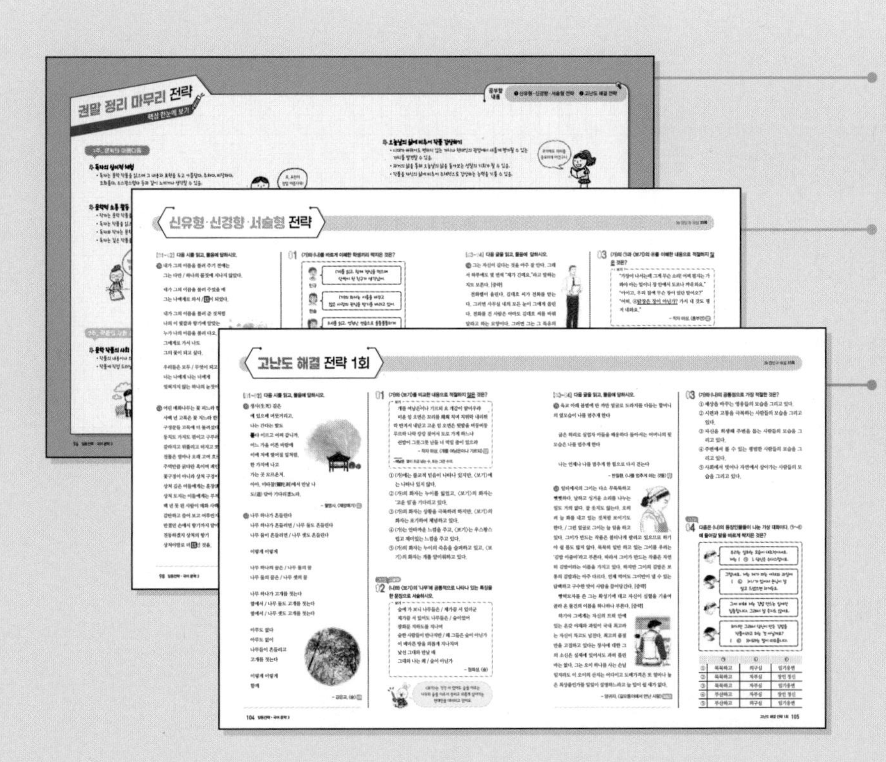

권말 정리 마무리 전략

학습 내용을 도식으로 정리하여 앞에서 공부한 내용을 한눈에 파악할 수 있습니다.

신유형·신경향·서술형 전략

신유형·서술형 문제를 집중적으로 풀며 문제 적응력을 높일 수 있습니다.

고난도 해결 전략

실제 시험에 대비할 수 있는 모의 실전 문제를 3회로 구성하였습니다.

이 책의
차례

이 책에서는 문학 작품이 수록된 교과서명을 아래와 같이 기호로 표시하였습니다.
천재(박영목) 천(박)　천재(노미숙) 천(노)　미래엔 미　비상 비
창비 창　지학사 지　동아 동　금성 금　교학사 교

1주 문학의 아름다움

독자의 심미적 체험이란 무엇일까?

공부할 내용	❶ 독자의 심미적 체험 이해하기 ❷ 작품에 담긴 심미적 인식 파악하기	❸ 독자의 심미적 체험 파악하기

1주 1일 개념 돌파 전략 1

개념 01 독자의 심미적 체험

- 심미적 체험의 개념
  - 어떤 대상에서 감동이나 깨달음을 얻으며 ❶ [ ] 을/를 느끼는 것을 말함.
- 독자의 심미적 체험
  - 독자는 문학 작품을 읽으며 그 ❷ [ ] 와/과 표현을 두고 아름답다, 추하다, 비장하다, 조화롭다, 우스꽝스럽다 등과 같이 느끼거나 생각할 수 있음.

답 ❶ 아름다움 ❷ 내용

확인 01 다음 문장의 괄호 안에서 알맞은 말을 고르시오.

문학 작품을 읽으며 그 내용과 표현을 두고 아름답다, 추하다, 비장하다, 조화롭다, 우스꽝스럽다 등과 같이 느끼거나 생각하는 것을 독자의 (사실적/심미적) 체험이라고 한다.

우리는 문학 작품을 감상할 때 내용과 표현에서 아름다움을 느낄 수 있어요.

개념 02 독자의 심미적 체험의 효과

- 문학 작품에 담긴 ❶ [ ] 인식을 파악하며 능동적으로 감상할 수 있음.
- 삶에 대한 심미적 인식을 공유함으로써 세계를 깊고 넓게 이해할 수 있음.
- 독자가 자신의 삶을 ❷ [ ] 할 수 있음.

답 ❶ 심미적 ❷ 성찰

확인 02 다음 중 내용이 올바른 문장을 고르시오.

㉠ 독자는 심미적 체험을 통해 심미적 인식을 파악하며 능동적으로 문학 작품을 감상할 수 있다.

㉡ 심미적 체험을 통해서는 독자가 자신의 삶을 성찰할 수 없다.

개념 03 시 감상을 통한 심미적 체험

- 시에는 ❶ [ ] 이/가 나타나고, 시어는 함축적 의미를 지니고 있음.
- 시는 감각적 이미지가 중시되며, 다양한 표현 방법을 사용함.

↓

시의 내용을 이해하고, 그 내용과 표현의 ❷ [ ] 을/를 느낄 수 있음.

답 ❶ 운율 ❷ 아름다움

확인 03 다음 중 내용이 올바른 문장을 고르시오.

㉠ 시어는 사전적 의미만을 지니고 있다.

㉡ 시에는 다양한 표현 방법이 사용되므로, 독자가 이를 이해하면 시를 감상하는 데 도움이 된다.

개념 04 소설 감상을 통한 심미적 체험

- 소설은 작가가 상상력과 구성력을 가미하여 쓴 ❶ [ ] 이야기임.
- 소설은 서술자를 통해 삶의 진실을 전달함.

↓

- 소설 속 인물들의 모습과 그들이 겪는 사건을 통해 감동과 깨달음 등을 얻을 수 있음.
- 삶의 여러 모습을 ❷ [ ] (으)로 체험할 수 있음.

답 ❶ 허구적 ❷ 간접적

확인 04 다음 문장의 괄호 안에서 알맞은 말을 고르시오.

소설은 작가가 상상력과 구성력을 가미하여 쓴 허구적 이야기로, (서술자/시적 화자)를 통해 독자에게 삶의 진실을 전달한다.

개념 05 수필 감상을 통한 심미적 체험

- 수필에는 작가의 인생관이나 ❶ [ ] 이/가 담겨 있음.
- 수필의 내용이나 표현을 통해 작가의 개성이 나타남.

↓

독자는 작가의 삶의 모습에서
교훈이나 ❷ [ ] 을/를 얻을 수 있음.

답 ❶ 가치관 ❷ 깨달음

확인 05 다음 중 내용이 올바른 문장을 고르시오.

㉠ 수필은 작가의 개성이 나타나는 글이므로 교훈이나 깨달음을 얻을 수 없다.
㉡ 수필에는 작가의 인생관이나 가치관이 담겨 있으므로 독자는 이를 파악하며 감상할 수 있다.

개념 06 문학 작품에 나타나는 심미성

내용의 심미성	• 내용적 측면에서 느낄 수 있는 작품의 아름다움 • 주제에 나타나는 인간과 삶에 관한 의미, 보편적 ❶ [ ] 등
표현의 심미성	• 형식적 측면에서 느낄 수 있는 작품의 아름다움 • 묘사, 비유, 상징 등 ❷ [ ] 을/를 드러내는 다양한 표현 방법

답 ❶ 가치 ❷ 주제

확인 06 다음이 무엇에 대한 설명인지 고르시오.

형식적 측면에서 느낄 수 있는 작품의 아름다움으로, 묘사나 비유, 상징 등 주제를 드러내는 다양한 표현 방법에서 확인할 수 있다.

(내용의 심미성/표현의 심미성)

개념 07 문학적 소통 활동

- 작가는 문학 작품을 창작하는 과정에서 전달하고자 하는 바를 언어로 형상화함.
- 독자는 작품을 읽으면서 ❶ [ ] 이/가 전달하고자 하는 바를 파악하고, 자신의 입장에서 해석함.
- 독자와 작가는 ❷ [ ] 을/를 매개로 하여 소통함.
- 독자는 같은 작품을 읽은 다른 독자와 감상을 나누기도 함.

답 ❶ 작가 ❷ 문학 작품

확인 07 다음 문장의 괄호 안에서 알맞은 말을 고르시오.

작가는 문학 작품을 창작하는 과정에서 자신이 전달하고자 하는 바를 (언어/영상)(으)로 형상화하며, 독자와 문학 작품을 매개로 하여 소통한다.

개념 08 문학의 미적 범주

숭고미	뜻이 깊고 훌륭하다는 느낌을 주는 아름다움
우아미	수준이 높고 ❶ [ ] 이/가 있다는 느낌을 주는 아름다움
비장미	슬픔이나 괴로움을 씩씩하게 받아들이는 데에서 느끼는 아름다움
골계미	우스꽝스러운 상황이나 ❷ [ ] 에서 느끼는 아름다움

답 ❶ 기품 ❷ 익살

확인 08 문학의 미적 범주 가운데 뜻이 깊고 훌륭하다는 느낌을 주는 아름다움은?

(비장미/숭고미)

1주 1일 개념 돌파 전략 2

01 다음 빈칸에 공통으로 들어갈 알맞은 말을 쓰시오.

> 사람들은 어떤 대상에서 감동이나 깨달음을 얻으며 아름다움을 느낀다. 이것을 (   ) 체험이라고 한다. 독자가 문학 작품을 읽을 때에도 이를 경험할 수 있는데, 문학 작품을 읽으면서 그 내용과 표현을 두고 아름답다, 추하다, 비장하다, 조화롭다, 우스꽝스럽다 등과 같이 느끼거나 생각한다면 이것이 독자의 (   ) 체험이다.

문제 해결 전략

- 독자는 문학 작품을 읽을 때 내용이나 표현에서 ❶ [   ]을/를 느낄 수 있다.
- 독자는 ❷ [   ] 작품을 읽으면서 아름답다, 추하다, 비장하다 등 다양한 정서를 느낄 수 있다.

답 ❶ 아름다움 ❷ 문학

02 독자의 심미적 체험의 효과로 거리가 먼 것은?

① 독자가 자신의 삶을 성찰할 수 있다.
② 독자가 인간과 삶을 깊고 넓게 이해할 수 있다.
③ 독자가 문학 작품을 수동적으로 감상할 수 있다.
④ 독자가 문학 작품에 담긴 심미적 인식을 파악할 수 있다.
⑤ 독자에게 문학 작품 감상이 가치 있는 경험이 될 수 있다.

문제 해결 전략

- 문학 작품을 읽으면 삶을 ❶ [   ]하고, 인간과 삶을 더 깊게 이해할 수 있다.
- 독자는 심미적 체험을 통해 작품에 담긴 심미적 인식을 파악하며 ❷ [   ](으)로 감상할 수 있다.

답 ❶ 성찰 ❷ 능동적

03 다음 대화를 보고, 빈칸에 들어갈 알맞은 말을 쓰시오.

문제 해결 전략

- 시 〈나무들의 목욕〉은 비유를 사용하여 새 생명이 싹트는 ❶ [   ]의 계절적 분위기를 표현한 작품이다.
- 나무들이 꽃을 피우는 것을 '샤워하고 있다'라고 표현한 점이 인상적이라고 말한 데에서 학생의 ❷ [   ] 체험을 짐작할 수 있다.

답 ❶ 봄 ❷ 심미적

04 다음은 소설 〈소나기〉를 읽은 학생의 감상문이다. 이를 통해 알 수 있는 내용으로 적절하지 않은 것은?

이 소설을 읽으면서 소년과 소녀의 순수한 사랑이 아름다워서 나도 모르게 입가에 미소가 떠오르곤 하였다. 특히 소년이 소녀를 따라 무를 멀리 던져 버리는 장면을 읽을 때에는 소녀와 친해지고 싶지만 쑥스러워 자신의 마음을 드러내지 못하는 소년이 귀엽게 느껴졌다. 마치 내가 그 소년이 된 듯한 생각도 들었다.

이 소설에서 가장 기억에 남는 장면은 마지막 장면이다. 소녀의 죽음을 알게 된 소년의 심리가 어떠한지 직접적으로 드러나 있지는 않지만 왠지 모르게 소년의 깊은 슬픔이 느껴졌다. 그래서인지 소설을 다 읽은 뒤에 슬픔의 여운이 길게 남아서 한동안 헤어 나오지를 못했다.

① 학생은 소설을 다 읽고 슬픔의 여운을 느꼈다.
② 학생에게 소설에서 가장 기억에 남는 장면은 마지막 장면이다.
③ 학생은 소설 속 소년과 소녀의 순수한 사랑이 아름답다고 생각하였다.
④ 학생은 소설을 읽을 때 주로 소년의 관점에서 읽었으며, 소년에게 자신을 대입하기도 하였다.
⑤ 학생은 소녀의 죽음을 알게 된 소년의 심리가 소설에 직접적으로 드러나 소년의 감정에 공감할 수 있었다고 생각하였다.

문제 해결 전략

- 소설 〈소나기〉는 서울에서 온 소녀와 시골 ❶ ☐의 순수한 사랑을 서정적으로 표현한 작품이다.
- 학생이 감상문에서 언급한 장면은 소년이 소녀를 따라 ❷ ☐을/를 던지는 장면과 마지막 장면이다.

답 ❶ 소년 ❷ 무

05 다음은 학생이 수필 감상을 통한 자신의 심미적 체험을 말한 내용이다. 빈칸에 들어갈 수 있는 내용으로 적절하지 않은 것은?

나는 어제 수필을 읽었는데, 학교에 가기 싫어하는 자신을 위해 어머니께서 등굣길을 함께 하며 이슬을 떨어 주셨던 글쓴이의 어린 시절 이야기와 이를 통한 깨달음을 담은 글이었어. 이 글을 읽으면서 (   ).

① 자식을 향한 부모님의 사랑이 아름답다고 느꼈어
② 글쓴이를 위한 어머니의 헌신에서 숭고함을 느낄 수 있었어
③ 내가 학교에 갈 때 늘 배웅해 주시는 아버지의 모습이 떠올랐어
④ 한때 학교에 가기 싫어하던 나를 어머니께서 달래 주시던 게 기억났어
⑤ 이슬을 떠는 행동에 어머니를 향한 글쓴이의 정성이 담겨 있음을 깨달았어

문제 해결 전략

- 학생이 읽은 수필은 글쓴이가 자신의 ❶ ☐에 있었던 일화를 담고 있는 글이다.
- 글쓴이는 학교에 가기 싫어하는 자신을 위해 ❷ ☐께서 등굣길의 이슬을 떨어 주시며 함께 걸었던 경험을 바탕으로 하여 수필을 썼다.

답 ❶ 어린 시절 ❷ 어머니

06 다음 대화를 참고할 때, ㉠~㉢에 들어갈 말이 바르게 짝지어진 것은?

㉠ → ㉡ → ㉢

작가는 문학 작품을 창작하는 과정에서 자신이 전달하고자 하는 바를 언어로 형상화해.

독자는 작품을 읽으면서 작가가 전달하고자 하는 바가 무엇인지 파악하고, 자신의 입장에서 해석해.

다시 말해 독자와 작가는 문학 작품을 매개로 하여 소통한다고 볼 수 있어.

	㉠	㉡	㉢
①	작가	독자	문학 작품
②	작가	문학 작품	독자
③	독자	작가	문학 작품
④	문학 작품	작가	독자
⑤	문학 작품	독자	작가

문제 해결 전략

- 작가는 독자에게 전달하고자 하는 바를 ❶ ______(으)로 형상화한다.
- 독자는 문학 작품을 읽음으로써 작가가 전달하고자 하는 바를 파악하고, 자신의 입장에서 해석한다.
- 독자는 같은 작품을 읽은 다른 독자와 감상을 나누기도 하는데, 이는 모두 문학적 ❷ ______ 활동이다.

답 ❶ 언어 ❷ 소통

07 문학의 미적 범주의 종류와 그 설명을 바르게 연결하시오.

(1) 숭고미 •　　• ㉠ 뜻이 깊고 훌륭하다는 느낌을 주는 아름다움

(2) 우아미 •　　• ㉡ 우스꽝스러운 상황이나 익살에서 느끼는 아름다움

(3) 비장미 •　　• ㉢ 수준이 높고 기품이 있다는 느낌을 주는 아름다움

(4) 골계미 •　　• ㉣ 슬픔이나 괴로움을 씩씩하게 받아들이는 데에서 느끼는 아름다움

문제 해결 전략

- 독자가 문학 작품을 감상할 때 내용이나 ❶ ______에서 느끼는 아름다움의 범주를 문학의 미적 범주라고 한다.
- 문학의 미적 범주는 숭고미, 우아미, ❷ ______, 골계미 등으로 나눌 수 있다.

답 ❶ 표현 ❷ 비장미

08 다음 시조를 감상한 학생들의 대화를 보고, 괄호 안에서 알맞은 말을 고르시오.

> 두꺼비 파리를 물고 두엄˚ 위에 치달아 앉아
> 건넛산 바라보니 백송골˚이 떠 있거늘 가슴이 끔찍하여 풀쩍 뛰어 내닫다가 두엄 아래에 자빠졌구나
> 모쳐라˚ 날랜 나이니 망정이지 어혈˚ 질 뻔했구나
>
> – 작자 미상, 〈두꺼비 파리를 물고〉

- **두엄** 풀, 짚 또는 가축의 배설물 따위를 썩힌 거름.
- **백송골** 매의 한 종류.
- **모쳐라** '마침'의 옛말.
- **어혈** 타박상 따위로 살 속에 피가 맺힘. 또는 그 피.

문제 해결 전략

- 이 시조에서 두꺼비는 파리를 물고 괴롭히다가 ❶ [ ]을/를 보고 놀라 두엄 아래로 자빠지고 있다.
- 이 시조에서 두꺼비는 백성들을 괴롭히는 ❷ [ ]을/를 의미하고, 백송골은 큰 권력을 가진 중앙 관리를 의미한다.

답 ❶ 백송골 ❷ 탐관오리

09 다음은 소설 〈독 짓는 늙은이〉를 읽고 쓴 감상문이다. 빈칸에 들어갈 말로 가장 적절한 것은?

> 일생을 독 짓는 일에 바쳐 온 송 영감은 아내가 젊은 조수와 도망친 뒤로 생계를 위해 안간힘을 다해 독을 짓지만 육체적으로 쇠약해지고 정신적 고통이 커서 예전과 같은 솜씨를 발휘하지 못한다. 이를 딱하게 여기던 앵두나뭇집 할머니가 아들을 양자로 보내는 것을 권하는데, 송 영감은 이를 거절한다. 그러나 자신이 지은 독들이 가마 속에서 깨지는 소리를 들은 송 영감은 결국 앵두나뭇집 할머니에게 자신의 아들을 좋은 자리에 보내 줄 것을 부탁하고, 아들이 떠난 후에 가마 속으로 들어가 혼자 죽음을 맞이한다.
>
> 깨진 독들을 대신하여 가마 속으로 들어가 죽음을 맞이하는 송 영감의 모습이 (   ) 비장미를 느낄 수 있었다.

① 밝고 희망적이어서　② 건조하고 무기력해서
③ 슬프지만 익살스러워서　④ 비극적이지만 감동적이어서
⑤ 신비롭지만 비현실적이어서

문제 해결 전략

- 소설 〈독 짓는 늙은이〉에서 송 영감은 깨진 독들을 대신해 자신이 ❶ [ ] 속으로 들어가 죽음을 맞이한다.
- 이 소설은 일생을 독 짓는 일에 바친 한 노인의 ❷ [ ]인 결말을 감동적으로 그려 내고 있다.

답 ❶ 가마 ❷ 비극적

1주 2일 필수 체크 전략 1

[1] 다음 시를 읽고, 물음에 답하시오.

내가 그의 이름을 불러 주기 전에는
그는 다만
㉠하나의 몸짓에 지나지 않았다.

내가 그의 이름을 불러 주었을 때
그는 나에게로 와서
㉡꽃이 되었다.

내가 그의 이름을 불러 준 것처럼
나의 이 ㉢빛깔과 향기에 알맞는(바른 표기는 '알맞은')
누가 나의 이름을 불러 다오.
그에게로 가서 나도
그의 꽃이 되고 싶다.

우리들은 모두
㉣무엇이 되고 싶다.
너는 나에게 나는 너에게
잊혀지지(바른 표기는 '잊히지') 않는 ㉤하나의 눈짓이 되고 싶다.

– 김춘수, 〈꽃〉 천(박)

이 작품은 꽃을 제재로 하여 서로의 존재를 인식하고 의미 있는 관계를 맺고 싶은 소망을 노래한 시입니다.

대표 유형 1 운문에 담긴 심미적 인식 파악하기 – 내용

1 이 시의 '이름 부르기'와 관련한 설명으로 적절하지 않은 것은?

① 화자는 자신의 외모와 어울리는 이름으로 불리기를 바라고 있다.
② 화자는 누군가가 이름을 불러 주면 꽃이 될 수 있다고 생각하고 있다.
③ 화자는 '이름 부르기' 전후로 존재들의 관계가 달라진다고 생각하고 있다.
④ 화자는 모든 존재가 누군가에게 이름이 불리기를 바란다고 생각하고 있다.
⑤ 화자는 '이름 부르기'가 누군가의 존재를 인식하는 일이라고 생각하고 있다.

유형 해결 전략

이 시의 화자는 서로의 ❶ [ ] 을/를 인식하고 서로에게 의미 있는 ❷ [ ] 이/가 되기를 소망하고 있다. 화자는 이를 가능하게 하는 행위가 '이름 부르기'라고 보고 있다.

답 ❶ 존재 ❷ 관계

1-1 이 시의 ㉠~㉤의 의미를 바르게 풀이한 것끼리 묶은 것은?

> ㉠: 작지만 소중한 노력
> ㉡: 의미 있는 존재
> ㉢: 존재의 본질
> ㉣: 특별한 의미가 없는 평범한 존재
> ㉤: 비밀스럽게 주고받는 신호

① ㉠, ㉡　② ㉡, ㉢
③ ㉠, ㉡, ㉢　④ ㉡, ㉢, ㉣
⑤ ㉢, ㉣, ㉤

[2] 다음 시를 읽고, 물음에 답하시오.

나무 하나가 흔들린다
나무 하나가 흔들리면
나무 둘도 흔들린다
나무 둘이 흔들리면
나무 셋도 흔들린다

이렇게 이렇게

나무 하나의 꿈은 / 나무 둘의 꿈
나무 둘의 꿈은 / 나무 셋의 꿈

나무 하나가 고개를 젓는다
옆에서 / 나무 둘도 고개를 젓는다
옆에서 / 나무 셋도 고개를 젓는다

아무도 없다
아무도 없이
나무들이 흔들리고
고개를 젓는다

이렇게 이렇게 / 함께

– 강은교, 〈숲〉 창

이 작품은 나무들이 바람에 흔들리는 모습, 숲 전체가 흔들리는 모습을 통해 숲의 아름다움, 공동체 의식으로 조화롭게 사는 삶을 노래한 시입니다.

대표 유형 2 운문에 담긴 심미적 인식 파악하기 – 표현

2 **이 시에 사용된 표현 방법에 대한 설명으로 적절하지 않은 것은?**

① 인간의 삶을 나무의 모습에 비유하고 있다.
② 동일한 시구를 반복하여 운율을 형성하고 있다.
③ 유사한 문장 구조를 반복하여 의미를 강조하고 있다.
④ '나무 하나'에서 '나무 둘', '나무 셋'으로 시상이 확장되고 있다.
⑤ 겉보기에 모순된 표현을 사용하여 이면의 진실을 강조하고 있다.

유형 해결 전략

시에 사용되는 표현 방법에는 대상을 다른 대상에 빗대어 표현하는 ❶ [ ], 시어나 시구, 문장 구조 등의 ❷ [ ], 말하고자 하는 내용의 비중이나 강도를 점차 높이거나 넓히는 점층, 겉보기에는 모순이지만 진실을 담고 있는 역설 등이 있다. 이 시에 사용된 표현 방법이 무엇인지 살펴본다.

답 ❶ 비유 ❷ 반복

2-1 **다음은 이 시를 읽고 쓴 감상문이다. ㉠, ㉡에 들어갈 알맞은 말을 쓰시오.**

> 이 시를 읽으면 머릿속으로 화면이 재생된다. 처음에는 나무 한 그루가 흔들린다. 잠시 후 화면이 조금 넓어지고 옆에 있는 나무가 함께 흔들린다. 점차 화면이 넓어지며 또 다른 나무가 흔들리고 마지막에는 (㉠) 전체가 흔들린다. 이처럼 이 시에는 (㉡) 심상이 주로 드러나 있으며, 점층을 통해 대상을 인상적으로 표현하고 있다.

도움말

이 시를 읽으면 나무 ❶ [ ]와/과 나무 둘, 셋이 같이 흔들리는 모습이 떠올라요. 이를 통해 알 수 있는 주요 ❷ [ ]이/가 무엇인지 생각해 보세요.

답 ❶ 하나 ❷ 심상

[3] 다음 시를 읽고, 물음에 답하시오.

생사(生死) 길은
삶과 죽음의 갈림길
예 있으매 머뭇거리고,
여기(이승)에
나는 간다는 말도

몯다 이르고 어찌 갑니까.

어느 가을 이른 바람에

이에 저에 떨어질 잎처럼,

한 가지에 나고
같은
가는 곳 모르온저.
모르는구나
아아, 미타찰(彌陀刹)에서 만날 나
아미타불이 살고 있는 안락하고 자유로운 세상. 극락세계.
도(道) 닦아 기다리겠노라.

– 월명사, 〈제망매가(祭亡妹歌)〉 비
죽은 누이를 위해 제사를 지내며 부르는 노래.

이 작품은 향찰로 표기된 우리 고유의 시가인 향가로, 월명사가 죽은 누이의 명복을 빌기 위해 제사를 지낼 때 지어 불렀다고 합니다. 삶과 죽음의 문제를 자연의 섭리에 비유하여 형상화하고 있습니다.

대표 유형 3 운문에 담긴 심미적 인식 파악하기 – 주제

3 〈보기〉를 바탕으로 할 때, 이 시의 주제로 적절한 것은?

보기

〈제망매가〉 배경 설화

신라 시대의 승려인 월명사가 죽은 누이를 위해 제사를 지낼 때 이 노래를 지어 불렀다. 그러자 갑자기 회오리바람이 일어 저승 가는 길에 쓰라고 준비한 종이돈이 서쪽으로 날아가 사라졌다고 한다. 불교에서는 서쪽에 부처가 살고 있는 극락세계가 있다고 알려져 있다.

① 죽은 누이에 대한 추모
② 형제 사이의 갈등과 화해
③ 요절한 자녀에 대한 부모의 슬픔
④ 자신의 곁을 떠난 친구를 향한 원망
⑤ 종교적 믿음이 흔들리는 개인의 내적 갈등

유형 해결 전략

〈보기〉를 통해 ❶ [ ] 시대 월명사가 죽은 누이를 위해 제사를 지낼 때 지어 불렀다는 배경 설화가 있음을 알 수 있다. 배경 설화를 참고하여 작품의 ❷ [ ] 을/를 파악한다.

답 ❶ 신라 ❷ 주제

3-1 다음은 '누이의 죽음'을 대하는 화자의 태도를 정리한 것이다. 빈칸에 들어갈 알맞은 말을 쓰시오.

1~8구	누이의 죽음에 안타까움과 슬픔, 삶의 허무함을 느낌.
↓	
9~10구	종교적 믿음으로 슬픔을 극복하며 누이와의 (　　　)을/를 기약함.

도움말

향가의 '구'는 시의 '행'과 같아요. 9구의 '❶ [ ]'을/를 중심으로 하여 앞뒤로 ❷ [ ] 의 죽음을 대하는 화자의 태도가 변하고 있어요.

답 ❶ 아아 ❷ 누이

[4] 다음 시를 읽고, 물음에 답하시오.

어린 매화나무는 꽃 피느라 한창이고

사백 년 고목은 꽃 지느라 한창인데

구경꾼들 고목에 더 몰려섰다

둥치도 가지도 꺾이고 구부러지고 휘어졌다

큰 나무의 밑동.

갈라지고 뒤틀리고 터지고 또 튀어나왔다

진물은 얼마나 오래 고여 흐르다가 말라붙었는지

부스럼이나 상처 따위에서 흐르는 물.

주먹만큼 굵다란 혹이며 패인 구멍들이 험상궂다

거무죽죽한 혹도 구멍도 모양 굵기 깊이 빛깔이 다 다르다

새 진물이 번지는가 개미들 바삐 오르내려도

의연하고 의젓하다

사군자 중 으뜸답다

매화, 난초, 국화, 대나무

꽃구경이 아니라 상처 구경이다

상처 깊은 이들에게는 훈장(勳章)으로 보이는가

상처 도지는 이들에게는 부적(符籍)으로 보이는가

나아지거나 나았던 병이 도로 심해지다.

백 년 못 된 사람이 매화 사백 년의 상처를 헤아리랴마는

감탄하고 쓸어 보고 어루만지기도 한다

만졌던 손에서 향기까지 맡아 본다

진동하겠지 상처의 향기

상처야말로 더 꽃인 것을.

– 유안진, 〈상처가 더 꽃이다〉 미

이 작품은 어린 매화나무와 고목의 모습을 대조하여 상처가 꽃보다 더 아름다움을 노래한 시입니다.

대표 유형 4 독자의 심미적 체험 파악하기

4 이 시를 읽은 독자의 반응으로 적절하지 않은 것은?

① '상처야말로 더 꽃인 것을.'이라는 표현이 참신해서 기억에 남아.
② 고목의 상처에서 아름다움을 발견한 시인의 심미적 인식이 신선하게 느껴졌어.
③ 고목의 상처를 시각적 심상을 활용하여 생생하게 표현해서 마치 직접 보는 듯했어.
④ 잡지에서 보았던 굳은살이 박인 목수의 손이 떠올랐어. 그 굳은살이 고목의 상처와 같아.
⑤ 외면의 아름다움에 빠져 내면의 아름다움을 잊은 구경꾼들을 비판하는 내용에 공감했어.

유형 해결 전략

시를 읽은 독자의 반응은 내용이나 ❶ [ ]와/과 관련한 것일 수도 있고, 독자의 경험과 관련한 것일 수도 있다. 이 시는 고목의 아름답고 고귀한 ❷ [ ]을/를 노래하고 있음을 참고하여 독자의 반응으로 적절하지 않은 것을 찾아본다.

답 ❶ 표현 ❷ 상처

4-1 다음 대화의 ㉠, ㉡에 들어갈 알맞은 말을 쓰시오.

민채: 이 시를 읽고 어떤 생각을 했어? 나는 어린 매화나무의 (㉠)이/가 아닌 고목의 상처에 주목한 것이 독특하다고 생각했어.

원우: 상처가 꽃보다 아름답다는 (㉡)적 발상을 통해 상처를 통해 성숙해질 수 있다는 깨달음을 얻었어.

지민: 공연 연습을 할 때에는 힘들고 고통스러웠는데 무사히 공연을 마친 뒤에 그 연습 시간들이 값지게 느껴졌던 경험이 떠올랐어.

+ 전송

1주 2일 필수 체크 전략 2

[01~03] 다음 글을 읽고, 물음에 답하시오.

가 내가 그의 이름을 불러 주기 전에는
그는 다만 / 하나의 몸짓에 지나지 않았다.

내가 그의 이름을 불러 주었을 때
그는 나에게로 와서 / 꽃이 되었다.

내가 그의 이름을 불러 준 것처럼
나의 이 빛깔과 향기에 알맞는
누가 나의 이름을 불러 다오.
그에게로 가서 나도 / 그의 꽃이 되고 싶다.

우리들은 모두 / 무엇이 되고 싶다.
너는 나에게 나는 너에게
잊혀지지 않는 하나의 눈짓이 되고 싶다.

– 김춘수, 〈꽃〉 천(박)

나 "아니, 난 친구들을 찾고 있어. '길들인다'는 게 뭐지?"

"그건 사람들이 너무나 잊고 있는 건데…… 그건 '관계를 맺는다'는 뜻이야." 여우가 말했다. [중략] "넌 나에게 아직은 수없이 많은 다른 어린아이들과 조금도 다를 바 없는 한 아이에 지나지 않아. 그래서 나는 네가 별로 필요하지 않아. 너 역시 내가 필요하지 않고. 나도 너에게는 수없이 많은 다른 여우들과 조금도 다를 바 없는 한 마리 여우에 지나지 않지. 하지만 네가 나를 길들인다면 우리는 서로가 필요하게 되는 거야. 너는 내게 이 세상에서 하나밖에 없는 존재가 되는 거야. 난 네게 이 세상에서 하나밖에 없는 존재가 될 거고……."

– 생텍쥐페리, 〈어린 왕자〉 천(박)

01 (가)를 읽은 독자의 감상으로 적절하지 않은 것은?

① 소중한 친구로 지내자고 약속한 절친이 떠올랐어.
② 누군가를 좋아하고 있는 사람에게 추천하고 싶어.
③ '빛깔과 향기'라는 표현이 아름다워 인상적이었어.
④ 나에게도 '꽃'과 같은 사람이 있는지 생각해 보았어.
⑤ 화자가 이름을 불러 준 사람과 화자의 이름을 불러 준 사람 사이의 갈등이 흥미로웠어.

02 (나)의 내용을 〈보기〉와 같이 정리할 때, 빈칸에 들어갈 알맞은 내용을 쓰시오.

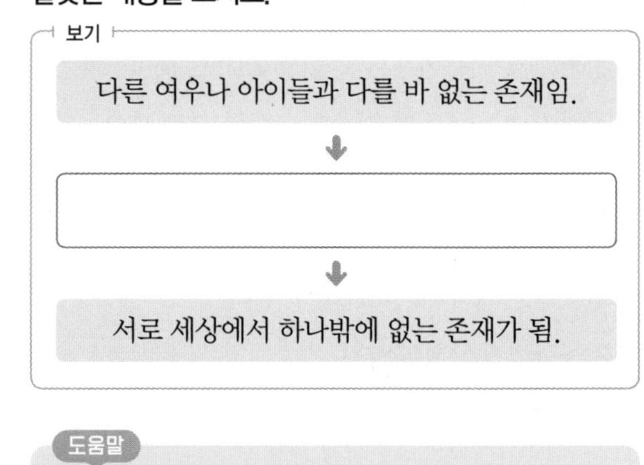
보기
다른 여우나 아이들과 다를 바 없는 존재임.
↓
(빈칸)
↓
서로 세상에서 하나밖에 없는 존재가 됨.

도움말
어린 왕자가 ❶ 을/를 어떻게 해야 서로가 ❷ 하게 되는 것인지 생각해 보세요.

답 ❶ 여우 ❷ 필요

03 다음 질문의 답으로 적절한 것은?

(가)의 '이름 부르기'와 의미하는 바가 비슷한 (나)의 표현은 무엇일까요?

① 여우
② 이 세상
③ 길들인다
④ 필요하지 않다
⑤ 수없이 많은 다른 어린아이들

[04~06] 다음 시를 읽고, 물음에 답하시오.

나무 하나가 흔들린다
나무 하나가 흔들리면 / 나무 둘도 흔들린다
나무 둘이 흔들리면 / 나무 셋도 흔들린다

이렇게 이렇게

나무 하나의 꿈은 / 나무 둘의 꿈
나무 둘의 꿈은 / 나무 셋의 꿈

나무 하나가 고개를 젓는다
옆에서 / 나무 둘도 고개를 젓는다
옆에서 / 나무 셋도 고개를 젓는다

아무도 없다 / 아무도 없이
나무들이 흔들리고
고개를 젓는다

이렇게 이렇게 / 함께

– 강은교, 〈숲〉 창

04 **이 시에 나타난 의미 확장 과정을 〈보기〉와 같이 나타낼 때, 빈칸에 들어갈 알맞은 말을 쓰시오.**

보기

나무 : (　　　) ➔ 숲 : 공동체

도움말

이 시에 나타난 ❶ [　　] 와/과 숲의 관계는 인간에 적용해 볼 수 있어요. 숲이 ❷ [　　] 을/를 의미한다면 나무는 무엇을 의미할지 생각해 보세요.

답 ❶ 나무 ❷ 공동체

05 **〈보기〉는 이 시와 관련한 시인의 경험이다. 이를 참고하여 시를 이해한 내용으로 적절하지 않은 것은?**

보기

어느 날, 숲이 내 앞으로 무수한 나무를 품은 모습으로 달려왔어요. 그 나무들은 바람이 부는 대로, 바람을 따라 함께 흔들렸어요. 숲 전체가 너울너울 흔들렸어요. 그것은 내게 강한 인상으로 다가왔고, 곧 시의 단어들 속으로 뛰어들었어요.

① 시인은 자신이 경험한 아름다움을 시로 표현한 것이구나.
② 무수한 나무를 품은 숲이 시를 창작하는 계기가 되었구나.
③ 시인은 나무들이 모인 숲의 아름다움을 표현하고 싶었던 것이구나.
④ 시인은 나무를 흔드는 바람의 부정적인 특성을 드러내고 싶었던 것이구나.
⑤ 바람을 따라 숲 전체가 흔들리는 풍경을 본 경험이 시인에게 강렬한 인상으로 남았구나.

06 **이 시를 읽은 독자의 감상으로 적절하지 않은 것은?**

① 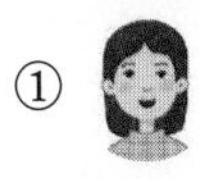 동일한 시어가 반복되어서 소리 내어 읽는 즐거움이 있었어.

②  마치 내가 나무가 된 것처럼 조용히 흔들리는 느낌을 받았어.

③  자연에서 혼자 평온하게 지내고 싶은 화자의 마음에 공감할 수 있었어.

④  수많은 나무가 있는 숲 한가운데 서 있는 듯한 신비로운 느낌을 받았어.

⑤  나무들이 함께 흔들리고, 꿈꾸고, 고개를 젓는 모습이 아름답게 느껴졌어.

[07~09] 다음 시를 읽고, 물음에 답하시오.

(가) 생사(生死) 길은
예 있으매 ㉠머뭇거리고,
㉡나는 간다는 말도
㉢몯다 이르고 어찌 갑니까.
어느 가을 이른 바람에
이에 저에 ㉣떨어질 잎처럼,
한 가지에 나고
가는 곳 모르온저.
아아, ㉤미타찰(彌陀刹)에서 만날 나
도(道) 닦아 기다리겠노라.

– 월명사, 〈제망매가〉 비

(나) 거미 새끼 하나 방바닥에 나린(내려온) 것을 나는 아무 생각 없이 문밖으로 쓸어 버린다
차디찬 밤이다

언제인가 새끼 거미 쓸려 나간 곳에 큰 거미가 왔다
나는 가슴이 짜릿한다
나는 또 큰 거미를 쓸어 문밖으로 버리며
찬 밖이라도 새끼 있는 데로 가라고 하며 서러워한다

이렇게 해서 아린(마음이 몹시 고통스럽다.) 가슴이 싹기도(긴장이나 화가 풀려 마음이 가라앉기도) 전이다
어데서 좁쌀알만 한 알에서 가제('갓', '방금'의 평안도 방언.) 깨인 듯한 발이 채 서지도 못한 무척 작은 새끼 거미가 이번엔 큰 거미 없어진 곳으로 와서 아물거린다(작거나 희미한 것이 보일 듯 말 듯 하게 조금씩 자꾸 움직이다.)
나는 가슴이 메이는 듯하다
내 손에 오르기라도 하라고 나는 손을 내어미나 분명히 울고불고 할 이 작은 것은 나를 무서우이(무섭게 여기며) 달어나 버리며 나를 서럽게 한다
나는 이 작은 것을 고이 보드러운 종이에 받어 또 문밖으로 버리며
이것의 엄마와 누나나 형이 가까이 이것의 걱정을 하며 있다가 쉬이 만나기나 했으면 좋으련만 하고 슬퍼한다

– 백석, 〈수라〉 비
아수라. '눈뜨고 볼 수 없을 만큼 끔찍하게 흩어져 있는 현장'을 의미함.

07 (가)의 ㉠~㉤에 대한 설명으로 적절하지 않은 것은?

① ㉠: 죽음에 대한 화자의 두려움이 드러나 있다.
② ㉡: 헤어질 때 화자가 누이에게 한 말이다.
③ ㉢: 죽은 누이를 향한 안타까움이 드러나 있다.
④ ㉣: 누이의 죽음을 비유적으로 표현하고 있다.
⑤ ㉤: 종교적 믿음으로 슬픔을 극복하고자 하는 화자의 의지가 드러나 있다.

08 (나)에 나타난 화자의 감정 변화로 가장 적절한 것은?

① 서러움 → 무심함 → 슬픔
② 슬픔 → 무심함 → 서러움
③ 무심함 → 서러움 → 슬픔
④ 슬픔 → 서러움 → 무심함
⑤ 서러움 → 슬픔 → 무심함

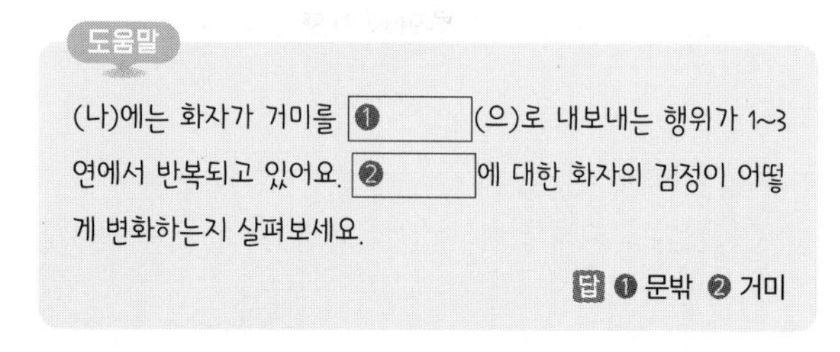
도움말
(나)에는 화자가 거미를 ❶ [ ](으)로 내보내는 행위가 1~3연에서 반복되고 있어요. ❷ [ ]에 대한 화자의 감정이 어떻게 변화하는지 살펴보세요.

답 ❶ 문밖 ❷ 거미

09 다음은 (가)와 (나)를 읽고 쓴 감상문이다. ⓐ~ⓒ에 들어갈 알맞은 말을 쓰시오.

(가)는 젊은 나이에 죽은 (ⓐ)을/를 추모하는 향가이고, (나)는 (ⓑ) 가족의 모습을 통해 해체된 가족 공동체의 아픔과 가족 공동체를 회복하고 싶은 소망을 노래하고 있는 시이다. (가)와 (나)에서 공통적인 아름다움을 느낄 수 있었는데, (ⓒ) 상황을 언어로 형상화한 데에서 오는 아름다움을 느낄 수 있었다.

>> 정답과 해설 7쪽

[10~12] 다음 시를 읽고, 물음에 답하시오.

어린 매화나무는 꽃 피느라 한창이고
시백 년 고목은 꽃 지느라 한창인데
구경꾼들 고목에 더 몰려섰다
둥치도 가지도 꺾이고 구부러지고 휘어졌다
갈라지고 뒤틀리고 터지고 또 튀어나왔다
진물은 얼마나 오래 고여 흐르다가 말라붙었는지
주먹만큼 굵다란 혹이며 패인 구멍들이 험상궂다
거무죽죽한 혹도 구멍도 모양 굵기 깊이 빛깔이 다 다르다
새 진물이 번지는가 개미들 바삐 오르내려도
의연하고 의젓하다
사군자 중 으뜸답다
꽃구경이 아니라 상처 구경이다
상처 깊은 이들에게는 훈장(勳章)으로 보이는가
상처 도지는 이들에게는 부적(符籍)으로 보이는가
백 년 못 된 사람이 매화 사백 년의 상처를 헤아리랴마는
감탄하고 쓸어 보고 어루만지기도 한다
만졌던 손에서 향기까지 맡아 본다
진동하겠지 상처의 향기
상처야말로 더 꽃인 것을.

– 유안진, 〈상처가 더 꽃이다〉 미

10 이 시에 나타난 고목의 모습으로 적절하지 않은 것은?

① 매화꽃이 지고 있다.
② 진물이 새로 번지고 있다.
③ 가지가 꺾이고 구부러져 있다.
④ 굵은 혹과 패인 구멍들이 있다.
⑤ 둥치가 갈라진 부분 없이 매끈하다.

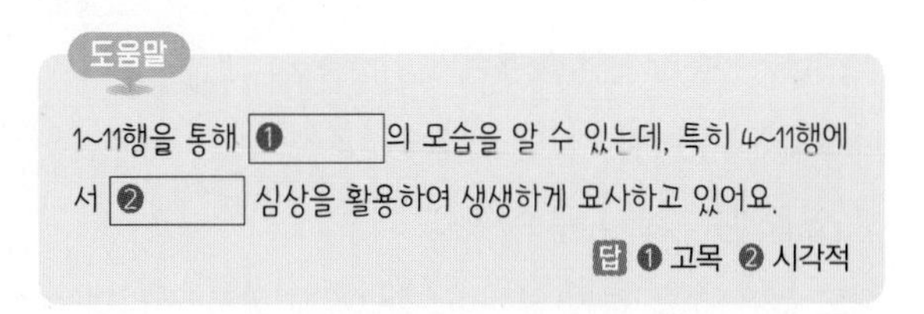

11 이 시에서 다음 설명에 해당하는 시구를 찾아 쓰시오.

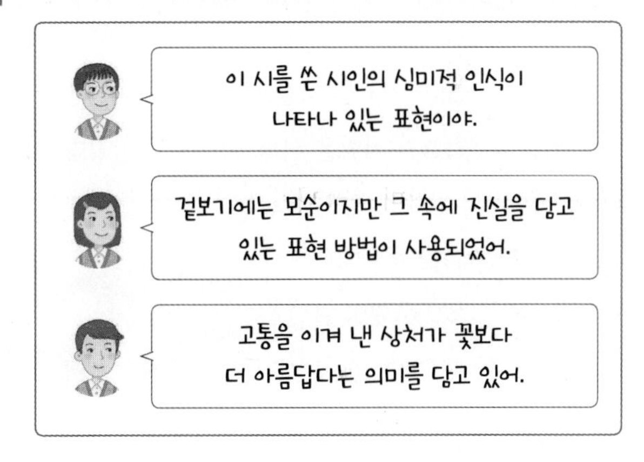

12 이 시와 관련하여 시인이 했을 경험으로 가장 적절한 것은?

① 구경꾼들이 사군자 가운데 무엇이 으뜸인지 토론하는 장면을 보았다.
② 구경꾼들이 꽃이 가득 핀 사백 년 된 고목을 감상하는 장면을 보았다.
③ 구경꾼들이 고목에 있는 상처를 보며 감탄하고 어루만지는 장면을 보았다.
④ 구경꾼들이 가지가 앙상한 어린 매화나무를 보며 안타까워하는 장면을 보았다.
⑤ 구경꾼들이 시인이 기른 매화나무의 가지를 꺾거나 구부러뜨리는 장면을 보았다.

1주 3일 필수 체크 전략 1

[1] 다음 글을 읽고, 물음에 답하시오.

㉮ 김밥 아줌마는 작품을 만들 때 사람들이 보고 있으면 막 화를 낸다. 누군가 쳐다보면 마음이 흔들려서 실패작만 나온다는 것이다. 김밥을 말고 있을 때는 누가 무슨 말을 해도 들은 척을 하지 않는다. 한 번 더 말을 시키면 여지없이 성질을 내며 일손을 놓아 버린다. 그이는 파는 일엔 전혀 관심이 없고 오직 김밥을 만드는 그 행위에만 몰두해 있는 사람처럼 보인다. [중략]

그러나 집에 돌아와서 먹어 본 김밥은 그이에게 당한 것쯤이야 까맣게 잊어버리고도 남을 만큼 그 맛이 환상적이었다. 그 김밥은 돈 몇 푼의 이익을 위해 말아진 그런 김밥이 아니었다.

㉯ 하기야 그에게는 자신의 트럭 안에 있는 온갖 야채와 과일이 국내 최고라는 자신이 차고도 넘친다. 최고의 품질만을 고집하고 있다는 장사에 대한 그의 소신(굳게 믿고 있는 바. 또는 생각하는 바.)은 실제에 있어서도 과히 틀린 바는 없다. [중략]

그런 과정에서 행여 고객의 불만이 포착되기라도 하면 그는 아예 장사고 뭐고 없이 그것의 규명(어떤 사실을 자세히 따져서 바로 밝힘.)에만 매달린다. 그 고구마가 달지 않은 것은 삶는 방법에 문제가 있었는지 아니면 그런 고구마를 도매 시장에서 떼 온 자신의 안목이 모자라서였는지를 속 시원하게 판가름하지 않으면 직성이 안 풀리는 사람이 바로 주홍 트럭의 주인인 빵떡모자 아저씨인 것이다.

– 양귀자, 〈길모퉁이에서 만난 사람〉 천(박)

이 작품은 주변에서 만날 수 있는 평범한 이웃들의 삶에서 찾은 의미를 형상화한 소설입니다.

대표 유형 1 산문에 담긴 심미적 인식 파악하기 – 내용

1 (가)와 (나)의 중심인물에 대한 설명으로 적절하지 않은 것은?

① (가): 맛이 뛰어난 김밥을 만든다.
② (가): 일하는 모습을 다른 사람이 보면 부끄러워 일손을 놓아 버린다.
③ (가): 일을 할 때에는 집중하여 다른 사람이 말을 해도 반응하지 않는다.
④ (나): 자신이 파는 야채와 과일의 품질이 좋다고 자부한다.
⑤ (나): 고객의 불만을 접하면 자신에게 책임이 있는지를 확인하려 한다.

유형 해결 전략

(가)는 김밥을 만드는 김밥 아줌마의 이야기를, (나)는 트럭에서 야채와 과일을 파는 ❶ [　　] 아저씨의 이야기를 서술하고 있다. 두 사람이 일을 할 때 어떤 ❷ [　　]을/를 보이는지를 파악한다.

답 ❶ 빵떡모자 ❷ 태도

1-1 (가)와 (나)의 중심인물을 비교하여 정리한 표에서 ㉠, ㉡에 들어갈 알맞은 말을 쓰시오.

(가)	㉠	• 김밥을 만듦. • 경제적 이익보다 김밥 만드는 것 자체를 중요하게 생각하고 최선을 다함.
(나)	빵떡모자 아저씨	• 야채와 과일을 팖. • 자신이 파는 물건이 최고라는 (㉡)을/를 가지고 있음.

도움말

(가)와 (나)에서 ❶ [　　]이/가 누구를 ❷ [　　]하여 서술하고 있는지를 파악하고, 그 인물들의 특징이 무엇인지 생각해 보세요.

답 ❶ 서술자 ❷ 관찰

>> 정답과 해설 9쪽

[2] 다음 글을 읽고, 물음에 답하시오.

그러는 동안 깜깜한 밤이 되었죠. 산의 능선(산등성이를 따라 죽 이어진 선.) 위에 남은 것이라고는 먼지 같은 햇빛의 잔영(희미하게 남은 그림자나 모습.) 그리고 해가 떨어진 방향으로 어슴푸레 마치 한 줄기 김처럼 남은 잔광(해가 질 무렵의 약한 햇빛.)뿐이었습니다. 난 우리 아가씨가 울안에 들어가서 좀 쉬었으면 했어요. 새로 깐 밀짚 위에 멋진 새 양가죽을 깔고는 아가씨에게 잘 주무시라고 말하고 밖으로 나와 문 앞에 앉았지요……. 울안 한구석, 아가씨가 자는 모습을 신기하다는 듯 바라보는 양 떼 바로 곁에서 우리 주인댁 따님이, 다른 모든 양보다 훨씬 더 소중하고 더 하얀 양 한 마리처럼 내가 지켜 주는 가운데 쉬고 있다고 생각하니 정말이지 자랑스러울 따름이었죠. 그때까지 하늘이 그렇게 깊어 보이고 별들이 그렇게 빛나 보인 적은 없었다니까요……. 갑자기, 양 우리의 울타리가 살포시 열리더니 어여쁜 스테파네트 아가씨가 나타났어요. [중략] 그걸 본 나는 어깨에 두르고 있던 암사슴 가죽을 아가씨에게 주고 불길을 더 돋우었고, 우리는 아무 말 없이 그렇게 나란히 앉아 있었어요. 만약 여러분이 한 번이라도 한데(사방, 상하를 덮거나 가리지 아니한 곳.)서 밤을 새워 보았다면 알 겁니다. 우리가 잠든 시간에 고독과 침묵 속에서 신비로운 세상이 깨어난다는 것을 말이죠. 그럴 때 샘물은 낮보다 한결 또랑또랑한 소리로 노래하듯 흐르고, 연못은 작은 불꽃들을 밝히지요. 산의 모든 정령들이 자유로이 왔다 갔다 하고요. 허공 중에는 뭔가 삭삭 스치는 듯한 소리, 알아들을 수 없는 소리들이, 마치 나뭇가지가 자라나고 풀들이 쑥쑥 커 오르는 소리처럼 들려온다니까요. 낮 시간은 존재들의 삶이지만, 밤은 사물들의 삶입니다. 이런 걸 익숙하게 접해 보지 않았다면 무섭기 마련이지요……. 그러니 우리 아가씨도 오들오들 떨면서 작은 소리만 들려도 나한테 꼭 달라붙었지요.

– 알퐁스 도데, 〈별〉 지

이 작품은 주인집 아가씨를 향한 양치기의 순수하고 아름다운 사랑을 그린 소설입니다.

대표 유형 2 산문에 담긴 심미적 인식 파악하기 – 표현

2 **이 글의 표현상 특징에 대한 설명으로 적절하지 않은 것은?**

① '나'가 독자에게 말하듯이 서술하여 친밀감을 느끼게 하고 있다.
② 음성 상징어를 사용하여 밤에 들리는 소리를 생생하게 표현하고 있다.
③ 아름답고 낭만적인 자연의 밤 풍경을 시각적·청각적으로 드러내고 있다.
④ 주인공의 감정을 직접적으로 서술하지 않아 짐작하며 읽는 재미를 주고 있다.
⑤ 밤에 들을 수 있는 다양한 소리를 직유법을 사용하여 효과적으로 표현하고 있다.

유형 해결 전략

이 글에는 자연의 ❶ [　　] 풍경, 아가씨를 보살피는 '나'와 낯선 곳에서 밤을 지내게 된 ❷ [　　]의 모습이 나타나 있다. 배경과 인물들의 심리가 어떻게 표현되어 있는지 살펴본다.

답 ❶ 밤 ❷ 아가씨

2-1 **이 글에서 다음 설명에 해당하는 표현을 찾아 쓰시오.**

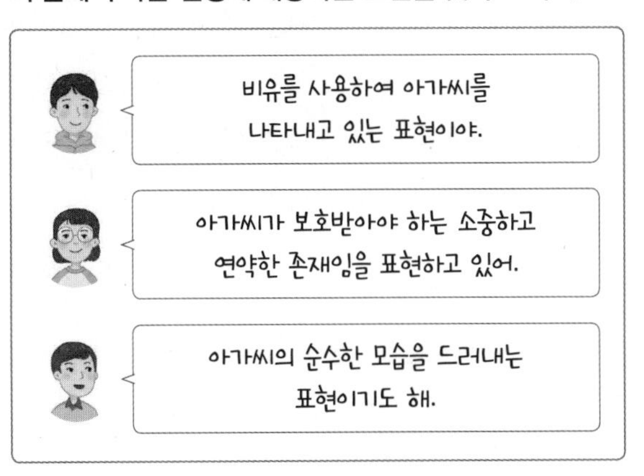

[3] 다음 글을 읽고, 물음에 답하시오.

㉮ 연을 보면 아들의 얼굴을 보는 것 같았고, 아들의 마음을 보는 것 같았다. / 연은 언제나 머나먼 하늘 여행을 꿈꾸고 있는 작은 새처럼 보였고, 그래서 언젠가는 실줄을 끊고 마을의 하늘을 떠나가 버릴 것처럼 어머니의 마음을 불안하게 했다.

한 가닥 실처럼 가는 줄.

하지만 연이 그렇게 하늘에 떠올라 있는 동안엔 어머니도 아직은 마음을 놓을 수 있었다. 연이 하늘을 나는 동안은 어느 집 양지바른 담벼락 아래, 마을의 회관 뜰 한구석에, 또는 아지랑이 피어오르는 어느 보리밭 이랑 끝에 그 봄 하늘처럼 적막스럽고 외로운 아들의 모습이 선하기 때문이었다.

땅이 볕을 잘 받게 되어 있다.

논이나 밭을 갈아 골을 타서 두두룩하게 흙을 쌓아 만든 곳.

㉯ 어머니가 흐느적흐느적 허기진 걸음걸이로 마을을 들어섰을 때였다. 아들놈의 연실을 감아 들이고 있던 이웃집 조무래기 놈이 제풀에 먼저 변명을 하고 나섰으나, 어머니는 이번에도 미리 모든 것을 짐작하고 있었던 것처럼 놀라는 빛이 없었다. 앞뒤 사정을 궁금해하거나 집을 나간 녀석을 원망하는 기색 같은 것도 없었다. 아들의 뒤를 서둘러 좇아 나서려기는커녕 걸음 한번 멈추지 않고 말없이 그냥 녀석의 곁을 지나쳐 갈 뿐이었다. 그러고는 내처 그 텅 빈 초가의 사립문을 들어서고 나서야 아들의 연이 날아간 하늘을 향해 어머니는 발길을 잠깐 머물러 섰을 뿐이었다.

어떤 일 끝에 더 나아가.

하지만 이제 연의 흔적은 보이지 않았다. 텅 빈 하늘만 하염없이 멀어져 가고 있었다. / 어머니는 다만 그 무심한 하늘을 향해 다시 한번 가는 한숨을 삼키며 허망스럽게 중얼거리고 있었다.

어이없고 허무한 데가 있다.

"아가, 어딜 가거나 몸이나 성하거라……."

- 이청준, 〈연〉 천(노)

이 작품은 '연'을 중심 소재로 하여 방황하는 아들을 바라보는 어머니의 마음을 그린 소설입니다.

대표 유형 3 산문에 담긴 심미적 인식 파악하기 - 주제

3 이 글을 통해 글쓴이가 전달하고자 하는 바로 가장 적절한 것은?

① 부모와 자식 사이의 갈등과 화해
② 가난에서 비롯된 한 마을의 불행
③ 아들을 향한 어머니의 걱정과 사랑
④ 이상을 향한 아들의 끊임없는 도전과 실패
⑤ 멀리 떠나고 싶지만 현실에 부딪혀 포기하는 어머니의 안타까운 삶

유형 해결 전략

이 글에서 아들은 날마다 ❶ ____을/를 날리다 결국 고향을 떠나고, ❷ ____은/는 아들의 안녕을 기원한다. 이를 통해 알 수 있는 글의 주제가 무엇인지 파악한다.

답 ❶ 연 ❷ 어머니

3-1 어머니의 마음을 〈보기〉와 같이 정리할 때, 빈칸에 들어갈 말이 순서대로 알맞게 나열된 것은?

보기

아들이 떠나기 전
• 아들이 떠나지 않을까 하는 (   )
• 아직 아들이 떠나지 않았다는 안도감

↓

아들이 떠난 후
• 아들에 대한 (   )
• 아들이 떠난 것에 대한 서글픔

① 불안감, 걱정
② 의아함, 원망
③ 기대감, 실망감
④ 호기심, 부러움
⑤ 초조함, 자랑스러움

도움말

(가)에서 ❶ ____이/가 날리는 연을 바라볼 때의 마음, (나)에서 아들이 떠났음을 알고 ❷ ____을/를 바라볼 때의 마음을 짐작해 보세요.

답 ❶ 아들 ❷ 하늘

[4] 다음 글을 읽고, 물음에 답하시오.

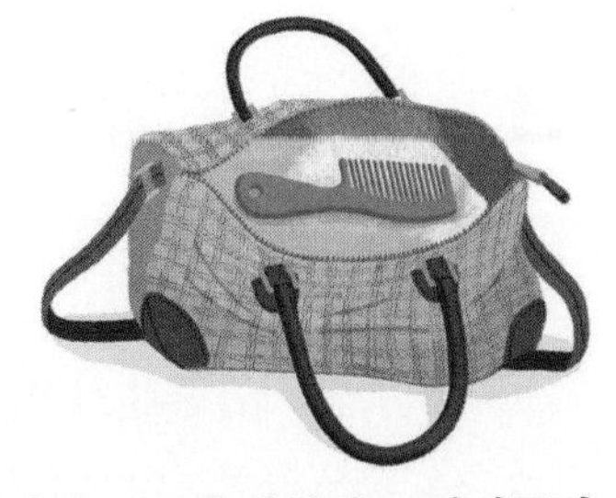

㉮ 나는 그 빗으로 머리를 빗으면서 자꾸만 웃음이 나오는 걸 참을 수가 없었다. 절에서 빗을 찾은 나의 엉뚱함도 우물가에서 숭늉 찾는 격이려니와, 빗이라는 말 한마디에 그토록 당황하고 어리둥절해하던 노스님의 표정이 자꾸 생각나서였다. 그러나 그 순간 나는 보았다. 시간을 거슬러 올라가 검은 머리칼이 있던, 빗을 썼던 그 까마득한 시절을 더듬고 있는 그분의 눈빛을. 이십 년 또는 삼십 년, 마치 물길을 거슬러 올라가는 연어 떼처럼 참으로 오랜 시간이 그 눈빛 위로 스쳐 지나가는 듯했다. 그 순식간에 이루어진 회상의 끄트머리에는 그리움인지 무상함인지 모를 묘한 미소가 반짝하고 빛났다. 나의 실수 한마디가 산사(山寺)(산 속에 있는 절.)의 생활에 익숙해져 있던 그분의 잠든 시간을 흔들어 깨운 셈이니, 그걸로 작은 보시는(자비심으로 남에게 재물이나 불법을 베풂.) 한 셈이라고 오히려 스스로를 위로해 보기까지 했다.

㉯ 이처럼 악의가(나쁜 마음. 좋지 않은 뜻.) 섞이지 않은 실수는 봐줄 만한 구석이 있다. 그래서인지 내가 번번이 저지르는 실수는 나를 곤경에 빠뜨리거나 어떤 관계를 불화로 이끌기보다는 의외의 수확이나 즐거움을 가져다줄 때가 많았다. 겉으로는 비교적 차분하고 꼼꼼해 보이는 인상이어서 나에게 긴장을 하던 상대방도 이내 나의 모자란 구석을 발견하고는 긴장을 푸는 때가 많았다. 또 실수로 인해 웃음을 터뜨리다 보면 어색한 분위기가 가시고 초면에 쉽게 마음을 트게 되기도 했다. 그렇다고 이런 효과 때문에 상습적으로(좋지 않은 일을 버릇처럼 하는, 또는 그런 것.) 실수를 반복하는 것은 아니지만, 한번 어디에 정신을 집중하면 나머지 일에 대해서 거의 백지 상태가 되는 버릇은 쉽사리 고쳐지지 않는다.

– 나희덕, 〈실수〉 천(노)

이 작품은 보통 부정적으로 인식하는 실수를 새로운 시각에서 바라보며 긍정적인 의미를 이끌어 내고 있는 수필입니다.

대표 유형 4 독자의 심미적 체험 파악하기

4 이 글을 읽은 독자의 감상으로 적절하지 않은 것은?

① 실수를 바라보는 글쓴이의 시각에서 긍정적 삶의 태도를 이끌어 낼 수 있어.
② 글쓴이의 의도적인 실수가 인간관계를 더욱 돈독하게 하는 비결임을 깨달았어.
③ 누군가의 실수로 울린 전화벨 때문에 긴장된 분위기가 풀린 경험이 있어서 공감했어.
④ 스님에게 빗을 빌려 달라고 말하는 글쓴이의 모습이 상상돼서 나도 모르게 웃음이 나왔어.
⑤ 일반적으로 부정적으로 생각하는 실수에서 긍정적 의미를 찾은 글쓴이의 인식이 흥미로웠어.

유형 해결 전략

수필에는 글쓴이의 인생관, ❶ [　　] 등이 담겨 있는데, 이 글에는 '❷ [　　]'에 관한 글쓴이의 생각이 나타나 있다. 글쓴이의 생각을 파악하고, 독자의 반응이 이와 관련 있는지 살펴본다.

답 ❶ 가치관 ❷ 실수

4-1 다음은 이 글을 읽고 쓴 감상문이다. ㉠, ㉡에 들어갈 알맞은 말을 쓰시오.

> 일단 스님과 (㉠)에 관한 글쓴이의 실수담이 정말 재미있었다. 글쓴이의 말에 당황한 표정을 한 스님의 얼굴이 생생하게 떠올랐다.
> 이 글을 읽으면서 가장 좋았던 점은 평소에 부정적으로 생각하던 실수를 다른 시각에서 생각해 볼 수 있었다는 점이다. 원래 나는 실수하면 심하게 자책하는 편이다. 하지만 이 글을 읽고, 때로는 실수가 (㉡) 효과를 준다고 생각하니까 나에게 조금 관대해졌다. 생각을 바꿨을 뿐인데 마음이 여유로워진 것이다.

1주 3일 필수 체크 전략 2

[01~03] 다음 글을 읽고, 물음에 답하시오.

가 그는 자신이 길다는 것을 아주 잘 안다. 그래서 하루에도 몇 번씩 "제가 긴데요."라고 말하는지도 모른다. 정말이다, 그는 늘 그렇게 말한다. [중략] 행여라도 전화를 건 상대방이 못 알아듣고 다시 묻기라도 하면 이번엔 더욱 느린 박자로 또박또박 대답을 해 준다. / "제가 긴, 데, 요."

("제가 긴데요.": "제가 맞아요.", "제가 그 사람이에요." 등의 뜻 / 행여라도: 어쩌다가 혹시.)

그래서 김대호 씨를 사람들은 아예 '긴데요'라고 부른다. 그의 별명은 김대호 씨가 속한 사무실만이 아니라 회사 전체에 널리 퍼져 있어서 언제부턴가는 아무도 그의 진짜 이름을 부르지 않게 되어 버렸다.

나 물론 그를 별명으로 부르는 데 어떤 악의가 있는 것은 결코 아니었다. 오히려 그렇게 스스럼없이 별명이 통하는 것만 보아도 김대호 씨의 대인 관계가 아주 원만한 편이라는 것을 능히 짐작할 수가 있다. 사실로 그는 키가 큰 만큼 이해의 길이도 길고, 느리고 낙천적인 만큼 주위 사람들을 편하게 해 주는 품성을 지니고 있었다.

다 그는 그 한 번의 실패를 끝으로 더 이상 '긴데요'를 고치려는 시도를 하지 않았다.

"에이, 저는 아무래도 긴데요가 더 어울려요. 사실로도 저는 길잖아요."

정말이다. 그는 길다. 그리고 느리기도 하다. 진실을 말하자면 우리 옆에 이렇게 길고도 느린 사람이 존재하는 것도 행복한 일인 것이다. 요즘처럼 정신없이 핑핑 돌아가는 혼 빠진 세상에서는.

– 양귀자, 〈길모퉁이에서 만난 사람〉 천(박)

01 이 글의 김대호 씨에 대한 설명으로 적절하지 않은 것은?

① 이해심이 많고 낙천적이다.
② 키가 크고 행동이 느린 편이다.
③ 주변 사람들과 사이가 원만하다.
④ 회사 동료들이 이름이 아닌 별명으로 부른다.
⑤ 자신의 별명을 싫어하여 말투를 완전히 고쳤다.

02 제목 '길모퉁이에서 만난 사람'의 의미를 이해한 내용으로 적절한 것은?

①  다른 사람을 위해 봉사하는 사람을 의미하는군.

②  오지랖이 넓어 남에게 간섭하는 사람을 의미하는군.

③  주변에서 만날 수 있는 평범한 사람을 의미하는군.

④  특별히 하는 일 없이 동네를 자유롭게 돌아다니는 사람을 의미하는군.

⑤  자신의 생각을 고집하며 다른 사람과의 소통을 피하는 사람을 의미하는군.

도움말

제목의 '❶ ______'은/는 지나치기 쉽지만 ❷ ______을/를 기울이면 무언가를 발견할 수도 있는 장소예요. 이를 참고하여 제목이 의미하는 사람이 어떤 사람인지 생각해 보세요.

답 ❶ 길모퉁이 ❷ 관심/주의

03 김대호 씨에 대한 서술자의 태도를 서술하시오.

조건
• '서술자는 김대호 씨를 ~(하)고 있다.' 형식의 한 문장으로 쓸 것

[04~06] 다음 글을 읽고, 물음에 답하시오.

(가) 어쩌다 양 떼들이 평지로 내려가 있는 겨울철, 내가 저녁을 먹으러 농장 안집에 들어갈 때면 아가씨는 생기발랄하게 식당을 지나가긴 했어도 하인들에게 말을 건네는 법이라곤 없었고, 언제나 예쁘게 꾸미고 조금은 으스대는 모습이었거든요……. ㉠그런 아가씨가 지금 바로 내 앞에 와 있다니, 그것도 나만을 위해.

안집: 예전에, 하인이 자기네 주인집을 이르던 말.

(나) "그러니까 양치기는, 여기 사는 거야? 항상 혼자 지내니 얼마나 심심할까! 무얼 하지? 무슨 생각을 해?"

'아가씨, 당신 생각을 한답니다.' / 라고 대답하고 싶었지요. 그렇다 해도 거짓말은 아니었을 겁니다. 하지만 ㉡어찌나 떨리던지 단 한 마디도 할 말을 찾을 수가 없었어요.

(다) 비탈진 오솔길로 아가씨가 사라지자, ㉢노새 발굽이 땅을 차면서 이리저리 구르는 자갈돌 하나하나가 내 가슴에 툭툭 떨어지는 것만 같았지요. 그 소리가 귀에 오래오래 들려왔습니다. 날이 저물 때까지 나는 잠에 취한 사람처럼, ㉣행여 내 꿈이 사라져 버릴까 봐 움직일 엄두도 못 내고 마치 잠에 취한 사람처럼 그렇게 서 있었지요.

중간 부분 줄거리 | 비로 불어난 강물에 빠질 뻔한 아가씨가 산으로 돌아오고, 밤이 되어 '나'와 아가씨는 별 이야기를 하게 된다.

(라) 아가씨는 한 손으로 얼굴을 받친 채, 천상의 작은 목동처럼 암사슴 가죽을 두르고 여전히 하늘을 올려다보고 있었습니다.

"어쩜 별이 많기도 하지! 아, 아름다워라! 이렇게 많은 별들을 본 적이 없어……. 양치기는 저 별들 이름을 알아?"

(마) 별들의 결혼이라는 게 무엇인지 설명하려는데, 뭔가 상큼하면서도 여릿한 것이 내 어깨에 살포시 기대는 느낌이 들었지요. 잠결에 무거워진 아가씨의 머리가, 예쁜 리본과 레이스와 굽슬굽슬한 머리칼이 부딪혀 사각대는 소리를 내며 기대어 온 것이었어요. 아가씨는 이렇게, 희부옇게 밝아 오는 새벽빛으로 하늘의 별빛이 바래어 마침내 안 보이게 될 때까지 꼼짝 않고 그대로 있었어요. ㉤나는 아가씨가 자는 모습을 지켜보았지요.

– 알퐁스 도데, 〈별〉 지

04 이 글을 읽은 독자의 감상으로 적절하지 않은 것은?

댓글 달기

- 빨강 아가씨를 향한 양치기의 순수한 사랑이 아름답게 느껴져. ………… ①
- 노랑 아가씨의 모습을 통해 부자들의 위선과 욕심을 비판하고 있어. ………… ②
- 초록 다양한 비유적 표현으로 인물의 심리를 표현한 것이 인상적이야. ………… ③
- 파랑 주인공이 직접 말을 건네듯이 서술해서 주인공에게 친밀감이 느껴져. ………… ④
- 하양 '나'의 순수한 사랑을 통해 정신적 사랑의 아름다움을 생각해 보게 되었어. ……⑤

도움말

독자는 내용이나 ❶ [ ] 에서 아름다움을 느낄 수 있어요. 이때 내용의 아름다움은 ❷ [ ] 에 나타나는 인간과 삶에 관한 의미나 보편적 가치 등에서 확인할 수 있지요.

답 ❶ 표현 ❷ 주제

05 다음 설명에 해당하는 표현을 (라)에서 찾아 3어절로 쓰시오.

- 비유를 사용하여 아가씨를 표현함.
- 선하고 순수한 아가씨의 모습을 드러냄.

06 ㉠~㉤에 나타난 '나'의 심리로 적절하지 않은 것은?

① ㉠: 자신을 위해 아가씨가 산에 왔음에 감동함.
② ㉡: 아가씨와의 대화가 두려워 피하고 싶음.
③ ㉢: 아가씨가 떠나서 아쉬움.
④ ㉣: 아가씨와의 기억을 오래 간직하고 싶음.
⑤ ㉤: 잠이 든 아가씨가 깨지 않게 배려하고 싶음.

[07~08] 다음 글을 읽고, 물음에 답하시오.

(가) 어미 곁에서 함께 땅이나 파고 살자던 소리가 아들놈의 어린 가슴에 못은 박은 모양이었다.

다른 사람에게 원통한 생각을 마음속 깊이 맺히게 하다.

"상급 학교 못 가면 연이나 실컷 띄우고 놀 거야. 상급 학교 안 보내 준 대신 연실이나 많이 만들어 줘."

상급 학교 진학을 단념한 대신 아들놈은 그 철 늦은 연날리기 놀이를 시작했다. 연실 마련이 어려워서 제철에는 남의 집 애들 연 띄우는 거나 곁에서 늘 부러워해 오던 녀석이었다.

어머니는 큰맘 먹고 연실을 마련해 냈고, 아들놈은 그때부터 하고한 날 연에만 붙어 지냈다.

많고 많다.

(나) 철 늦은 연날리기에 넋이 나간 아들놈을 원망해 본 일이 한 번도 없었다. / 녀석의 마음이 고이 머물고 있는 연의 위로를 감사할 뿐이었다.

연에 실린 아들의 마음이 하늘을 내려오는 저녁 연처럼 조용히 다시 마을로 가라앉기를 기다릴 뿐이었다.

(다) 불안감에 쫓기던 어머니가 어느 순간엔가 다시 그 하늘의 연을 찾았을 때였다.

연이 있어야 할 곳에 연의 모습이 보이질 않았다.

㉠연은 어느새 실이 끊어져 날아간 것이었다. 빗살처럼 곧게 하늘로 뻗어 오르던 연실이 머리 위를 구불구불 힘없이 흘러 내려오고 있었다.

(라) 연을 지킬 때처럼 초조한 눈빛도 없었고, 발길을 조급히 서둘러 가려는 기색도 아니었다.

어머니는 이미 모든 것을 알고 있고, 모든 것을 미리 체념해 버린 것 같은 거동이었다. 마을 쪽에서 그 땅으로 내려앉은 연실을 거두어들이는 기미가 보이지 않는 것도 전혀 이상스럽지가 않은 얼굴이었다.

"아지매요. 건이 새끼 좀 빨리 쫓아가 봐야 혀요. 건이 새낀 아까 도회지 돈벌이 간다고 읍내께로 튀었다니께요. 지는 도회지 가서 돈 벌어 온다고 연실 같은 건 내나 실컷 감아 가지라면서요……."

사람이 많이 살고 상공업이 발달한 번잡한 지역.

(마) 하지만 이제 연의 흔적은 보이지 않았다. 텅 빈 하늘만 하염없이 멀어져 가고 있었다.

어머니는 다만 그 무심한 하늘을 향해 다시 한번 가는 한숨을 삼키며 허망스럽게 중얼거리고 있었다.

"아가, 어딜 가거나 몸이나 성하거라……."

– 이청준, 〈연〉 천(노)

07 다음은 이 글의 어머니가 한 말이다. (가)~(마) 가운데 이와 관련 있는 부분은?

농사일을 돕지 않는 아들 때문에 속상하지 않아요. 연 날리는 것을 이해해요. 그저 아들의 마음이 해소되어 정착하길 바랄 뿐이에요.

① (가) ② (나) ③ (다) ④ (라) ⑤ (마)

08 다음 대화를 바탕으로 하여 ㉠의 의미를 한 문장으로 서술하시오.

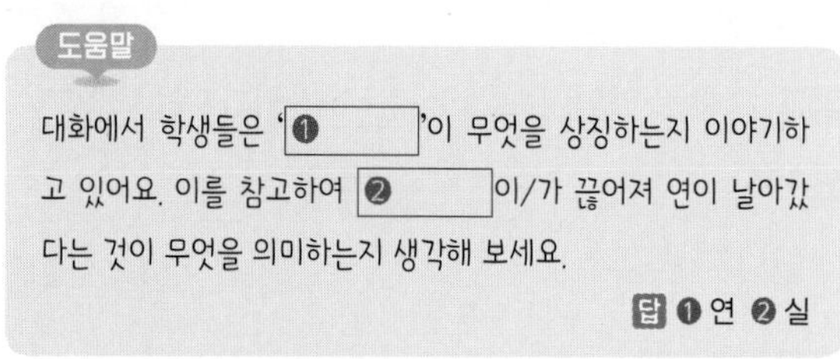

>> 정답과 해설 11쪽

[09~10] 다음 글을 읽고, 물음에 답하시오.

(가) "스님, 빗 좀 빌릴 수 있을까요?"

㉠스님은 삽시기 낭황한 얼굴로 나를 바라보셨나. 그세야 파르라니 깎은 스님의 머리가 유난히 빛을 내며 내 눈에 들어왔다. 나는 거기가 비구니(여자 승려.)들만 사는 곳이라는 사실을 깜박 잊고 엉뚱한 주문을 한 것이었다. 본의 아니게 노스님을 놀린 것처럼 되어 버려서 어쩔 줄 모르고 서 있는 나에게, 스님은 웃으시면서 저쪽 구석에 가방이 하나 있을 텐데 그 속에 빗이 있을지 모른다고 하셨다.

(나) 결국 실수는 삶과 정신의 여백에 해당한다. 그 여백마저 없다면 이 각박한(인정이 없고 삭막하다.) 세상에서 어떻게 숨을 돌리며 살 수 있겠는가. 그리고 발 빠르게 돌아가는 세상에 어떻게 휩쓸려 가지 않고 남아 있을 수 있겠는가. 어쩌면 사람을 키우는 것은 능력이 아니라 실수의 힘일지도 모른다.

(다) 그러나 날이 갈수록 실수가 용납되는(말이나 행동이 너그러운 마음으로 받아들여지다.) 땅은 점점 좁아지고 있다. 사소한 실수조차 짜증과 비난의 대상이 되기가 십상이다. 남의 실수를 웃으면서 눈감아 주거나 그 실수가 나오는 내면의 풍경을 헤아려 주는 사람을 만나기도 어려워져 간다. 나 역시 스스로는 수많은 실수를 저지르고 살면서도 다른 사람의 실수에 대해서는 조급하게 굴거나 너그럽게 받아 주지 못한 때가 적지 않았던 것 같다.

(라) 도대체 정신을 어디에 두고 사느냐는 말을 들을 때면 그 말에 무안해져 눈물이 핑 돌기도 하지만, 내 속의 어처구니는 머리를 디밀고 이렇게 소리치는 것이다. 정신과 마음은 내려놓고 살아야 한다고. 어디로 가는 줄도 모르고 뛰어가는 자신을 하루에도 몇 번씩 세워 두고 '우두커니'(넋이 나간 듯이 가만히 한자리에 서 있거나 앉아 있는 모양.) 있는 시간, 그 '우두커니' 속에 사는 '어처구니'를 많이 만들어 내면서 살아야 한다고.

– 나희덕, 〈실수〉 천(노)

09 다음 질문의 답으로 가장 적절한 것은?

스님이 ㉠과 같은 반응을 보인 이유는 무엇일까요?

① 글쓴이의 방에 스님이 이미 빗을 가져다 두었기 때문입니다.
② 글쓴이가 빗을 가져오지 않았다는 사실에 놀랐기 때문입니다.
③ 글쓴이에게 빌려줄 수 있는 빗이 스님에게 전혀 없기 때문입니다.
④ 글쓴이가 빗을 사용하지 않는 자신에게 빗을 빌려 달라고 말했기 때문입니다.
⑤ 글쓴이에게 빌려줄 수 있는 빗을 어디에 두었는지 짐작할 수 없기 때문입니다.

10 (나)~(라)에 나타난 글쓴이의 깨달음을 다음과 같이 정리할 때, 빈칸에 들어갈 알맞은 말을 쓰시오.

글쓴이의 깨달음

오늘날의 세태	• 세상이 발 빠르게 돌아가고 있음. • 사소한 실수에도 짜증을 내고 비난함.
↓	
깨달음	• (　　　　　　　　　　　　) • 정신과 마음을 내려놓고 사는 여유가 필요함.

도움말

글쓴이는 실수를 일반적 시각이 아닌 새로운 시각에서 바라보며 실수의 ❶ [　　] 의미를 이끌어 내고 있어요. (나)에서 글쓴이가 ❷ [　　] 을/를 무엇이라고 말하고 있는지 살펴보세요.

답 ❶ 긍정적 ❷ 실수

1주 누구나 합격 전략

01 독자의 심미적 체험과 관련한 대화를 보고, ㉠~㉢에 들어갈 알맞은 말을 쓰시오.

02 〈보기〉를 참고하여 다음 시의 ㉠, ㉡이 무엇을 의미하는지 쓰시오.

생사(生死) 길은 / 예 있으매 머뭇거리고,
나는 간다는 말도 / 몯다 이르고 어찌 갑니까.
어느 가을 이른 바람에
이에 저에 ㉠떨어질 잎처럼,
㉡한 가지에 나고 / 가는 곳 모르온저.
아아, 미타찰(彌陀刹)에서 만날 나
도(道) 닦아 기다리겠노라.

– 월명사, 〈제망매가〉 비

보기

〈제망매가〉 배경 설화

신라 시대의 승려인 월명사가 죽은 누이를 위해 제사를 지낼 때 이 노래를 지어 불렀다. 그러자 갑자기 회오리바람이 일어 저승 가는 길에 쓰라고 준비한 종이돈이 서쪽으로 날아가 사라졌다고 한다. 불교에서 서쪽에는 부처가 살고 있는 극락세계가 있다고 알려져 있다.

03 다음은 시 〈꽃〉의 내용을 정리한 것이다. 빈칸에 들어갈 알맞은 말을 쓰시오.

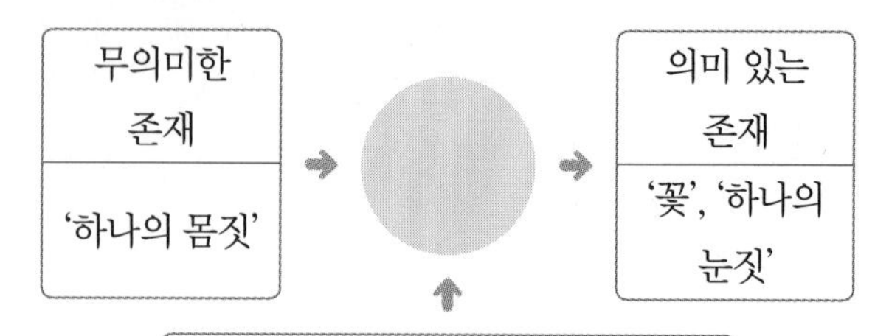

• 대상의 존재를 인식하는 행위
• 대상에게 의미를 부여하는 행위
• 진정한 관계를 맺는 과정

04 다음 시를 감상한 내용이 적절한 학생을 쓰시오.

어린 매화나무는 꽃 피느라 한창이고
사백 년 고목은 꽃 지느라 한창인데
구경꾼들 고목에 더 몰려섰다
둥치도 가지도 꺾이고 구부러지고 휘어졌다
갈라지고 뒤틀리고 터지고 또 튀어나왔다
진물은 얼마나 오래 고여 흐르다가 말라붙었는지
주먹만큼 굵다란 혹이며 패인 구멍들이 험상궂다
거무죽죽한 혹도 구멍도 모양 굵기 깊이 빛깔이 다 다르다
새 진물이 번지는가 개미들 바삐 오르내려도
의연하고 의젓하다
사군자 중 으뜸답다 [후략]

– 유안진, 〈상처가 더 꽃이다〉 미

승아: 상처투성이이지만 의연하게 서 있는 고목의 모습에서 아름다움을 느꼈어.

미주: 고통 속에서 괴로워하는 존재를 찾아 적극적으로 돕는 태도를 지녀야 함을 말하고 있어.

05 소설 〈길모퉁이에서 만난 사람〉의 등장인물 중 다음 설명에 해당하는 인물을 쓰시오.

(1) 다소 무뚝뚝하지만 김밥을 만드는 일에 최선을 다함.

➔ (　　　　　)

(2) 말과 행동이 느리며, 이해심이 많고 낙천적이어서 주위 사람들을 편하게 해 줌.

➔ (　　　　　)

(3) 자신이 파는 야채와 과일에 자부심을 가지고 있기 때문에 손님에게 말을 많이 함.

➔ (　　　　　)

06 다음 글을 읽고, 밑줄 친 표현이 나타내는 대상이 누구인지 쓰시오.

(가) 아름다운 스테파네트 아가씨가 노새 등에서 내리며 죄다 말해 주었고, 오다가 길을 잃어 늦었다고도 했지요. [중략] 오, 귀여운 사람! 눈에 넣어도 아프지 않을 것만 같더군요. 아무리 보아도 지치지 않을 것만 같았죠.

(나) 별들의 결혼이라는 게 무엇인지 설명하려는데, 뭔가 상큼하면서도 여릿한 것이 내 어깨에 살포시 기대는 느낌이 들었지요. 잠결에 무거워진 아가씨의 머리가, 예쁜 리본과 레이스와 곱슬곱슬한 머리칼이 부딪혀 사각대는 소리를 내며 기대어 온 것이었어요. [중략] 그렇게 앉은 채로 이따금 난 그려 보곤 했어요. 저 별들 중에 <u>가장 여릿여릿하고 가장 반짝이는 별 하나</u>가 가던 길을 잃고 내게 내려와서는 이 어깨에 기대어 잠든 것이라고요.

– 알퐁스 도데, 〈별〉 지

07 소설 〈연〉에 나타난 어머니의 심리를 연의 상태를 중심으로 하여 정리할 때, 빈칸에 들어갈 알맞은 말을 쓰시오.

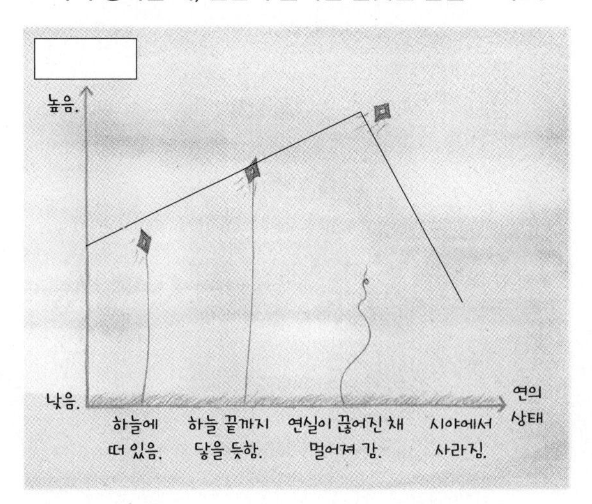

08 다음 글을 읽고 쓴 메모를 보고, 괄호 안에서 알맞은 말을 고르시오.

결국 실수는 삶과 정신의 여백에 해당한다. 그 여백마저 없다면 이 각박한 세상에서 어떻게 숨을 돌리며 살 수 있겠는가. [중략] 어쩌면 사람을 키우는 것은 능력이 아니라 실수의 힘일지도 모른다.

그러나 날이 갈수록 실수가 용납되는 땅은 점점 좁아지고 있다. 사소한 실수조차 짜증과 비난의 대상이 되기가 십상이다. 남의 실수를 웃으면서 눈감아 주거나 그 실수가 나오는 내면의 풍경을 헤아려 주는 사람을 만나기도 어려워져 간다.

– 나희덕, 〈실수〉 천(노)

- 글쓴이는 실수에도 (긍정적인/부정적인) 면이 있다고 생각함.
- 글쓴이는 실수를 용납하지 않는 오늘날의 세태를 (긍정적으로/부정적으로) 바라보고 있음.

1주 창의·융합·코딩 전략 1

01 다음 시를 감상한 학생의 독서 활동지에서 내용이 적절하지 않은 것은?

내가 그의 이름을 불러 주기 전에는
그는 다만
㉠하나의 몸짓에 지나지 않았다.

내가 그의 이름을 불러 주었을 때
그는 나에게로 와서 / ㉡꽃이 되었다.

내가 그의 이름을 불러 준 것처럼
나의 이 ㉢빛깔과 향기에 알맞는
누가 나의 이름을 불러 다오.
그에게로 가서 나도 / ㉣그의 꽃이 되고 싶다.

우리들은 모두 / 무엇이 되고 싶다.
너는 나에게 나는 너에게
㉤잊혀지지 않는 하나의 눈짓이 되고 싶다.

– 김춘수, 〈꽃〉 천(박)

독서 활동지

[활동] ㉠~㉤의 의미를 파악하기

- ㉠: '그'가 '나'에게 의미 있는 존재가 아닌 상태임을 뜻함. ······ ①
- ㉡: '그'가 '나'에게 의미 있는 존재가 되었음을 뜻함. ······ ②
- ㉢: 대상이 저마다 가지고 있는 '존재의 본질'을 뜻함. ······ ③
- ㉣: 누군가에게 의미 있는 존재가 되고 싶은 화자의 소망을 뜻함. ······ ④
- ㉤: 타인에게 자신의 우월함을 인정받고 싶은 화자의 소망을 뜻함. ······ ⑤

도움말

화자는 ❶ [ ]의 인식과 관계 맺기에 관해 노래하고 있어요. 시구를 살펴보며 화자의 ❷ [ ]이/가 무엇인지 파악해 보세요.

답 ❶ 존재 ❷ 소망/바람

02 다음 시를 바탕으로 하여 영상을 만들기 위한 줄거리판에서 내용이 적절하지 않은 것은?

나무 하나가 흔들린다
나무 하나가 흔들리면 / 나무 둘도 흔들린다
나무 둘이 흔들리면 / 나무 셋도 흔들린다

이렇게 이렇게

나무 하나의 꿈은 / 나무 둘의 꿈
나무 둘의 꿈은 / 나무 셋의 꿈

나무 하나가 고개를 젓는다
옆에서 / 나무 둘도 고개를 젓는다
옆에서 / 나무 셋도 고개를 젓는다

아무도 없다 / 아무도 없이
나무들이 흔들리고 / 고개를 젓는다

이렇게 이렇게 / 함께

– 강은교, 〈숲〉 창

줄거리판

장면	그림	자막	소리
1	① 나무 한 그루가 흔들리는 모습	하나의 꿈	② 바람에 나무가 흔들리는 소리
2	나무 두 그루가 흔들리는 모습	둘의 꿈	
3	나무 세 그루가 흔들리는 모습	③ 셋의 꿈	
4	④ 숲 전체가 흔들리는 모습	⑤ 나만의 꿈	

03 다음 시를 읽고 쓴 감상문에서 내용이 적절하지 않은 것은?

생사(生死) 길은
예 있으매 머뭇거리고,
나는 간다는 말도
몬다 이르고 어찌 갑니까.
어느 가을 이른 바람에
이에 저에 떨어질 잎처럼,
한 가지에 나고
가는 곳 모르온저.
아아, 미타찰(彌陀刹)에서 만날 나
도(道) 닦아 기다리겠노라.

– 월명사, 〈제망매가〉 비

이 작품은 월명사가 누이를 추모하기 위해 지은 향가이다. ①화자는 누이의 죽음에 슬픔을 느끼고 있다. 또한 이로 인해 죽음에 대한 두려움도 느끼고 있다. ②누이의 죽음은 전혀 예상하지 못했던 갑작스러운 일이었다. ③화자는 누이의 때 이른 죽음에 삶의 허무함도 느낀다. 하지만 ④화자는 슬픔을 다른 가족들의 관심과 위로로 극복하고 있다. ⑤누이를 다시 만날 것을 기대하며 슬픔을 받아들이는 화자의 모습이 인상 깊었다.

도움말

1~4구에는 죽음에 대한 두려움과 ❶ [ ] 의 죽음에 대한 안타까움이, 5~8구에는 혈육의 죽음에서 느끼는 인생무상이 나타나 있어요. 그리고 9~10구에는 ❷ [ ] 믿음을 통한 재회의 다짐이 나타나 있어요.

답 ❶ 누이 ❷ 종교적/불교적

04 다음 시에 담긴 심미적 인식을 〈보기〉와 같이 정리할 때, 빈칸에 들어갈 내용을 한 문장으로 서술하시오.

어린 매화나무는 꽃 피느라 한창이고
사백 년 고목은 꽃 지느라 한창인데
구경꾼들 고목에 더 몰려섰다
둥치도 가지도 꺾이고 구부러지고 휘어졌다
갈라지고 뒤틀리고 터지고 또 튀어나왔다
진물은 얼마나 오래 고여 흐르다가 말라붙었는지
주먹만큼 굵다란 혹이며 패인 구멍들이 험상궂다
거무죽죽한 혹도 구멍도 모양 굵기 깊이 빛깔이 다 다르다 / 새 진물이 번지는가 개미들 바삐 오르내려도
의연하고 의젓하다 / 사군자 중 으뜸답다
꽃구경이 아니라 상처 구경이다
상처 깊은 이들에게는 훈장(勳章)으로 보이는가
상처 도지는 이들에게는 부적(符籍)으로 보이는가
백 년 못 된 사람이 매화 사백 년의 상처를 헤아리랴마는 / 감탄하고 쓸어 보고 어루만지기도 한다
만졌던 손에서 향기까지 맡아 본다
진동하겠지 상처의 향기
상처야말로 더 꽃인 것을.

– 유안진, 〈상처가 더 꽃이다〉 미

보기

구경꾼들	• 꽃이 한창 피고 있는 어린 매화나무보다 꽃이 지고 있는 고목에 더 몰려서 있음. • 고목의 상처를 보며 감탄하고 쓸어 보고 어루만지고 향기를 맡아 봄.
	↓
심미적 인식	

도움말

이 시는 ❶ [ ] 들의 행동을 통해 심미적 인식을 드러내고 있어요. 어린 매화나무가 아닌 ❷ [ ] 을/를 바라보는 모습에서 이끌어 낼 수 있는 심미적 인식이 무엇인지 생각해 보세요.

답 ❶ 구경꾼 ❷ 고목

1주 창의·융합·코딩 전략 2

05 다음 글을 읽고 만든 독서 신문의 빈칸에 들어갈 내용으로 가장 적절한 것은?

(가) 김밥 아줌마는 작품을 만들 때 사람들이 보고 있으면 막 화를 낸다. 누군가 쳐다보면 마음이 흔들려서 실패작만 나온다는 것이다. 김밥을 말고 있을 때는 누가 무슨 말을 해도 들은 척을 하지 않는다. 한 번 더 말을 시키면 여지없이 성질을 내며 일손을 놓아 버린다. 그이는 파는 일엔 전혀 관심이 없고 오직 김밥을 만드는 그 행위에만 몰두해 있는 사람처럼 보인다.
(나) 하기야 그에게는 자신의 트럭 안에 있는 온갖 야채와 과일이 국내 최고라는 자신이 차고도 넘친다. 최고의 품질만을 고집하고 있다는 장사에 대한 그의 소신은 실제에 있어서도 과히 틀린 바는 없다. 그는 오이 하나를 사는 손님일지라도 이 오이의 산지는 어디이고 도매가격은 또 얼마나 높은 최상품인가를 일일이 설명하느라고 늘 입이 쉴 새가 없다.

– 양귀자, 〈길모퉁이에서 만난 사람〉 천(박)

이웃의 모습에서 발견하는 아름다움

이 글에는 김밥을 만들 때 일에 집중하여 손님과 말을 하지 않는 인물과 야채와 과일을 팔면서 손님과 대화하는 인물이 등장한다. 두 사람이 일하는 태도는 다른 듯하지만, 공통적 아름다움이 있다. 바로 (   )이다.

① 자신의 이익을 이웃과 나누는 모습의 아름다움
② 자신의 삶을 열심히 살아가는 모습의 아름다움
③ 외부의 시선에 흔들리지 않는 모습의 아름다움
④ 문제점을 해결하고자 노력하는 모습의 아름다움
⑤ 다른 사람과 끊임없이 소통하는 모습의 아름다움

도움말
일에 관한 (가)와 (나)의 인물의 태도에는 공통점이 있어요. ❶ ____을/를 만드는 일에 최선을 다하는 (가)의 인물과 자신이 파는 야채와 ❷ ____에 자부심을 갖고 있는 (나)의 인물의 공통점이 무엇인지 생각해 보세요.

답 ❶ 김밥 ❷ 과일

06 다음 글을 읽은 학생들의 대화를 보고, 빈칸에 들어갈 알맞은 말을 쓰시오.

별들의 결혼이라는 게 무엇인지 설명하려는데, 뭔가 상큼하면서도 여릿한 것이 내 어깨에 살포시 기대는 느낌이 들었지요. 잠결에 무거워진 아가씨의 머리가, 예쁜 리본과 레이스와 곱슬곱슬한 머리칼이 부딪혀 사각대는 소리를 내며 기대어 온 것이었어요. 아가씨는 이렇게, 희부옇게 밝아 오는 새벽빛으로 하늘의 별빛이 바래어 마침내 안 보이게 될 때까지 꼼짝 않고 그대로 있었어요. 나는 아가씨가 자는 모습을 지켜보았지요. 내 존재의 깊은 곳에서는 조금 흔들리는 마음으로, 하지만 이제껏 오직 선한 생각만을 내게 전해 주었던 이 밝은 밤의 성스러운 보호를 받으면서 말입니다. [중략] 그렇게 앉은 채로 이따금 난 그려 보곤 했어요. 저 별들 중에 가장 여릿여릿하고 가장 반짝이는 별 하나가 가던 길을 잃고 내게 내려와서는 이 어깨에 기대어 잠든 것이라고요.

– 알퐁스 도데, 〈별〉 지

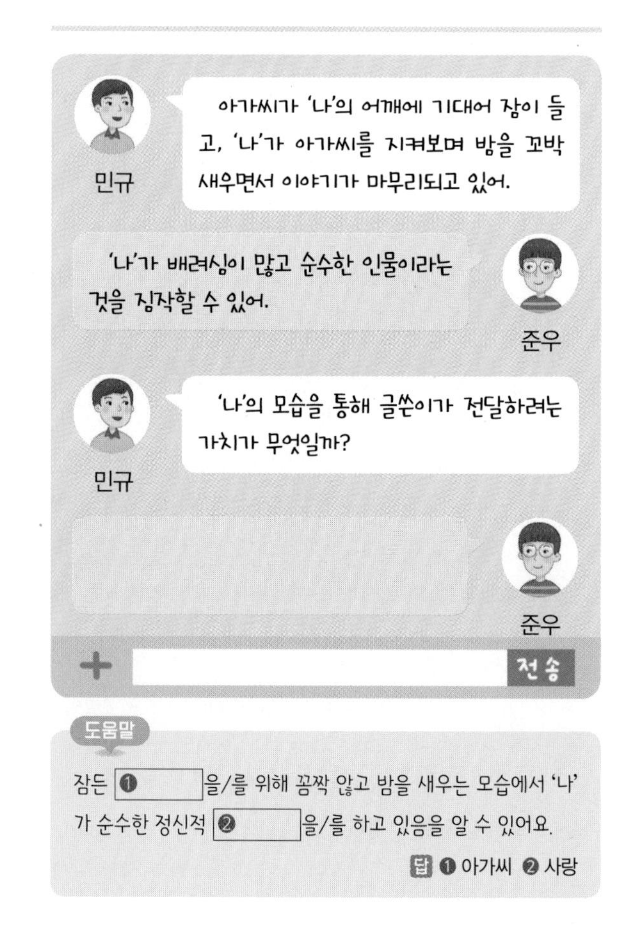

도움말
잠든 ❶ ____을/를 위해 꼼짝 않고 밤을 새우는 모습에서 '나'가 순수한 정신적 ❷ ____을/를 하고 있음을 알 수 있어요.

답 ❶ 아가씨 ❷ 사랑

07 다음 글을 읽은 감상 가운데 내용이 적절하지 않은 것은?

연을 보면 아들의 얼굴을 보는 것 같았고, 아들의 마음을 보는 것 같았다. / 연은 언제나 머나먼 하늘 여행을 꿈꾸고 있는 작은 새처럼 보였고, 그래서 언젠가는 실줄을 끊고 마을의 하늘을 떠나가 버릴 것처럼 어머니의 마음을 불안하게 했다.

하지만 연이 그렇게 하늘에 떠올라 있는 동안엔 어머니도 아직은 마음을 놓을 수 있었다. 연이 하늘을 나는 동안은 어느 집 양지바른 담벼락 아래, 마을의 회관 뜰 한구석에, 또는 아지랑이 피어오르는 어느 보리밭 이랑 끝에 그 봄 하늘처럼 적막스럽고 외로운 아들의 모습이 선하기 때문이었다.

– 이청준, 〈연〉 천(노)

댓글 달기

가은 어머니는 아들이 자신의 곁에 있기를 바랐음을 알 수 있어. ············ ①

나현 어머니는 언젠가 아들이 떠날 것 같아 불안감을 느끼고 있어. ············ ②

다슬 아들이 혼자 일하는 어머니를 걱정하는 모습에 감동을 받았어. ············ ③

라희 어머니는 연을 보며 아들의 존재를 확인하고 안도감을 느꼈어. ············ ④

마온 나중에 내가 독립하면 부모님께서는 어떤 생각을 하실까 궁금해졌어. ············ ⑤

도움말

이 글에서 '❶ ______'은/는 아들을 상징해요. 연에 담긴 아들의 마음과 연을 바라보는 ❷ ______의 마음을 생각해 보세요.

답 ❶ 연 ❷ 어머니

08 다음 글의 내용을 〈보기〉와 같이 정리할 때, 빈칸에 들어갈 알맞은 내용을 쓰시오.

옛날 중국의 곽휘원이란 사람이 떨어져 살고 있는 아내에게 편지를 보냈는데, 그 편지를 받은 아내의 답 시는 이러했다.

> 벽사창에 기대어 당신의 글월을 받으니
> 처음부터 끝까지 흰 종이뿐이옵니다.
> 아마도 당신께서 이 몸을 그리워하심이
> 차라리 말 아니 하려는 뜻임을 전하고자 하신 듯하여이다.

벽사창: 짙푸른 빛깔의 비단을 바른 창.

이 답 시를 받고 어리둥절해진 곽휘원이 그제야 주위를 둘러보니, 아내에게 쓴 의례적인 문안 편지는 책상 위에 그대로 있는 게 아닌가. 아마도 그 옆에 있던 흰 종이를 편지인 줄 알고 잘못 넣어 보낸 것인 듯했다. 백지로 된 편지를 전해 받은 아내는 처음엔 무슨 영문인가 싶었지만, 꿈보다 해몽이 좋다고 자신에 대한 그리움이 말로 다할 수 없음에 대한 고백으로 그 여백을 읽어 내었다. 남편의 실수가 오히려 아내에게 깊고 그윽한 기쁨을 안겨 준 것이다. 이렇게 실수는 때로 삶을 신선한 충격과 행복한 오해로 이끌곤 한다.

의례적: 형식이나 격식만을 갖춘. 또는 그런 것.

꿈보다 해몽이 좋다: 하찮거나 언짢은 일을 그럴듯하게 돌려 생각하여 좋게 풀이함을 비유적으로 이르는 말.

– 나희덕, 〈실수〉 천(노)

보기

곽휘원의 실수	떨어져 사는 아내에게 문안 편지 대신 백지를 보냄.
↓	
아내의 해석	그리움의 감정을 말로는 다 표현할 수 없어 백지를 보냈다고 생각함.
↓	
실수의 결과	실수가 오히려 아내에게 기쁨을 안겨 줌.
↓	
실수의 효과	

2주 작품의 사회·문화적 배경

사회·문화적 배경을 파악하며 작품을 감상하면 어떤 점이 좋을까?

공부할 내용	❶ 시가 창작된 사회·문화적 배경 파악하기	❸ 소설이 창작된 사회·문화적 배경 파악하기
	❷ 시를 오늘날의 삶에 비추어 감상하기	❹ 소설을 오늘날의 삶에 비추어 감상하기

2주 1일 개념 돌파 전략 1

개념 01 작품의 사회·문화적 배경

- **개념:** 작품의 내용이나 의미와 관련된 역사적·사회적 상황, 공동체의 가치, 신념, 문화 등을 말함.
- **특징**
  - 작품에 직접 드러날 수도 있고, 작품 ❶ [ ] 의 배경으로 작용할 수도 있음.
  - 작품에 반영된 사회·문화적 배경을 통해 당시 사회의 모습, 사람들의 사고방식과 ❷ [ ] 등을 파악할 수 있음.

답 ❶ 창작 ❷ 가치관

확인 01 작품의 내용이나 의미와 관련된 역사적·사회적 상황, 공동체의 가치, 신념, 문화 등을 가리키는 말은?

(작품의 계절적 배경/작품의 사회·문화적 배경)

개념 02 작품 속에서 재창조된 사회의 모습

- 작가는 주제를 잘 나타내기 위해 ❶ [ ] 을/를 가미하여 작품 속 사회를 재창조함.
- 재창조된 사회의 모습에서 독자는 ❷ [ ] 이/가 전달하고자 하는 바를 발견할 수 있음.

  예 소설 〈홍길동전〉 속 율도국

  ➡ 율도국은 백성이 모두 평등하고 풍요롭게 살 수 있는 곳으로, 이를 통해 작가가 원하는 사회의 모습, 작가의 가치관 등을 파악할 수 있음.

답 ❶ 허구 ❷ 작가

확인 02 작품 속 사회의 모습에 대한 설명으로 적절한 것을 고르시오.

㉠ 작품 속 사회의 모습은 실제 현실과 항상 일치한다.

㉡ 작가는 작품 속 사회의 모습을 통해 주제를 나타낼 수 있다.

개념 03 작품의 사회·문화적 배경을 파악하는 방법

- 작품이 창작된 ❶ [ ] 을/를 확인하고, 당시의 사회·문화·역사적 특징과 당시의 사회적 문제 등에 대해 알아본다.
- 작가가 살았던 시대적 상황과 작가의 성향, 작가의 작품 ❷ [ ] 의도에 대해 알아본다.

답 ❶ 시기 ❷ 창작

확인 03 다음 문장의 괄호 안에서 알맞은 말을 고르시오.

작품이 창작된 시기를 확인하고 당시의 사회·문화·역사적 특징, 당시의 사회 문제 등에 대해 알아봄으로써 작품의 (갈래적 특성/사회·문화적 배경)을 파악할 수 있다.

작품의 사회·문화적 배경을 파악할 때, 작품의 내용 외에도 작가의 삶이나 당시의 주요한 사회적 문제 등을 고려할 수 있어요.

개념 04 시와 소설의 사회·문화적 배경 파악하기

시의 경우	• 화자의 ❶ [ ] 와/과 생각 등 작품의 내용을 중심으로 하여 파악한다. • 시인의 삶, 당시의 중요한 사회적 문제 등과 관련지어 파악한다.
소설의 경우	• 등장인물의 말과 ❷ [ ], 인물들 사이의 관계, 사건 등을 중심으로 하여 파악한다. • 작가의 삶, 당시의 중요한 사회적 문제 등과 관련지어 파악한다.

답 ❶ 처지 ❷ 행동

확인 04 다음 빈칸에 들어갈 알맞은 말을 쓰시오.

소설에 반영된 사회·문화적 배경을 파악할 때에는 사건, (   )의 말과 행동, 인물들 사이의 관계 등을 중심으로 하여 파악할 수 있다.

>> 정답과 해설 14쪽

개념 05 작품의 사회·문화적 배경을 파악하면 좋은 점

- 작품을 창작한 작가의 ❶ ______을/를 파악하는 데 도움이 됨.
- 작품을 좀 더 깊이 있게 감상할 수 있음.
- 작품에서 다루는 내용이 우리의 ❷ ______와/과 밀접하게 관련되어 있음을 알 수 있음.

답 ❶ 의도 ❷ 삶

확인 05 다음 문장의 괄호 안에서 알맞은 말을 고르시오.

작품의 사회·문화적 배경을 파악하며 감상하면 (작가/독자)의 창작 의도를 파악하는 데 도움이 되고, 작품에서 다루는 내용이 독자의 삶과 (관련성이 거의 없음/아주 가깝게 맞닿아 있음)을 알 수 있다.

작품의 사회·문화적 배경을 파악하며 감상하면 우리가 삶을 살아가는 데 필요한 태도가 무엇인지도 생각해 볼 수 있어요.

개념 06 오늘날의 삶에 비추어 시 감상하기

- **개념**: 시에 반영된 과거의 삶을 ❶ ______의 삶과 관련지어 생각하며 주체적으로 감상하는 것
- **방법**
  - 시에 반영된 ❷ ______의 삶을 파악하고, 오늘날의 삶과 비교하며 이해하기
  - 화자의 태도와 가치관을 파악하고 자신과 비교하기
  - 오늘날의 관점에서 화자의 태도와 가치관을 비판적으로 평가하기

답 ❶ 오늘날 ❷ 과거

확인 06 다음 빈칸에 들어갈 알맞은 말을 쓰시오.

시에 반영된 과거의 삶을 파악하고 오늘날의 삶과 서로 비교하여 이해하면 시를 (   )(으)로 감상할 수 있다.

개념 07 오늘날의 삶에 비추어 소설 감상하기

- **개념**: 소설에 반영된 과거의 삶을 오늘날 우리의 삶과 관련지어 생각하며 주체적으로 감상하는 것
- **방법**
  - 소설에 반영된 과거의 삶을 파악하고, 오늘날의 삶과 비교하며 이해하기
  - 인물의 ❶ ______와/과 가치관을 파악하고 자신과 비교하기
  - 소설 속 인물과 비슷한 상황에 처한 적이 있는지, 자신이라면 어떻게 행동할지 생각해 보기
  - 오늘날의 ❷ ______에서 인물의 행동과 태도를 비판적으로 평가하기

답 ❶ 태도 ❷ 관점

확인 07 소설을 오늘날의 삶에 비추어 감상하는 방법으로 적절하지 않은 것을 고르시오.

㉠ 소설 속 인물의 삶의 태도가 무조건 옳다고 여긴다.
㉡ 자신이 소설 속 상황에 처한다면 어떻게 행동할지 생각해 본다.

개념 08 오늘날의 삶에 비추어 작품 감상하기의 효과

- 작품의 내용을 깊이 있게 이해할 수 있음.
- 과거의 삶을 통해 오늘날의 삶을 성찰할 수 있음.
- 작품을 자신의 상황에 비추어 ❶ ______(으)로 감상하는 능력을 기를 수 있음.
- 시대에 따른 인식의 변화 속에서도 오늘날까지 변하지 않는 ❷ ______(이)나 오늘날의 관점에서 새롭게 평가할 수 있는 가치를 발견함으로써 삶의 보편성과 특수성에 대한 이해를 넓힐 수 있음.

답 ❶ 주체적 ❷ 가치

확인 08 다음 빈칸에 들어갈 알맞은 말을 쓰시오.

작품에 반영된 (   )은/는 시대에 따라 다르게 평가될 수 있다.

2주 1일 개념 돌파 전략 2

01 다음 빈칸에 들어갈 알맞은 말을 순서대로 쓰시오.

문학 활동지

- 작품의 ( )(이)란?
  ➔ 작품의 내용이나 의미와 관련된 역사적·사회적 상황, 공동체의 가치, 신념, 문화 등을 일컫는 말
- 그 특징이 무엇일까?
  ➔ 작품에 직접 드러날 수도 있고, ( )(으)로 작용할 수도 있음.

문제 해결 전략

- 작품과 관련된 시대 상황이나 가치관, 신념, ❶ [ ] 등을 작품의 사회·문화적 배경이라고 할 수 있다.
- 사회·문화적 배경은 작품에 직접 드러나기도 하고 ❷ [ ]의 배경으로 작용하기도 한다.

답 ❶ 문화 ❷ 창작

02 작품의 사회·문화적 배경에 관해 잘못 이해한 학생은?

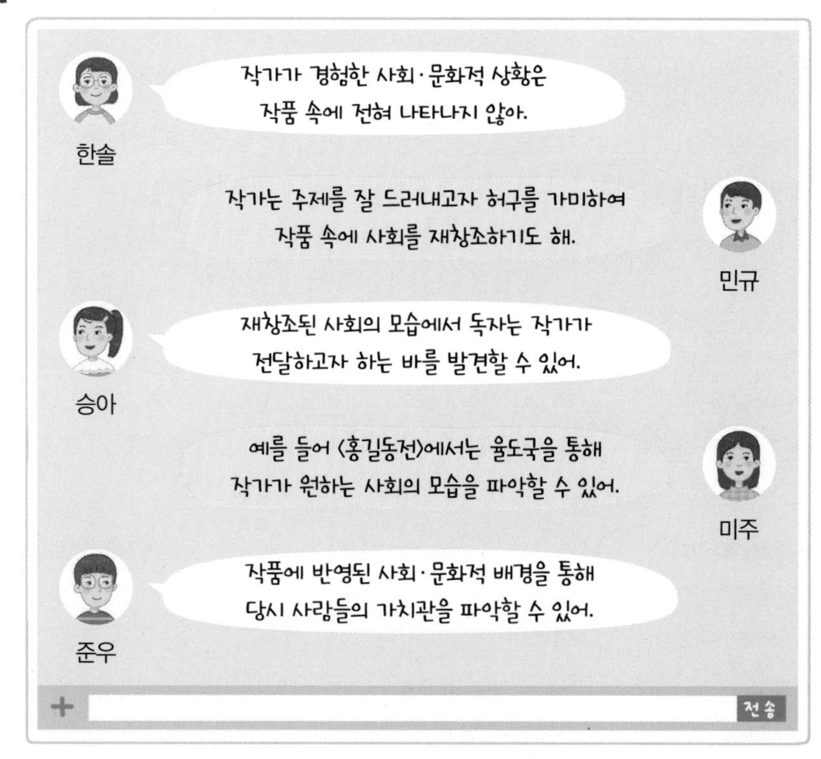

① 한솔 ② 민규 ③ 승아 ④ 미주 ⑤ 준우

문제 해결 전략

- 작가는 자신이 말하고자 하는 바를 잘 드러내기 위해 허구를 더하여 작품 속 사회를 ❶ [ ]한다.
- 작품에 반영된 사회·문화적 배경을 통해 독자는 당시 사람들의 사고방식과 ❷ [ ] 등을 파악할 수 있다.

답 ❶ 재창조 ❷ 가치관

>> 정답과 해설 14쪽

03 작품의 사회·문화적 배경을 파악하는 방법으로 적절하지 않은 것은?

① 작품이 창작된 시기가 언제인지 확인한다.
② 작품이 창작된 당시의 사회적·역사적 특징을 알아본다.
③ 작가가 살았던 시대 상황, 작품 창작의 의도 등을 알아본다.
④ 시는 시인의 삶은 배제하고 시의 내용을 중심으로 파악한다.
⑤ 소설은 등장인물의 말과 행동, 사건 등을 비롯하여 창작 당시의 사회적 문제와 관련지어 파악한다.

문제 해결 전략

- 작품의 사회·❶ ______ 배경을 파악하면 작품을 이해하는 데 도움이 된다.
- 이때 작품의 ❷ ______ 뿐만 아니라 작가의 삶이나 당시의 중요한 사회적 문제 등과 관련지어 파악할 수 있다.

답 ❶ 문화적 ❷ 내용

04 다음 민요에 대한 설명으로 적절하지 않은 것은?

형님 형님 사촌 형님 시집살이 어떱뎁까?
이 애 이 애 그 말 마라 시집살이 개집살이.
앞밭에는 당추 심고 뒷밭에는 고추 심어,
고추 당추 맵다 해도 시집살이 더 맵더라.
둥글둥글 수박 식기 밥 담기도 어렵더라.
도리도리 도리 소반 수저 놓기 더 어렵더라.
오 리 물을 길어다가 십 리 방아 찧어다가,
아홉 솥에 불을 때고 열두 방에 자리 걷고,
외나무다리 어렵대야 시아버니같이 어려우랴?
나뭇잎이 푸르대야 시어머니보다 더 푸르랴?
시아버니 호랑새요 시어머니 꾸중새요,
동세 하나 할림새요 시누 하나 뾰족새요,
시아지비 뾰중새요 남편 하나 미련새요,
나 하나만 썩는 샐세. [후략]

– 작자 미상, 〈시집살이 노래〉 금

• 할림새 고자질을 잘하는 새.

① 과거 며느리가 해야 했던 힘든 가사 노동이 나열되어 있다.
② '시집'을 '개집'에 비유하여 시집살이의 괴로움을 나타내고 있다.
③ 봉건적인 가족 제도에서 부녀자들이 겪는 어려움이 드러나 있다.
④ 처가에서 데릴사위로 살던 당시 남성들의 삶의 모습이 나타나 있다.
⑤ 시집 식구들을 '새'에 비유하여 시집살이의 괴로움을 익살스럽게 표현하고 있다.

문제 해결 전략

- 이 작품은 시집살이하는 며느리의 마음을 노래한 ❶ ______ (으)로, 힘든 가사 노동과 대하기 어려운 시집 식구들의 모습을 담고 있다.
- 봉건적인 가족 제도 아래에서 시집살이하던 당시 ❷ ______ 들의 삶의 애환, 남존여비 사상 등 당시의 사회·문화적 배경이 반영되어 있다.

답 ❶ 민요 ❷ 여성

05 다음 글에 나타난 사회·문화적 배경을 바르게 파악한 학생은?

1945년 팔월 하순.

아직 해방의 감격이 온 누리를 뒤덮어 소용돌이칠 때였다.

말복도 지난 날씨언만 여전히 무더웠다. 이인국 박사는 이 며칠 동안 불안과 초조에 휘몰려 잠도 제대로 자지 못했다. 무엇인가 닥쳐올 사태를 오돌오돌 떨면서 대기하는 상태였다.

그렇게 붐비던 환자도 하나 얼씬하지 않고 쉴 사이 없던 전화도 뜸하여졌다. 입원실은 최후의 복막염 환자였던 도청의 일본인 과장이 끌려간 후 텅 비었다. [중략]

이 층 십 조˚ 다다미방˚에 훈도시˚와 유카다˚ 바람에 뒹굴고 있던 이인국 박사는 견디다 못해 부채를 내던지고 일어났다.

– 전광용, 〈꺼삐딴 리〉 천(박) 창

- **조** 일본식 돗자리인 다다미의 수를 세는 일본어.
- **다다미방** 직사각형 모양의 일본식 돗자리를 깐 방.
- **훈도시** 일본 남성들이 입었던 속옷.
- **유카다** 집 안에서 또는 여름철 산책할 때에 주로 입는 일본의 전통 의상.

문제 해결 전략

- 이 글은 일제 강점기부터 ❶ ___ 년대까지를 배경으로 하여 도덕이나 신념에 관계없이 부와 권력을 좇으며 시대에 적응해 살아간 한 의사의 삶을 담은 소설이다.
- 시간적·❷ ___ 배경을 드러내는 표현을 통해 작품에 나타난 사회·문화적 배경을 파악할 수 있다.

답 ❶ 1950 ❷ 공간적

06 다음 질문의 답으로 거리가 먼 것은?

① 작품의 내용을 좀 더 깊이 있게 이해할 수 있습니다.
② 작품을 창작한 작가의 의도를 파악하는 데 도움이 됩니다.
③ 작품 창작의 바탕이 된 실존 인물을 직접 만나 대화할 수 있습니다.
④ 작품과 관련한 배경지식을 쌓으며 작품 감상의 폭을 넓힐 수 있습니다.
⑤ 작품에서 다루는 내용이 독자들의 삶과 밀접하게 관련되어 있음을 알 수 있습니다.

문제 해결 전략

- 작품의 사회·문화적 배경을 파악하며 감상하면 작품을 창작한 ❶ ___ 의 의도를 파악하는 데 도움이 된다.
- 사회·문화적 배경을 파악하며 작품을 감상하면 작품에서 다루는 내용이 독자의 삶과 ❷ ___ 하게 관련되어 있음을 깨달을 수 있다.

답 ❶ 작가 ❷ 밀접

07 다음 글을 오늘날의 삶에 비추어 감상한 내용과 거리가 먼 것은?

"우리는 남경 뱃사람으로 인당수를 지나갈 제 제물로 제사하면 가없는 너른 바다를 무사히 건너고 수만금 이익을 내기로, 몸을 팔려 하는 처녀가 있으면 값을 아끼지 않고 주겠습니다."
하기에 심청이 반겨 듣고,
"나는 이 동네 사람인데, 우리 아버지가 앞을 못 보셔서 '공양미 3백 석을 지성으로 불공하면 눈을 떠 보리라.' 하기로, 집안 형편이 어려워 장만할 길이 전혀 없어 내 몸을 팔려 하니 나를 사 가는 것이 어떠하실는지요?"
뱃사람들이 이 말을 듣고, / "효성이 지극하나 가련하군요."
하며 허락하고, 즉시 쌀 3백 석을 몽운사로 날라다 주고,
"오는 3월 보름날에 배가 떠나기로 되어 있습니다."

– 작자 미상, 〈심청전〉 지

① 사람의 목숨을 쌀로 사는 뱃사람들의 비정한 모습이 오늘날의 물질 만능주의를 보는 것 같아 씁쓸해.
② 눈을 뜨고 싶은 소망 때문에 딸의 목숨을 뱃사람들에게 직접 팔아넘기는 심청의 아버지는 오늘날의 관점에서 봐도 매정해.
③ 사람을 제물로 바치면 바다를 무사히 건너고 돈을 벌 수 있다고 생각하는 뱃사람들의 사고방식이 과연 옳은지 의문이 들어.
④ 효도는 오늘날에도 변함없는 가치라고 생각하기 때문에 아버지를 생각하는 심청의 지극한 효심은 높이 평가되어야 한다고 생각해.
⑤ 앞을 보지 못하는 상태에서 홀로 딸을 키운 심청의 아버지를 보며 장애인의 삶에 대해 생각해 보게 되었어. 과거에는 더욱 힘들지 않았을까?

문제 해결 전략

- 오늘날의 삶에 비추어 작품을 감상한다는 것은 작품에 반영된 과거의 삶을 ❶ ______의 삶과 관련지어 생각하며 주체적으로 작품을 감상하는 것을 뜻한다.
- 소설에 나타난 인물의 태도와 가치관 등을 파악하고, 오늘날의 관점에서 이를 비판적으로 ❷ ______해 본다.

답 ❶ 오늘날 ❷ 평가

08 오늘날의 삶에 비추어 작품을 감상할 때의 효과로 적절하지 않은 것은?

- 작품의 내용을 깊이 있게 이해할 수 있다. ············ ①
- 작품을 주체적으로 감상하는 능력을 기를 수 있다. ············ ②
- 과거의 삶을 통해 오늘날 현대인의 삶을 성찰할 수 있다. ············ ③
- 현대인의 관점에서 새롭게 평가할 수 있는 가치를 발견할 수 있다. ··· ④
- 작품에 반영된 가치에 관한 평가는 언제나 변함없음을 알 수 있다. ··· ⑤

문제 해결 전략

- 오늘날의 삶에 비추어 작품을 감상하면 작품을 ❶ ______(으)로 감상하고, 내용을 깊이 있게 이해할 수 있다.
- 작품에 담긴 가치를 오늘날의 관점에 비추어 평가하고 주체적으로 수용하면 ❷ ______와/과 인간을 이해하는 데 도움이 된다.

답 ❶ 주체적 ❷ 삶

[1] 다음 시를 읽고, 물음에 답하시오.

가을 햇볕에 공기에
익는 벼에
눈부신 것 천지인데,
(천지: 대단히 많음.)
그런데,
아, 들판이 적막하다 —
(적막하다: 고요하고 쓸쓸하다.)
메뚜기가 없다!

오 이 불길한 고요 —
생명의 황금 고리가 끊어졌느니……

– 정현종, 〈들판이 적막하다〉 천(박)

이 작품은 적막한 가을 들판에서 깨달은 생태계의 위기를 노래한 시입니다. 풍성한 가을 들판에 메뚜기가 없어 적막하다는 사실을 통해 생태계 파괴에 대한 불안감을 드러내고 있습니다.

대표 유형 1 시의 사회·문화적 배경 파악하기

1 이 시에 나타난 사회·문화적 배경으로 가장 적절한 것은?

① 산업화 때문에 농촌의 인구가 줄고 있다.
② 생태계의 조화가 깨지고 위기에 처해 있다.
③ 사람들이 주변에 관심이 없고 고립되고 있다.
④ 사람들이 먹이 사슬을 복원하기 위해 노력하고 있다.
⑤ 수확량을 늘리기 위해 농부들이 더 많이 일하고 있다.

유형 해결 전략

화자는 풍성한 결실을 맺은 가을 들판에 ❶ ______ 이/가 없어 적막하다는 것을 깨닫고 있다. 이를 통해 이끌어 낼 수 있는 사회·문화적 ❷ ______ 이/가 무엇인지 생각해 본다.

답 ❶ 메뚜기 ❷ 배경

1-1 다음 대화를 참고하여 이 시가 창작된 사회·문화적 배경을 쓰시오.

연재: 왜 가을 들판에 메뚜기가 없는 걸까?

은호: 벼의 수확량을 늘리려고 사용한 농약 때문일 거야. 이것이 메뚜기가 먹이로 하는 생물에게 영향을 주었겠지. 메뚜기를 먹이로 하는 생물에게도 영향을 줄 거고.

연재: 그럼 '생명의 황금 고리'가 끊어졌다는 것은 벼, 메뚜기, 새와 같은 생명체들 사이의 유기적인 연결이 끊어졌다는 뜻이구나.

+ 전송

[2] 다음 시를 읽고, 물음에 답하시오.

가난하다고 해서 외로움을 모르겠는가
너와 헤어져 돌아오는
눈 쌓인 골목길에 새파랗게 달빛이 쏟아지는데.
가난하다고 해서 두려움이 없겠는가
두 점을 치는 소리
(두 점을 치는 소리: 새벽 두 시, 통금 시간을 알리던 소리.)
방범대원의 호각 소리 메밀묵 사려 소리에
(호각: 불어서 소리를 내는 신호용 도구. 호루라기.)
눈을 뜨면 멀리 육중한 기계 굴러가는 소리.
가난하다고 해서 그리움을 버렸겠는가
어머님 보고 싶소 수없이 뇌어 보지만
(뇌어: 지나간 일이나 한 번 한 말을 여러 번 거듭 말하다.)
집 뒤 감나무에 까치밥으로 하나 남았을
(까치밥: 겨울에 까치 등의 새들이 먹으라고 따지 않고 남겨 두는 감.)
새빨간 감 바람 소리도 그려 보지만.
가난하다고 해서 사랑을 모르겠는가
내 볼에 와 닿던 네 입술의 뜨거움
사랑한다고 사랑한다고 속삭이던 네 숨결
돌아서는 내 등 뒤에 터지던 네 울음.
가난하다고 해서 왜 모르겠는가
가난하기 때문에 이것들을
이 모든 것들을 버려야 한다는 것을.

– 신경림, 〈가난한 사랑 노래〉 천(노) 금

이 작품은 산업화 시기에 돈을 벌기 위해 고향을 떠나 도시 노동자로 살아가는 젊은이의 힘겨운 삶을 표현한 시입니다.

대표 유형 2 시의 사회·문화적 배경 고려하여 감상하기

2 〈보기〉를 참고하여 이 시를 감상한 내용으로 가장 적절한 것은?

> 보기
> 1960년대 후반 봉제 공장 800여 개가 밀집해 있던 평화 시장에는 2만여 명의 노동자가 일하고 있었는데 대부분 농촌 출신이었다. 학교를 다니며 미래를 꿈꿔야 할 10대 중반의 나이에, 환기 장치 하나 없고 햇빛조차 들지 않는 비위생적인 환경에서 하루에 14시간 이상 허리도 펴지 못하고 일했다.
>
> – 〈한국일보〉, 2014년 11월 7일 자

① 진실한 사랑의 어려움을 노래하고 있어.
② 개발로 인한 고향 상실을 노래하고 있어.
③ 도시 노동자들의 힘겨운 삶을 노래하고 있어.
④ 타인과 교류하지 못한 두려움을 노래하고 있어.
⑤ 가족들을 향한 그리움과 원망을 노래하고 있어.

유형 해결 전략

〈보기〉를 통해 도시 ❶ ______ 들이 열악한 환경에서 근무하였음을 알 수 있다. 이를 참고하여 시의 ❷ ______ 이/가 어떤 상황에 처해 있는지, 어떤 감정을 느끼고 있는지 살펴본다.

답 ❶ 노동자 ❷ 화자

2-1 이 시가 창작된 사회·문화적 배경을 고려할 때, 화자로 가장 적절한 인물은?

① 미래에 대한 희망을 품고 사는 중년 가장
② 도시에서의 삶을 동경하는 농촌의 청소년
③ 사랑하는 사람과의 이별로 괴로워하는 대학생
④ 가난 때문에 평범한 삶을 포기하는 도시 노동자
⑤ 도시 외곽에서 전원생활의 여유를 즐기는 노부부

도움말

이 시에는 ❶ ______ 때문에 외로움, 두려움, 그리움, ❷ ______ 과 같은 감정을 느낄 여유가 없는 힘겨운 삶이 나타나 있어요.

답 ❶ 가난 ❷ 사랑

[3] 다음 시조를 읽고, 물음에 답하시오.

까마귀 눈비 맞아 희는 듯 검노매라
야광명월(夜光明月)이 밤인들 어두우랴
임 향한 일편단심(一片丹心)이야 변할 줄이 있으랴

– 박팽년, 〈까마귀 눈비 맞아〉 천(박)

• 야광명월 밤에 밝게 빛나는 달. 또는 밤에도 빛나는 구슬인 야광주와 명월주.
• 일편단심 한 조각의 붉은 마음이라는 뜻으로, 진심에서 우러나오는 변치 아니하는 마음을 이르는 말.

〈까마귀 눈비 맞아〉가 창작된 사회 · 문화적 배경

1455년 수양 대군은 어린 조카인 단종의 왕위를 빼앗고 왕이 된다. 이 사람이 곧 세조이다. 이때 세조의 왕위 찬탈(왕위, 국가 주권 따위를 억지로 빼앗음.)에 동조한 이들도 있었지만 그렇지 않은 사람들도 있었는데, 박팽년은 후자에 속했던 인물이다. 그는 두 임금을 섬길 수 없다는 신념으로 성삼문 등과 함께 단종 복위(폐위되었던 제왕이나 후비(后妃)가 다시 그 자리에 오름.) 운동을 펼친다. 그러나 이것이 발각되어 혹독한 고문에 시달린다. 박팽년은 세조의 회유에도 자신의 뜻을 굽히지 않고 맞서다가 결국 옥에서 죽는다.

이 작품은 임을 향한 변치 않는 마음을 노래한 시조로, 수양 대군에게 왕위를 빼앗긴 단종을 향한 충성심을 드러내고 있습니다.

대표 유형 3 화자의 태도 평가하기

3 이 시조가 창작된 사회·문화적 배경을 참고하여 화자를 이해한 내용으로 적절하지 않은 것은?

① 두 임금을 섬길 수 없다고 생각하고 있다.
② 단종을 향한 변함없는 충성심을 드러내고 있다.
③ 단종 복위 운동을 펼친 사람들을 충신으로 생각하고 있다.
④ 두 임금을 두고 대립하고 있는 현실을 안타까워하고 있다.
⑤ 세조의 왕위 찬탈에 동조한 이들을 까마귀와 같다고 보고 있다.

유형 해결 전략

이 시조가 창작된 사회·문화적 배경을 참고할 때 '❶ ______'은/는 단종을, '일편단심'은 변함없는 ❷ ______을/를 의미함을 알 수 있다. 이를 참고하여 화자의 태도를 파악해 본다.

답 ❶ 임 ❷ 충성심

3-1 이 시조의 화자가 추구하는 삶의 태도로 적절한 것은?

① 학문을 진지하게 탐구하는 태도
② 사회의 변화에 빠르게 적응하는 태도
③ 새로운 일에 주저 없이 도전하는 태도
④ 많은 사람에게 인정받기 위해 노력하는 태도
⑤ 자신의 뜻을 굽히지 않고 지조를 지키는 태도

도움말

화자는 ❶ ______에서 임을 향한 ❷ ______이/가 변하지 않는다고 말하고 있어요. 이를 통해 이끌어 낼 수 있는 삶의 태도가 무엇인지 생각해 보세요.

답 ❶ 종장 ❷ 일편단심

[4] 다음 시조를 읽고, 물음에 답하시오.

어버이 사라실 제 셤길 일란 다하여라
지나간 후면 애닯다 어찌하리
평생에 고쳐(다시) 못할 일이 이뿐인가 하노라 (제4수)

오늘도 다 새거다(날이 밝았다) 호미 메고 가쟈스라(가자꾸나)
내 논 다 매거든 네 논 좀 매어 주마
올 길에(돌아오는 길에) 뽕 따다가 누에 먹여 보쟈스라(보자꾸나) (제13수)

이고(물건을 머리 위에 얹다.) 진(물건을 짊어서 등에 얹다.) 저 늙은이 짐 풀어 나를 주오
나는 젊었거니 돌이라 무거울까
늙기도 설워라커든 짐을 조차 지실까 (제16수)

– 정철, 〈훈민가〉 미 금

이 작품은 백성들에게 도덕을 깨우쳐 주고자 지은 총 16수의 연시조 가운데 일부로, 제4수는 부모에 대한 효도, 제13수는 근면과 상부상조의 자세, 제16수는 노인에 대한 공경을 노래하고 있습니다.

대표 유형 4 오늘날의 삶에 비추어 시 감상하기

4 이 시조를 오늘날의 삶에 비추어 감상한 내용으로 적절하지 않은 것은?

① 제4수: 어제 부모님께 짜증을 내었던 나를 반성하였다.
② 제13수: 진로 선택을 두고 고민하는 친구에게 추천하고 싶다.
③ 제13수: 근면한 태도는 오늘날에도 중요한 가치라고 생각한다.
④ 제16수: 버스에서 할머니께 자리를 양보한 친구의 모습이 떠올랐다.
⑤ 제16수: 노인에 대한 존중과 배려가 사라지는 우리 사회에 교훈을 주고 있다.

유형 해결 전략

제4수는 부모에 대한 ❶ [　　], 제13수는 근면과 상부상조의 자세, 제16수는 ❷ [　　]에 대한 공경을 노래하고 있다. 시조에 나타난 가치를 오늘날의 관점에서 어떻게 평가하고 있는지 살펴본다.

답 ❶ 효도 ❷ 노인

4-1 이 시조를 감상한 학생의 독서 활동지에서 내용이 적절하지 않은 것은?

독서 활동지

[활동] 시조에 나타난 가치를 오늘날에 적용하기
• 부모님께 철없게 행동하지 않는다. ············ ①
• 해야 할 일을 미루지 않고 바로 한다. ········· ②
• 이익이 생길 때에만 상대방을 돕는다. ········· ③
• 직원 채용 시 근면성을 중요하게 본다. ········ ④
• 어르신들을 위해 횡단보도 앞에 신호를 기다릴 수 있는 쉼터를 마련한다. ····················· ⑤

[01~04] 다음 시를 읽고, 물음에 답하시오.

가을 햇볕에 공기에
익는 벼에
눈부신 것 천지인데,
그런데,
아, 들판이 적막하다 —
메뚜기가 없다!

오 이 불길한 고요 —
생명의 황금 고리가 끊어졌느니……

– 정현종, 〈들판이 적막하다〉 천(박)

01 이 시에 대한 설명으로 적절하지 않은 것은?

① 특정한 계절을 배경으로 시상을 전개하고 있다.
② 시적 상황에 대한 화자의 정서를 드러내고 있다.
③ 접속사를 사용하여 시의 분위기를 극적으로 전환하고 있다.
④ 대비되는 두 공간을 이동하면서 주제 의식을 드러내고 있다.
⑤ 다양한 문장 부호를 사용하여 화자의 정서를 효과적으로 드러내고 있다.

도움말

이 시의 화자는 ❶ [ ] 들판에서 눈부신 것들을 보다가, 문득 ❷ [ ] 이/가 적막함을 느끼고 메뚜기가 없다는 사실을 깨닫고 놀라고 있어요.

답 ❶ 가을 ❷ 들판

02 이 시가 창작된 사회·문화적 배경과 관련지어 감상문을 쓸 때, 제목으로 가장 적절한 것은?

① 현대 사회와 소음 공해
② 벼농사의 핵심 재배 기술
③ 생태계에 위기가 찾아왔다
④ 아름다운 가을을 담은 풍경화
⑤ 당신의 옆집에는 누가 살고 있나요?

03 1연의 내용을 다음과 같이 정리할 때, ㉠~㉢에 들어갈 알맞은 말을 쓰시오.

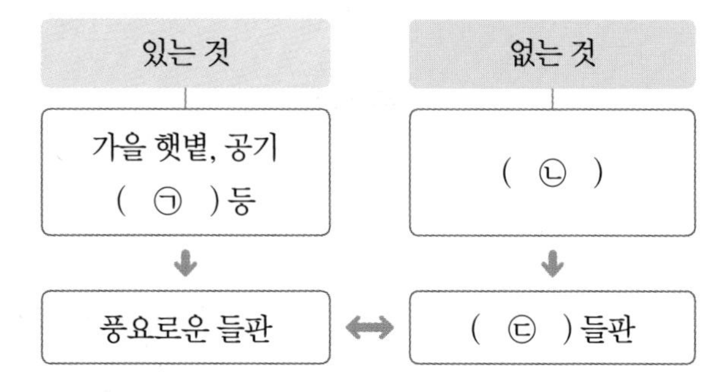

04 이 시를 창작한 시인의 의도로 적절한 것은?

① 농부들의 고단한 삶에 대한 연민을 표현하기 위해
② 자연을 보며 마음의 여유를 찾기를 권유하기 위해
③ 소통이 단절된 삭막한 사회적 분위기를 비판하기 위해
④ 농사일을 통해 얻은 경제적 여유에 대한 만족감을 드러내기 위해
⑤ 인간의 이익만을 생각하다 파괴된 생태계의 현실을 고발하기 위해

>> 정답과 해설 17쪽

[05~07] 다음 시를 읽고, 물음에 답하시오.

가난하다고 해서 외로움을 모르겠는가
너와 헤어져 돌아오는
눈 쌓인 골목길에 새파랗게 달빛이 쏟아지는데.
가난하다고 해서 두려움이 없겠는가
두 점을 치는 소리
방범대원의 호각 소리 메밀묵 사려 소리에
눈을 뜨면 멀리 육중한 기계 굴러가는 소리.
가난하다고 해서 그리움을 버렸겠는가
어머님 보고 싶소 수없이 뇌어 보지만
집 뒤 감나무에 까치밥으로 하나 남았을
새빨간 감 바람 소리도 그려 보지만.
가난하다고 해서 사랑을 모르겠는가
내 볼에 와 닿던 네 입술의 뜨거움
사랑한다고 사랑한다고 속삭이던 네 숨결
돌아서는 내 등 뒤에 터지던 네 울음.
가난하다고 해서 왜 모르겠는가
가난하기 때문에 이것들을
이 모든 것들을 버려야 한다는 것을.

– 신경림, 〈가난한 사랑 노래〉 천(노) 금

05 이 시의 화자가 느끼는 정서로 적절하지 않은 것은?

① 그리움 ② 두려움 ③ 뿌듯함
④ 서러움 ⑤ 외로움

06 〈보기〉를 참고하여 이 시의 주제를 쓰시오.

보기
산업화가 이루어진 1970~1980년대, 젊은이들은 일자리를 찾아 고향을 떠나 도시로 향했다. 그들은 몹시 열악한 노동 환경 속에서 일하며 고달프게 살아갔다.

도움말
<보기>는 이 시에 반영된 사회 · 문화적 배경으로, ❶ ( ) 을/를 떠나 도시로 온 젊은 노동자들이 힘겹게 살았던 ❷ ( ) 시기를 설명하고 있어요. 이를 참고하여 주제를 파악해 보세요.

답 ❶ 고향 ❷ 산업화

07 다음은 이 시의 부제이다. 이를 참고할 때, 시인의 창작 의도로 가장 적절한 것은?

이웃의 한 젊은이를 위하여

① 성실하게 사는 삶의 중요성을 전달하기 위해
② 어려움에 처한 이웃을 돕자고 제안하기 위해
③ 사랑하는 사람을 더욱 배려할 것을 충고하기 위해
④ 산업화 때문에 고향이 사라진 자신을 위로하기 위해
⑤ 가난 때문에 힘겹게 살아가는 젊은이들을 위로하기 위해

[08~09] 다음 시조를 읽고, 물음에 답하시오.

(가) 까마귀 눈비 맞아 희는 듯 검노매라
야광명월(夜光明月)이 밤인들 어두우랴
임 향한 일편단심(一片丹心)이야 변할 줄이 있으랴

– 박팽년, 〈까마귀 눈비 맞아〉 천(박)

(나) 천만리 머나먼 길에 고운 님 여의옵고(이별하고)
내 마음 둘 데 없어 냇가에 앉았으니
저 물도 내 안(마음) 같아서 울어 밤길 예놋다(울며 밤길을 흘러가는구나)

– 왕방연, 〈천만리 머나먼 길에〉 지

08 〈보기〉를 참고하여 (가)와 (나)를 평가한 내용으로 가장 적절한 것은?

보기

박팽년과 왕방연은 조선 초기의 문신이다. 1455년 수양 대군은 어린 조카인 단종의 왕위를 빼앗고 왕이 된다. 이 사람이 곧 세조이다. 이때 세조의 왕위 찬탈에 동조한 이들도 있었지만 그렇지 않은 사람들도 있었는데, 박팽년은 후자에 속했던 인물로, 그는 두 임금을 섬길 수 없다는 신념으로 세조에게 맞서다가 옥에서 죽는다. 한편 세조는 단종을 복위시키려는 움직임이 일자 단종을 영월로 유배 보낸다. 이때 단종을 유배지로 호송하는 임무를 맡았던 인물이 왕방연이라고 전해진다.

① (가)는 세조에 대한 변함없는 충성심을 드러내고 있다.
② (가)는 세조가 왕위를 찬탈한 사건을 긍정적으로 평가하고 있다.
③ (가)의 화자는 자신을 '까마귀'에 빗대어 단종 복위의 정당성을 주장하고 있다.
④ (나)의 화자는 불의에 굴복하지 않고 맞서 싸우는 저항적 태도를 드러내고 있다.
⑤ (나)는 단종을 '고운 님'으로 표현하여 유배된 단종을 향한 슬픔을 드러내고 있다.

09 〈보기〉를 참고하여 (나)의 화자가 자신의 주된 정서를 드러내기 위해 사용한 소재를 찾아 쓰시오.

보기

시에서 어떤 대상에 화자의 감정이나 정신을 불어넣거나, 대상으로부터 느낌을 직접 받아들여 대상과 자기가 서로 통한다고 느끼는 것을 '감정 이입'이라고 한다.

도움말

(나)에 나타난 화자의 ❶ ____을/를 파악하고, 화자와 동일한 감정을 지닌 것으로 표현된 ❷ ____을/를 찾아보세요.

답 ❶ 정서 ❷ 대상

>> 정답과 해설 17쪽

[10~12] 다음 시조를 읽고, 물음에 답하시오.

어버이 사라실 제 셤길 일란 다하여라
지나간 후면 애닯다 어찌하리
평생에 고쳐 못할 일이 이뿐인가 하노라 (제4수)

오늘도 다 새거다 호미 메고 가쟈스라
내 논 다 매거든 네 논 좀 매어 주마
올 길에 뽕 따다가 누에 먹여 보쟈스라 (제13수)

이고 진 저 늙은이 짐 풀어 나를 주오
나는 젊었거니 돌이라 무거울까
늙기도 설워라커든 짐을 조차 지실까 (제16수)

– 정철, 〈훈민가〉 미 금

10 다음은 이 시조를 감상한 학생의 활동지이다. 빈칸에 들어갈 알맞은 내용을 한 문장으로 서술하시오.

독서 활동지

[활동] 이 시조에 반영된 당시 삶의 모습 파악하기
- 농경 생활을 하였다.
- 효도를 중요시하였다.
- 성실함 과 상부상조를 중요시하였다.
- (   )

11 〈보기〉를 참고할 때, 제4수에서 추구하는 가치와 관련 있는 덕목으로 가장 적절한 것은?

보기

유교의 도덕에서 기본이 되는 다섯 가지의 도리를 '오륜'이라고 한다. 임금과 신하 사이에는 의로움이 있어야 한다는 '군신유의(君臣有義)', 어버이와 자식 사이에는 친함이 있어야 한다는 '부자유친(父子有親)', 남편과 아내 사이에는 구별이 있어야 한다는 '부부유별(夫婦有別)', 어른과 아이 사이에는 차례와 질서가 있어야 한다는 '장유유서(長幼有序)', 친구 사이에는 믿음이 있어야 한다는 '붕우유신(朋友有信)'이 바로 오륜이다.

① 군신유의 ② 부자유친 ③ 부부유별
④ 장유유서 ⑤ 붕우유신

도움말

제4수는 ❶ [   ]에게 효행을 실천할 것을 강조하고 있어요. 이를 통해 이끌어 낼 수 있는 가치가 무엇인지 생각하고, 관련 있는 ❷ [   ]의 덕목을 찾아보세요.

답 ❶ 부모 ❷ 오륜

12 이 시조를 오늘날의 삶과 관련지어 감상한 내용으로 거리가 먼 것은?

댓글 달기

자축 하루를 성실하게 보내는 습관을 들이도록 노력하겠다고 다짐하였다. ······ ①
인묘 할아버지께 자리를 양보하지 않고 노약자석에 앉은 일을 반성하였다. ······ ②
진사 자연환경을 보호하면서 적절하게 개발하는 것이 필요하다고 생각하였다. ······ ③
오미 부모님께 짜증을 부리거나 퉁명스럽게 대하지 말아야겠다고 생각하였다. ······ ④
신유 나는 일을 혼자 하는 편인데, 친구와 도우며 하는 것도 좋겠다고 생각하였다. ··· ⑤

2주 3일 필수 체크 전략 1

[1] 다음 글을 읽고, 물음에 답하시오.

허생은 변 부자에게 만 냥을 얻어 가지고 집에는 들르지도 않고 곧장 안성으로 내려갔다.

"안성은 경기도와 전라도의 갈림길에다 충청도, 전라도, 경상도의 길목이렷다!"

허생은 그다음 날부터 시장에 나가서 대추, 감, 배, 석류, 유자 따위 과일이란 과일은 몽땅 사들였다. 파는 사람이 부르는 대로 값을 다 주고, 팔지 않는 사람에게는 값을 배로 주고 사들였다. 그리고 사는 족족 창고 깊숙이 넣어 두었다.

얼마 안 가서 나라 안의 과일이란 과일은 모두 동이 나 버렸다. 잔치나 제사를 지내려고 해도 과일이 없으니 상을 제대로 차릴 수가 없었다. [중략] 결국 허생은 처음 값의 열 배를 받고 과일을 되팔았다.

"허허, 겨우 만 냥으로 나라의 경제를 흔들어 놓았으니, 이 나라 형편이 어떤지 알 만하구나."

허생은 이렇게 탄식하고는 또 칼, 호미, 실이며 베, 솜 따위를 모조리 사들여 제주도로 건너갔다. 그리고 그것을 팔아 말총이란 말총은 모두 거두어들였다. 말총은 갓과 망건을 만드는 재료였다.

말총: 말의 갈기나 꼬리의 털.

망건: 상투를 튼 사람이 머리카락을 걷어 올려 흘러내리지 아니하도록 머리에 두르는 그물처럼 생긴 물건.

"몇 해 못 가서 이 나라 사람들은 모두 머리를 싸매지 못할 게야."

과연 얼마 가지 않아 나라의 갓값과 망건값이 열 배로 훌쩍 뛰었다. 그렇게 해서 허생은 엄청난 돈을 긁어모으게 되었다.

– 박지원, 〈허생전〉 미

이 작품은 '허생'이라는 지식인을 내세워 지배 계층인 사대부들의 무능과 위선을 비판한 고전 소설입니다.

대표 유형 1 소설의 사회·문화적 배경 파악하기

1 이 글에 나타난 당시의 사회·문화적 배경으로 적절하지 <u>않은</u> 것은?

① 물건을 사재기하는 것이 가능하였다.
② 나라의 경제 구조가 탄탄하지 못하였다.
③ 잔치나 제사를 지낼 때 과일을 상에 올렸다.
④ 안성은 교통의 요충지로, 물건과 사람이 많이 모이는 곳이었다.
⑤ 물건과 물건을 직접 교환하는 방식으로만 거래가 이루어졌다.

유형 해결 전략

허생이 ❶ [ ]에게 만 냥을 얻어 안성으로 내려간 뒤에 일어난 사건에서 사회·문화적 ❷ [ ]을/를 파악할 수 있다. 허생의 말과 행동을 살펴본다.

답 ❶ 변 부자 ❷ 배경

1-1 다음 대화의 빈칸에 들어갈 알맞은 말을 쓰시오.

허생이 과일과 말총을 사재기하여 큰 이익을 얻은 모습을 통해 알 수 있는 당시 사회·문화적 배경이 무엇일까?

과일과 말총은 양반 계층에서 주로 소비하는 물건이야. 값이 열 배나 올랐어도 살 정도로 양반들이 예법에 집착하고 (   ) 에 빠져 있었다는 걸 보여 주고 있어.

전송

도움말

양반들이 ❶ [ ]와/과 ❷ [ ]을/를 열 배로 뛴 값을 주면서 산 까닭을 생각해 보고, 이런 양반들의 모습에서 이끌어 낼 수 있는 사회·문화적 배경이 무엇인지 파악해 보세요.

답 ❶ 과일 ❷ 말총

[2] 다음 글을 읽고, 물음에 답하시오.

가 피란길에서 공습을 만나 가까운 곳에 폭탄이 떨어졌는데, 한참 정신을 잃었다가 깨어나 보니 어머니의 커다란 몸뚱이가 숨도 못 쉴 정도로 전신을 무겁게 덮어 누르고 있더라는 것이었다.

피란길: 난리를 피하여 가는 길. 또는 그 도중.

"그래서 마구 소릴 지르면서 엄마를 떠밀었단다. 난 그때 엄마가 죽은 줄도 몰랐어."

그리고 명선이는 숙부네가 저를 버리고 도망치던 때의 이야기도 들려주었다.

"실은 말이지, 숙부가 날 몰래 내버리고 도망친 게 아니라 내가 숙부한테서 도망친 거야. ㉠숙부는 기회만 있으면 날 죽일라구 그랬거든."

숙부가 널 죽이려 한 이유가 뭐냐는 내 질문에 그 애는 무심코 대답하려다 말고 갑자기 입을 꾹 다물더니만 언제까지고 나를 경계하는 눈으로 잔뜩 노려보고 있었다.

나 "뭐라고 썼습디여?"

"자기네가 혹 난리 바람에 무슨 일이라도 당하게 되면 무남독녀 혈육을 잘 부탁헌다고, 저승에 가서도 그 은혜는 잊지 않겄다고, 서울 어디 사는 누네 딸이고, 본관(本貫)이 어디고, 생일이 언제라고……."

무남독녀: 아들이 없는 집안의 외동딸.
본관(本貫): 한 집안의 성을 처음 쓰기 시작한 조상의 고향.

"가락지 말은 안 썼어라우?" / "안 썼어."

아버지는 딱 잘라 대답했다. 그러나 다음 순간, 아버지는 득의연(得意然)한 미소와 함께 어머니한테 나직이 속삭이고 있었다.

득의연(得意然)한: 몹시 우쭐해 있다.

"금가락지 말은 없어도 저 먹을 건 다소 딸려 놨다고 써 있어. 사연이 복잡헌 부잣집인 것만은 틀림없다고."

명선이를 달아나지 못하게 감시하는 새로운 임무가 나한테 주어졌다.

– 윤흥길, 〈기억 속의 들꽃〉 천(노) 동

이 작품은 6·25 전쟁 중 피란길에 고아가 된 명선이를 중심으로 전쟁의 비극성과 황폐해져 가는 사람들의 모습을 보여 주는 소설입니다.

대표 유형 2 소설의 사회·문화적 배경 고려하여 감상하기

2 이 글에 반영된 사회·문화적 배경을 고려하여 감상한 내용으로 적절하지 <u>않은</u> 것은?

① 명선이가 어머니를 잃은 데서 전쟁의 비극성이 드러나고 있다.
② 금반지를 향한 탐욕은 전쟁으로 인한 경제적 빈곤의 영향을 보여 준다.
③ '나'의 부모가 명선이를 아끼는 모습에서 배려의 중요성을 드러내고 있다.
④ 명선이를 죽이려 한 숙부의 모습은 전쟁으로 인한 인간성 상실로 볼 수 있다.
⑤ '피란길', '공습'에서 이 소설이 전쟁 상황을 배경으로 하고 있음을 알 수 있다.

유형 해결 전략

소설의 ❶ [　　] ·문화적 배경은 ❷ [　　] 의 말과 행동, 인물들 사이의 관계, 사건 등에서 파악할 수 있다. 명선이, '나'의 부모의 말과 행동을 살펴본다.

답 ❶ 사회 ❷ (등장)인물

2-1 ㉠을 바르게 이해하여 감상한 것은?

댓글 달기

수성 물질적 가치를 중요시하는 산업화의 폐해를 보여 주고 있다. ········ ①
금성 전쟁 때문에 잔인하고 탐욕적으로 변한 사람들의 모습을 보여 주고 있다. ········ ②
화성 외국 문화의 유입으로 전통적인 가족 관계가 변화하였음을 보여 주고 있다. ········ ③
목성 가문의 명예를 위해 다른 사람을 외면하는 이기적인 모습을 보여 주고 있다. ········ ④
토성 경제적 이익을 위해 자연을 파괴하고 생명을 경시하는 분위기를 보여 주고 있다. ⑤

[3] 다음 글을 읽고, 물음에 답하시오.

㉮ 입원시킬 것인가, 거절할 것인가…….

환자의 몰골이나 업고 온 사람의 옷매무새로 보아 경제 정도는 뻔한 일이라 생각되었다.

그러나 그것보다도 더 마음에 켕기는 것이 있었다. 일본인 간부급들이 자기 집처럼 들락날락하는 이 병원에 이런 사상범(현 사회 체제에 반대하는 사상을 가지고 개혁을 꾀하는 행위를 함으로써 성립하는 범죄를 지은 사람.)을 입원시킨다는 것은 관선 시의원이라는 체면에서도 떳떳지 못할뿐더러, 자타가 공인하는 모범적인 황국 신민(皇國臣民)(일제 강점기에, 천황이 다스리는 나라의 신하 된 백성이라 하여 일본이 자국민을 이르던 말.)의 공든 탑이 하루아침에 무너지는 결과를 가져오는 것이라는 생각이 들었다. / 순간 그는 이런 경우의 가부 결정에 일도양단하는(어떤 일을 머뭇거리지 아니하고 선뜻 결정하다.) 자기식으로 찰나적인 단안(어떤 사항에 대한 생각을 딱 잘라 결정함. 또는 그렇게 결정된 생각.)을 내렸다.

그는 응급 치료만 하여 주고 입원실이 없다는 가장 떳떳하고도 정당한 구실로 애걸하는 환자를 돌려보냈다.

㉯ '국어(國語)(일본어) 상용(常用)(일상적으로 씀.)의 가(家)' [중략]

환자도 일본 말 모르는 축은 거의 오는 일이 없었지만 대외 관계는 물론 집 안에서도 일체 일본 말만을 써 왔다. 해방 뒤 부득이 써 오는 제 나라 말이 오히려 의사 표현에 어색함을 느낄 만큼 그에게는 거리가 먼 것이었다.

마누라의 솔선수범하는 내조지공도 컸지만 애들까지도 곧잘 지켜 주었기에 이 종잇장을 탄 것이 아니던가. 그것을 탄 날은 온 집안이 무슨 경사나 난 것처럼 기뻐들 했었다.

"잠꼬대까지 국어로 할 정도가 아니면 이 영예로운 기회야 얻을 수 있겠소." 하던 국민 총력 연맹(국민 총력 조선 연맹. 1940년에 조선 총독부 차원에서 조직된 친일 단체.) 지부장의 웃음 띤 치하 소리가 떠올랐다.

– 전광용, 〈꺼삐딴 리〉 천(박) 창

이 작품은 일제 강점기에서 1950년대까지를 배경으로 하여, 도덕이나 신념과 관계없이 부와 권력을 좇으며 살아간 한 의사의 삶을 통해 기회주의자의 삶을 풍자한 소설입니다.

대표 유형 3 인물의 태도 평가하기

3 이 글의 주인공에 대한 평가로 가장 적절한 것은?

① 결단력이 부족하여 우유부단하게 행동하는 인물이다.
② 모든 사람의 존경을 받으며 모범적인 삶을 살아온 인물이다.
③ 일제 강점기에 조국의 독립을 위해 사상범을 몰래 도운 인물이다.
④ 도덕을 저버리고 자신의 이익과 안위만을 추구한 이기적인 인물이다.
⑤ 개인의 이익보다 의사로서의 사명을 먼저 생각하는 정의로운 인물이다.

유형 해결 전략

인물의 태도는 서술자의 ❶ [   ]을/를 통해 직접적으로 드러나기도 하고, 인물의 말이나 행동을 통해 ❷ [   ](으)로 드러나기도 한다. 주인공이 어떻게 일제 강점기를 살았는지 살펴본다.

답 ❶ 서술 ❷ 간접적

3-1 다음과 같이 인물을 평가한 근거로 적절하지 않은 것은?

주인공은 일제 강점기에 자신의 이익만을 위해 친일했던 부도덕한 인물이야.

① '국어 상용의 가' 종이를 받았다.
② 사상범 환자의 입원을 거절하였다.
③ 해방 뒤에도 일본어만 사용하였다.
④ 관선 시의원이라는 직책을 가지고 있었다.
⑤ 일제에 모범적인 황국 신민으로 인정받았다.

도움말

(가)에는 ❶ [   ] 환자에 대한 태도가, (나)에는 ❷ [   ] 사용에 관한 태도가 나타나 있어요. 주인공의 태도를 파악해 보세요.

답 ❶ 사상범 ❷ 일본어

>> 정답과 해설 19쪽

[4] 다음 글을 읽고, 물음에 답하시오.

㉮ "업고 건느면 일이 다 되는 거 아니가. 자아, 이거 받아라."

고등어 묶음을 진수 앞으로 민다. / "……."

진수는 퍽 난처해하면서 못 이기는 듯이 그것을 받아 들었다. 만도는 등어리를 아들 앞에 갖다 대고 하나밖에 없는 팔을 뒤로 버쩍 내밀며 / "자아, 어서!"

진수는 지팡이와 고등어를 각각 한 손에 쥐고, 아버지의 등어리로 가서 슬그머니 업혔다. 만도는 팔뚝을 뒤로 돌려서 아들의 하나뿐인 다리를 꼭 안았다. 그리고

"팔로 내 목을 감아야 될 끼다."

했다. 진수는 무척 황송한 듯 한쪽 눈을 찍 감으면서 고등어와 지팡이를 든 두 팔로 아버지의 굵은 목줄기를 부둥켜안았다. 만도는 아랫배에 힘을 주며 끙! 하고 일어났다. [중략] 외나무다리 위로 조심조심 발을 내디디며 만도는 속으로,

황송한: 분에 넘쳐 고맙고도 송구하다.

'이제 새파랗게 젊은 놈이 벌써 이게 무슨 꼴이고. 세상을 잘 못 타고나서 진수 니 신세도 참 똥이다, 똥.'

이런 소리를 주워섬겼고, 아버지의 등에 업힌 진수는 곧장 미안스러운 얼굴을 하며

주워섬겼고: 들은 대로 본 대로 이러저러한 말을 아무렇게나 늘어놓다.

'나꺼정 이렇게 되다니, 아부지도 참 복도 더럽게 없지. 차라리 내가 죽어 버렸더라면 나았을 낀데…….'

하고 중얼거렸다.

㉯ 만도는 아직 술기가 약간 있었으나, 용케 몸을 가누며 아들을 업고 외나무다리를 조심조심 건너가는 것이었다. 눈앞에 우뚝 솟은 용머리재가 이 광경을 가만히 내려다보고 있었다.

– 하근찬, 〈수난이대〉 지 금 교

수난: 견디기 힘든 어려운 일을 당함.

이 작품은 일제 강점기에 한쪽 팔을 잃은 아버지와 6·25 전쟁에서 한쪽 다리를 잃은 아들을 통해 우리 민족의 비극적 역사와 이에 대한 극복 의지를 보여 주는 소설입니다.

대표 유형 4 오늘날의 삶에 비추어 소설 감상하기

4 **이 글을 오늘날의 삶에 비추어 감상한 내용으로 가장 적절한 것은?**

① 갈등은 상대방을 향한 양보로 해결할 수 있다는 것을 깨달았다.

② 현실에 안주하지 않고 끊임없이 새로운 일에 도전해야겠다고 결심하였다.

③ 산업화 과정에서 소외된 농촌 청년을 위한 정책 마련이 필요함을 깨달았다.

④ 이웃에게 관심을 가지고 교류하는 일이 오늘날 더욱 중요하다는 것을 느꼈다.

⑤ 시련과 고난에 마주쳐도 서로 돕고 노력하면 극복할 수 있다는 희망과 용기를 얻었다.

유형 해결 전략

이 글은 ❶ ____ 와/과 6·25 전쟁이라는 민족의 수난을 겪은 만도와 진수 부자(父子)의 이야기를 담고 있다. 이를 통해 전달하고 있는 바가 무엇인지, 오늘날 우리에게 어떤 ❷ ____ 이/가 있는지 생각해 본다.

답 ❶ 일제 강점기 ❷ 가치

4-1 **다음은 이 글을 오늘날의 삶에 비추어 감상한 독자의 감상문이다. ㉠에 해당하는 소재를 이 글에서 찾아 쓰시오.**

> 이 글은 ㉠시련과 고난 속에서 피어난 극복 의지와 희망을 보여 주며 마무리되고 있다.
>
> 오늘날 우리 사회에는 세대 간의 갈등과 같은 여러 어려움이 있다. 이 글은 서로를 믿고 힘을 합쳐 노력하면 이러한 어려움을 극복할 수 있다는 깨달음을 준다.

도움말

한쪽 팔이 없는 ❶ ____ 만도와 한쪽 다리가 없는 ❷ ____ 진수가 극복해야 할 시련과 고난을 의미하는 소재가 무엇인지 찾아보세요.

답 ❶ 아버지 ❷ 아들

2주 3일 필수 체크 전략 2

[01~03] 다음 글을 읽고, 물음에 답하시오.

㉮ "내가 제갈공명 같은 사람을 추천할 테니 임금께 아뢰어 삼고초려 하시게 할 수 있겠소?"

삼고초려: 인재를 맞아들이기 위하여 참을성 있게 노력함.

이 대장은 고개를 숙이고 한참 생각하더니 대답하였다.

"그건 어렵겠습니다. 임금께서 친히 거둥하시는 일이 어찌 쉽겠습니까? 차라리 그다음 계책을 듣고자 합니다."

거둥하시는: 임금이 나들이하다.

㉯ "조선이 옛날 명나라에 입은 은혜가 있다고 해서, 명나라가 청나라에 망한 뒤에 명나라의 많은 자손들이 우리나라로 망명해 와 떠돌아다니며 살고 있다고 들었소. 그대가 조정에 청하여 종실의 딸들을 그 사람들에게 시집보내고, 세도가들의 재산을 빼앗아 그 사람들에게 나누어 줄 수 있겠소?"

종실: 임금의 친족.

이 대장은 또 고개를 숙이고 한참을 생각하더니 입을 열었다.

"어렵겠습니다. 지체 높은 종실의 어른들이 어찌 하고많은 신랑감을 두고 귀한 딸을 나라도 없이 떠도는 자들에게 시집보내겠습니까?"

㉰ "그러면 나라 안에서 젊은이들을 뽑아 되놈처럼 변발을 시키고 되놈 옷을 입혀 들여보내, 그중 선비들은 청나라에서 과거를 보도록 하고 장사치들은 멀리 강남에까지 들어가 그들의 실정을 정탐하게 하는 거요. 그러면서 그곳의 호걸들과도 사귀게 한다면, 그때 비로소 천하를 도모하여 병자호란의 치욕을 씻을 수 있을 것이오."

되놈: 청나라 사람을 낮잡아 이르는 말.
변발: 앞쪽의 머리카락을 모두 깎고 뒤쪽의 머리카락을 길게 땋아 늘인 남자의 머리 모양.
강남: 중국 양쯔강의 남쪽 지역을 이르는 말. 흔히 남쪽의 먼 곳이라는 뜻으로 씀.
병자호란: 조선 인조 14년(1636)에 청나라가 침입한 난리.

이 대장은 얼빠진 듯 가만히 듣고 있다가 겨우 입을 열었다.

"사대부들이 모두 몸을 삼가고 예법을 지키는 마당에, 누가 제 자식의 머리를 깎고 되놈 옷을 입히겠습니까?"

– 박지원, 〈허생전〉 미

01 이 글에 나타난 상황으로 적절한 것은?

① 허생이 이 대장의 제안을 거절하고 있다.
② 허생의 의견에 변 부자가 반박하고 있다.
③ 허생의 계책을 이 대장이 수용하지 않고 있다.
④ 허생의 의견을 변 부자가 정리해 말하고 있다.
⑤ 허생이 문제를 지적하면 이 대장이 구체적인 해결책을 제시하고 있다.

02 이 글에 나타난 사회·문화적 배경으로 적절한 것은?

① 청나라의 풍습을 받아들이는 데 적극적이었다.
② 신분 제도가 무너져 신분의 매매가 이루어졌다.
③ 장사를 하여 이득을 얻으려는 사대부가 많았다.
④ 종실에서 다른 나라 사람과 결혼하는 일이 많았다.
⑤ 사대부들이 실리보다는 명분과 예법을 중시하였다.

03 다음 대화를 참고하여 (나)에서 작가가 비판하고 있는 바를 한 문장으로 서술하시오.

병자호란 이후에 사대부들은 청나라에 복수하고 명나라에 의리를 지키고자 청나라 정벌을 주장하였는데, 이것이 '북벌론'이야.

그런데 이 대장은 지배 계층의 권력을 명나라 자손들에게 나누기는 어렵다고 말해. 북벌론을 주장하는 사대부면서 말이야.

도움말

(나)에서 허생은 ❶ [ ]에 의리를 지키고자 한다면 그 자손들을 우대하라고 말하고 있어요. 허생의 계책에 대한 이 대장의 반응을 ❷ [ ]의 내용과 비교해 보세요.

답 ❶ 명나라 ❷ 북벌론

[04~05] 다음 글을 읽고, 물음에 답하시오.

(가) 우리가 명선이한테서 순순히 얻어 낸 금반지는 두 번째 것으로 마지막이었나. 아버지와 어머니가 온갖 지혜를 짜내어 백방으로 숨겨 둔 장소를 알아내려 안간힘을 다해 보았으나 금반지 근처에만 얘기가 닿아도 명선이는 입을 굳게 다문 채 침묵 속의 도리질로 완강히 버티곤 했다.

백방: 여러 가지 방법. 또는 온갖 수단과 방도.
완강히: 태도가 모질고 의지가 굳세게.

(나) 그날도 나는 명선이와 함께 부서진 다리에 가서 놀고 있었다. [중략] 이때 우리들 머리 위의 하늘을 두 쪽으로 가르는 굉장한 폭음이 귀뺨을 갈기는 기세로 갑자기 울렸다. 푸른 하늘 바탕을 질러 하얗게 호주기 편대가 떠가고 있었다. 비행기의 폭음에 가려 나는 철근 사이에서 울리는 비명을 거의 듣지 못했다. 다른 것은 도무지 무서워할 줄 모르면서도 유독 비행기만은 병적으로 겁을 내는 서울 아이한테 얼핏 생각이 미쳐 눈길을 하늘에서 허리가 동강이 난 다리로 끌어 내렸을 때, 내가 본 것은 강심을 겨냥하고 빠른 속도로 멀어져 가는 한 송이 쥐바라숭꽃이었다.

강심: 강의 한복판. 또는 그 물속.

(다) 명선이가 들꽃이 되어 사라진 후, 어느 날 한적한 오후에 나는 그때까지 한 번도 성공한 적이 없는 모험을 혼자서 시도해 보았다. [중략] 나는 천신만고(千辛萬苦) 끝에 마침내 그 일을 해내고 말았다. 이젠 어느 누구도, 제아무리 쥐바라숭꽃일지라도 나를 비웃을 수는 없게 되었다.

천신만고: 온갖 어려운 고비를 다 겪으며 심하게 고생함을 이르는 말.

지옥의 가장귀를 타고 앉아 잠시 숨을 고른 다음 바로 되돌아 나오려는데, 이때 이상한 물건이 얼핏 시야에 들어왔다. 낚싯바늘 모양으로 꼬부라진 철근의 끝자락에다 끈으로 친친 동여맨 자그만 헝겊 주머니였다. 명선이가 들꽃을 꺾던 때보다 더 위태로운 동작으로 나는 주머니를 어렵게 손에 넣었다. 가슴을 잡죄는 긴장 때문에 주머니를 열어 보는 내 손이 무섭게 경풍을 일으키고 있었다. 그리고 그 주머니 속에서 말갛게 빛을 발하는 동그라미 몇 개를 보는 순간, 나는 손에 든 물건을 송두리째 강물에 떨어뜨리고 말았다.

경풍: 어린아이에게 나타나는 증상의 하나. 풍(風)으로 인해 갑자기 의식을 잃고 경련하는 병증.

– 윤흥길, 〈기억 속의 들꽃〉 천(노) 동

04 이 글의 내용과 일치하지 않는 것은?

① 명선이는 비행기를 두려워하였다.
② 명선이는 다리의 철근 끝자락에 금반지를 숨겼다.
③ 명선이는 금반지를 숨긴 장소를 '나'에게 말하지 않았다.
④ '나'는 명선이가 숨겨 둔 금반지를 찾기 위해 몰래 다리로 갔다.
⑤ 아버지와 어머니는 명선이가 숨겨 둔 금반지를 찾는 데 실패하였다.

05 〈보기〉를 참고할 때, (나)에서 작가가 전달하고자 한 바로 적절한 것은?

보기

부서진 다리의 철근 위에서 놀던 명선이는 비행기의 폭음에 놀라 다리에서 떨어진다. 명선이에게 전쟁 중에 비행기 공습으로 어머니를 잃은 경험이 있기 때문이다.

① 자연의 강인한 생명력
② 전쟁의 잔혹성과 비극성
③ 소년과 소녀의 순수한 사랑
④ 공동체의 안전을 위한 고귀한 희생
⑤ 운명을 개척하는 인간의 도전 정신

도움말

강물로 떨어진 쥐바라숭꽃은 다리에서 떨어져 죽음을 맞이한 ❶ [ ]을/를 의미해요. 죽음을 맞게 된 근본적인 ❷ [ ]이/가 무엇인지 생각해 보세요.

답 ❶ 명선이 ❷ 원인

[06~07] 다음 글을 읽고, 물음에 답하시오.

㉮ "야 원식아, 별수 없다. 왜정 때는 그래도 일본 말이 출세를 하게 했고 이제는 노어가 또 판을 치지 않니. ㉠고기가 물을 떠나서 살 수 없는 바에야 그 물속에서 살 방도를 궁리해야지. 아무튼 그 노서아 말 꾸준히 해라." [중략]

왜정: 일본이 침략하여 강점하고 다스리던 정치.
노어: 노서아어. '러시아어'를 뜻함.

이인국 박사는 끝내 스텐코프 소좌의 배경으로 요직에 있는 당 간부의 추천을 받아 아들의 소련 유학을 결정짓고야 말았다.

㉯ 이튿날 미결감 다른 감방에서 또 같은 증세의 환자가 두셋 발생했다. 날이 갈수록 환자는 늘기만 했다.

미결감: 재판이 다 끝나지 않아 죄의 유무가 밝혀지지 않은 미결수를 가두어 두는 감방.

이 판국에 병만 나면 열의 아홉은 죽는 길밖에 없다고 생각한 이인국 박사는 새로운 위협에 사로잡히기 시작했다.

저녁 후 이인국 박사는 고문관실로 불려 나갔다.

"동무는 당분간 환자의 응급 치료실에서 일하시오."

㉰ 그는 환자의 치료를 하면서도 늘 스텐코프의 왼쪽 뺨에 붙은 오리알만 한 혹을 생각하고 있었다.

불구라면 불구로 볼 수 있는 그 혹을 가지고 고급 장교에까지 승진했다는 것은, 소위 말하는 당성(黨性)이 강하거나 그렇지 않으면 전공(戰功)이 특별했음에 틀림없다는 생각이 들었다. [중략] 그 환자의 실을 뽑는 옆에 온 스텐코프에게 이인국 박사는 말 절반 손짓 절반으로 혹을 수술하겠다는 의사를 표명했다.

당성(黨性): 당의 이익을 위하여 거의 무조건 가지는 충실한 마음과 행동.
전공(戰功): 전투에서 세운 공로.

㉱ 완치되어 퇴원하는 날 스텐코프는 이인국 박사의 손을 부서져라 쥐면서 외쳤다.

"꺼삐딴 리, 스바씨보."

스바씨보: '고맙습니다'를 뜻하는 러시아어.

이인국 박사는 입을 헤벌리고 웃기만 했다. 마음의 감옥에서 해방된 것만 같았다. [중략]

'적과 적이 맞부딪치면서 이렇게 백팔십도로 전환될 수가 있을까, 노랑 대가리도 역시 본심에서는 하나의 인간임에는 틀림없는 것이 아닌가.'

"내일부터는 집에서 통근해도 좋소."

– 전광용, 〈꺼삐딴 리〉 천(박) 창

06 이 글을 감상한 내용으로 적절하지 않은 것은?

① 이인국은 감방에서 풀려나기 위해 스텐코프의 혹을 수술하였군.

② 이인국은 스텐코프의 도움이 있어서 아들을 소련으로 유학 보낼 수 있었군.

③ 일제에 맞섰던 사람들은 친일한 이인국이 처벌받지 않아 허무함을 느꼈겠군.

④ 이인국은 스텐코프의 혹을 수술한 뒤에는 집과 자신의 병원을 오가며 일하였군.

⑤ 아들을 소련으로 유학 보내는 것을 보면 이인국은 상황에 빠르게 대응하는 인물이군.

07 ㉠에 드러난 이인국의 삶의 태도를 서술하시오.

조건
1. '출세', '권력'이라는 단어를 반드시 포함할 것
2. 한 문장으로 쓸 것

도움말

이인국은 일제 강점기에 ❶ ______ 을/를 배워야 출세할 수 있었던 것처럼 ❷ ______ 이/가 권력을 가진 상황에서는 러시아어를 배워야 출세할 수 있다고 생각하고 있어요.

답 ❶ 일본어/일본 말 ❷ 소련군

>> 정답과 해설 22쪽

[08~09] 다음 글을 읽고, 물음에 답하시오.

가 바로 이 정거장 마당에 백 명 남짓한 사람들이 모여 웅성거리고 있었다. 그중에는 만도도 섞여 있었다. 기차를 기다리고 있는 것이었으나, 그들은 모두 자기네들이 어디로 가는 것인지 알지를 못했다. 그저 차를 타라면 탈 사람들이었다. 징용에 끌려 나가는 사람들이었다. 그러니까, 지금으로부터 십이삼 년 옛날의 이야기인 것이다.

강제 징용. 일제 강점기에, 일본 제국주의자들이 조선 사람을 강제로 동원하여 부리던 일.

나 쾅! 굴 안이 미어지는 듯하면서 다이너마이트가 터졌다. 만도의 두 눈에서 불이 번쩍했다.

만도가 어렴풋이 눈을 떠 보니, 바로 거기 눈앞에 누구의 것인지 모를 팔뚝이 하나 아무렇게나 던져져 있었다. 손가락이 시퍼렇게 굳어져서, 마치 이끼 낀 나무토막처럼 보이는 팔뚝이었다. 만도는 그것이 자기의 어깨에 붙어 있던 것인 줄을 알자 그만 으악! 하고 정신을 잃어버렸다.

다 "아부지!" / 부르는 소리가 들렸다. 만도는 깜짝 놀라며, 얼른 뒤를 돌아보았다. 그 순간 만도의 두 눈은 무섭도록 크게 떠지고, 입은 딱 벌어졌다. 틀림없는 아들이었으나, 옛날과 같은 진수는 아니었다. 양쪽 겨드랑이에 지팡이를 끼고 서 있는데, 스쳐 가는 바람결에 한쪽 바짓가랑이가 펄럭거리는 것이 아닌가. 만도는 눈앞이 노래지는 것을 어쩌지 못했다. [중략]

"니 우째다가 그래 됐노?"

"전쟁하다가 이래 안 됐심니꾜, 수류탄 쪼가리에 맞았심더."

라 '이제 새파랗게 젊은 놈이 벌써 이게 무슨 꼴이고. 세상을 잘못 타고나서 진수 니 신세도 참 똥이다, 똥.' [중략]

만도는 아직 술기가 약간 있었으나, 용케 몸을 가누며 아들을 업고 외나무다리를 조심조심 건너가는 것이었다. 눈앞에 우뚝 솟은 용머리재가 이 광경을 가만히 내려다보고 있었다.

– 하근찬, 〈수난이대〉 지 금 교

08 다음은 이 글을 읽고 쓴 감상문의 일부이다. 감상문에 대한 설명으로 적절한 것은? (정답 2개)

> 한쪽 팔을 잃은 아버지 만도가 한쪽 다리가 잃은 아들 진수를 업고 외나무다리를 건너는 모습은 감동을 준다. 우리나라 근현대사의 희생자이면서도 삶의 의지를 잃지 않고, 그 고난을 극복하려는 의지를 보여 주는 부자의 모습에서 교훈을 얻을 수 있었다.

① 계절적 배경에 주목하여 감상했다.
② 인물들의 삶의 태도에 주목하여 감상했다.
③ 인물들의 내적 갈등에 주목하여 감상했다.
④ 인물들과 자연의 대립에 주목하여 감상했다.
⑤ 인물들을 둘러싼 사회·문화적 상황에 주목하여 감상했다.

09 이 글의 제목 '수난이대'의 의미를 〈보기〉와 같이 정리할 때, ⓐ~ⓒ에 들어갈 알맞은 말을 쓰시오.

보기

수난이대	아버지와 아들 이대(二代)가 겪은 수난

↓

• 만도는 (ⓐ)에 강제 징용으로 한쪽 팔을 잃음.
• 진수는 (ⓑ)에 참전하여 한쪽 다리를 잃음.

↓

우리 민족이 겪은 (ⓒ)을/를 의미함.

도움말

아버지 만도가 한쪽 ❶ ______ 을/를 잃게 된 시기, 아들 진수가 한쪽 ❷ ______ 을/를 잃게 된 시기를 파악하고, 제목의 의미를 우리나라의 역사와 관련지어 생각해 보세요.

답 ❶ 팔 ❷ 다리

01 작품의 사회·문화적 배경에 대해 잘못 설명한 학생을 쓰시오.

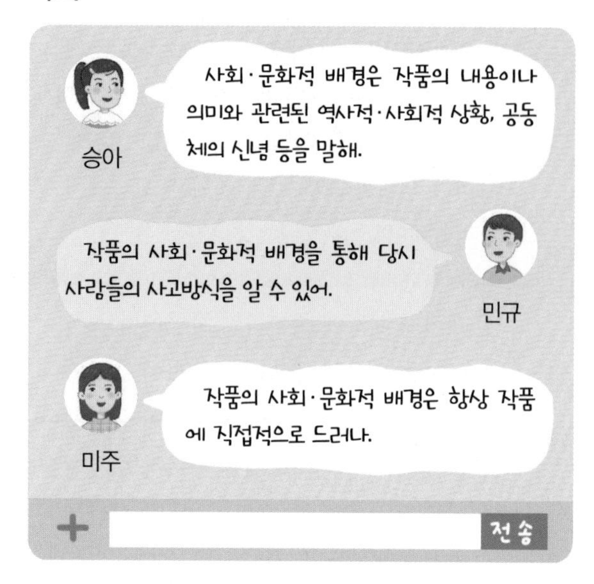

02 다음은 시조 〈까마귀 눈비 맞아〉를 읽고 쓴 감상문의 일부이다. 이를 바르게 이해한 학생을 쓰시오.

〈까마귀 눈비 맞아〉는 조선 시대의 문신 박팽년이 지은 시조이다. 박팽년은 단종 복위 운동을 펼치다가 세조에게 발각되어 옥에 갇혔을 때 이 시조를 지었다고 한다. 이를 바탕으로 할 때, 〈까마귀 눈비 맞아〉는 단종을 향한 변함없는 충성심을 노래하는 작품이라고 해석할 수 있다.

준우: 작가의 삶을 바탕으로 하여 시조를 감상하였군.

윤서: 오늘날 새롭게 형성된 가치를 바탕으로 하여 시조를 감상하였군.

03 다음 시에 반영된 사회·문화적 배경을 고려하여, 괄호 안에서 알맞은 말을 고르시오.

가을 햇볕에 공기에
익는 벼에
눈부신 것 천지인데,
그런데,
아, 들판이 적막하다 —
메뚜기가 없다!

오 이 불길한 고요 —
생명의 황금 고리가 끊어졌느니……

– 정현종, 〈들판이 적막하다〉 천(박)

이 시에는 (생태계가 파괴된 상황 / 농촌 지역의 인구가 줄어든 상황)이 나타나 있어.

04 초성 글자를 참고하여 빈칸에 들어갈 알맞은 말을 순서대로 쓰시오.

문학 활동지

• 작품의 사회·문화적 배경을 파악하며 감상하기의 효과
– 작가의 (ㅊㅈ ㅇㄷ)을/를 파악하는 데 도움이 된다.
– 더 (ㄱㅇ) 있게 작품을 감상할 수 있다.
– 우리의 (ㅅ)와/과 작품의 내용이 밀접하게 관련되어 있음을 알 수 있다.

>> 정답과 해설 23쪽

05 소설 〈허생전〉의 등장인물 중 다음 설명에 해당하는 인물을 쓰시오.

(1)
> 비범한 풍모를 지닌 가난한 선비로, 지배 계층에 대해 비판적인 태도를 지니고 있음.

➜ (　　　　)

(2)
> 무능한 지배 계층을 대변하는 인물로, 명분과 예법에 얽매여 허생의 제안을 거절함.

➜ (　　　　)

(3)
> 부유한 상인 계층에 해당하는 인물로, 허생의 비범함을 꿰뚫어 보고 만 냥을 빌려줌.

➜ (　　　　)

06 다음 글에 반영된 사회·문화적 배경으로 적절한 것은?

> 어느 마을이나 다 사정이 비슷했지만 특히 우리 마을로 유난히 피란민들이 많이 몰리는 것은 만경강 다리 때문이었다. 북쪽에서 다리를 건너 남쪽으로 내려오다 보면 자연 우리 마을을 통과하도록 되어 있었다. 우리가 알기로는 세상에서 제일 긴 그 다리가 폭격에 의해 아깝게 끊어진 뒤에도 피란민들은 거룻배를 이용하여 계속 내려왔다. 인민군한테 앞지름을 당할 때까지 피란민들의 발길은 그치지 않았다.
>
> 
>
> – 윤흥길, 〈기억 속의 들꽃〉 천(노) 동
>
> • **거룻배** 돛이 없는 작은 배.

① 조선 시대 후기　② 일제 강점기
③ 해방 직후　④ 6·25 전쟁
⑤ 1970년대 산업화 시기

07 다음 글을 오늘날의 삶에 비추어 감상한 내용으로 적절한 것을 〈보기〉에서 고르시오.

> **앞부분 줄거리** | 친일 행적 때문에 치안대에 잡혀간 이인국은 소련군 장교 스텐코프에게 자신이 혹을 수술하겠다고 제안하고, 수술을 성공적으로 마친다.
>
> 다음 날 스텐코프는 이인국 박사를 자기 방으로 불렀다. / 그가 이인국 박사에게 스스로 손을 내밀어 예절적인 악수를 청한 것은 이것이 처음이었다.
>
> ‘적과 적이 맞부딪치면서 이렇게 백팔십도로 전환될 수가 있을까, 노랑대가리도 역시 본심에서는 하나의 인간임에는 틀림없는 것이 아닌가.’
>
> “내일부터는 집에서 통근해도 좋소.”
>
> – 전광용, 〈꺼삐딴 리〉 천(박) 창

보기
ㄱ. 상대방의 가치관이 내 것과 다르면 설득하는 태도가 필요하다.
ㄴ. 도움을 받았을 때에는 고마움을 표현해야 하지만 공과 사는 구분해야 한다.

08 다음 활동지에서 학생이 맞힌 문제가 몇 개인지 쓰시오.

문학 활동지

문제: 오늘날의 삶에 비추어 소설을 감상하는 방법으로 맞으면 ○, 틀리면 × 표시를 하시오.

(1) 인물의 가치관을 자신의 가치관과 비교하며 읽는다. ➜ (○)
(2) 오늘날의 관점에서 인물의 행동을 평가하며 읽는다. ➜ (○)
(3) 자신이라면 소설 속 상황에 어떻게 대응할지 생각하며 읽는다. ➜ (×)

2주 창의·융합·코딩 전략 1

01 다음 시에 반영된 사회·문화적 배경을 알아보고자 한다. 〈보기〉를 참고할 때, 찾아볼 내용으로 적절한 것은?

가을 햇볕에 공기에
익는 벼에
눈부신 것 천지인데,
그런데,
아, 들판이 적막하다 —
메뚜기가 없다!

오 이 불길한 고요—
생명의 황금 고리가 끊어졌느니……

– 정현종, 〈들판이 적막하다〉 천(박)

보기

가을철 논에 가면 황금빛으로 물든 벼 이삭에 메뚜기들이 붙어 있어요. 그런데 농약을 많이 사용해서 그런지 요즘에는 메뚜기 보기가 쉽지 않아요.

① 메뚜기의 종류
② 벼농사의 기원
③ 우리나라의 평야 분포
④ 우리나라의 황금 소비량 변화
⑤ 농약 사용이 생태계에 미치는 영향

도움말

화자는 가을 들판에서 ❶ ______ 이/가 사라졌음을 깨닫고 놀라고 있어요. 〈보기〉를 참고하여 이러한 문제가 발생한 사회 · 문화적 ❷ ______ 이/가 무엇일지 생각해 보세요.

답 ❶ 메뚜기 ❷ 배경

02 다음 시를 감상한 학생들의 대화를 보고, 빈칸에 들어갈 알맞은 말을 시에서 모두 찾아 쓰시오.

가난하다고 해서 외로움을 모르겠는가
너와 헤어져 돌아오는
눈 쌓인 골목길에 새파랗게 달빛이 쏟아지는데.
가난하다고 해서 두려움이 없겠는가
두 점을 치는 소리
방범대원의 호각 소리 메밀묵 사려 소리에
눈을 뜨면 멀리 육중한 기계 굴러가는 소리.
가난하다고 해서 그리움을 버렸겠는가
어머님 보고 싶소 수없이 되어 보지만
집 뒤 감나무에 까치밥으로 하나 남았을
새빨간 감 바람 소리도 그려 보지만.
가난하다고 해서 사랑을 모르겠는가
내 볼에 와 닿던 네 입술의 뜨거움
사랑한다고 사랑한다고 속삭이던 네 숨결
돌아서는 내 등 뒤에 터지던 네 울음.
가난하다고 해서 왜 모르겠는가
가난하기 때문에 이것들을
이 모든 것들을 버려야 한다는 것을.

– 신경림, 〈가난한 사랑 노래〉 천(노) 금

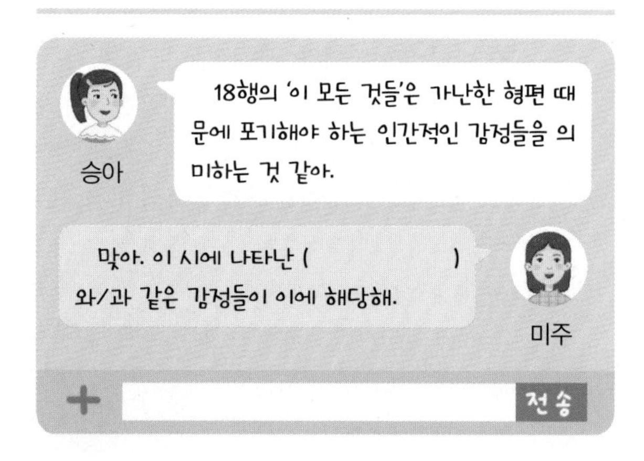

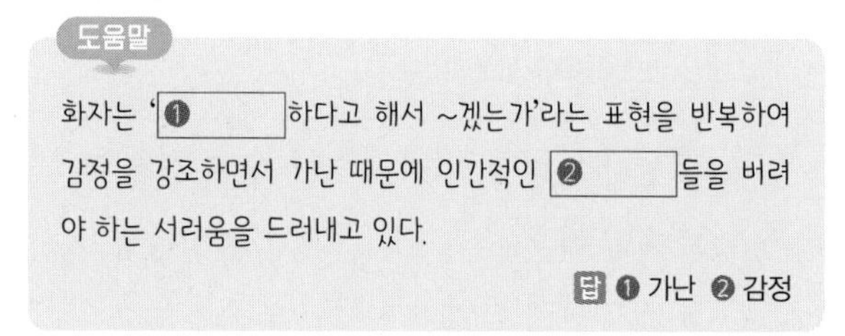

도움말

화자는 '❶ ______ 하다고 해서 ~겠는가'라는 표현을 반복하여 감정을 강조하면서 가난 때문에 인간적인 ❷ ______ 들을 버려야 하는 서러움을 드러내고 있다.

답 ❶ 가난 ❷ 감정

03 아래는 (가)~(다)를 읽고 쓴 감상문이다. 괄호 안에서 알맞은 말을 골라 순서대로 쓰시오.

(가) 까마귀 눈비 맞아 희는 듯 검노매라
야광명월(夜光明月)이 밤인들 어두우랴
임 향한 일편단심(一片丹心)이야 변할 줄이 있으랴

– 박팽년, 〈까마귀 눈비 맞아〉 천(박)

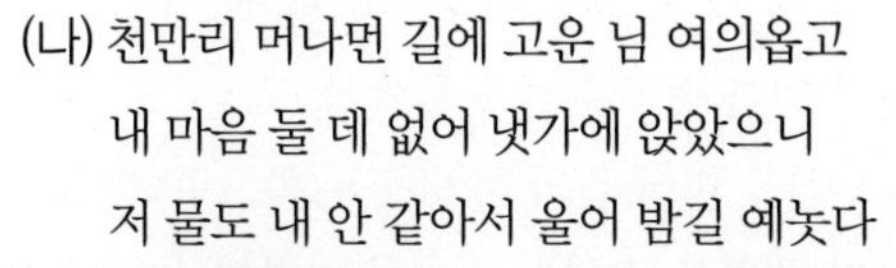

(나) 천만리 머나먼 길에 고운 님 여의옵고
내 마음 둘 데 없어 냇가에 앉았으니
저 물도 내 안 같아서 울어 밤길 예놋다

– 왕방연, 〈천만리 머나먼 길에〉 지

(다) 박팽년과 왕방연은 조선 초기의 문신이다. 1455년 수양 대군은 어린 조카인 단종의 왕위를 빼앗고 왕이 된다. 이 사람이 곧 세조이다. 이때 세조의 왕위 찬탈에 동조한 이들도 있었지만 그렇지 않은 사람들도 있었다. 박팽년은 후자에 속했던 인물로, 그는 두 임금을 섬길 수 없다는 신념으로 세조에게 맞서다가 옥에서 죽는다. 한편 세조는 단종을 복위시키려는 움직임이 일자 단종을 영월로 유배 보낸다. 이때 단종을 유배지로 호송하는 임무를 맡았던 인물이 왕방연이라고 전해진다.

(다)는 (가)와 (나)가 창작된 사회·문화적 배경에 관한 설명이었다. 이를 참고하여 감상할 때, (가)의 '임'과 (나)의 '님'은 같은 인물을 가리킨다는 사실을 알 수 있었다. 바로 (세조/단종)이다.

그러나 인물과 관련한 화자의 태도나 정서는 달랐다. (가)에는 (의지적/체념적) 태도가 드러나 있고, (나)에는 (예찬적/애상적) 정서가 드러나 있다.

도움말

(가)의 화자는 임을 향한 ❶ ______ 을/를, (나)의 화자는 임과 이별한 ❷ ______ 을/를 노래하고 있어요. 이를 바탕으로 하여 화자의 태도나 정서를 파악해 보세요.

답 ❶ 일편단심 ❷ 슬픔

04 다음 시조를 〈보기〉와 같이 분류할 때 ㉠에 해당하는 수를 찾고, 작가가 강조하는 바를 서술하시오.

어버이 사라실 제 섬길 일란 다하여라
지나간 후면 애닯다 어찌하리
평생에 고쳐 못할 일이 이뿐인가 하노라 (제4수)

오늘도 다 새거다 호미 메고 가쟈스라
내 논 다 매거든 네 논 좀 매어 주마
올 길에 뽕 따다가 누에 먹여 보쟈스라 (제13수)

이고 진 저 늙은이 짐 풀어 나를 주오
나는 젊었거니 돌이라 무거울까
늙기도 설워라커든 짐을 조차 지실까 (제16수)

– 정철, 〈훈민가〉 미 금

보기

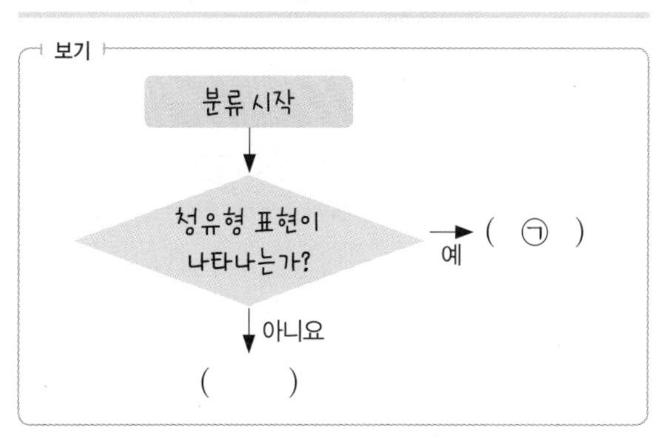

조건
- '제~수로, ~(할) 것을 강조하고 있다.' 형식의 한 문장으로 쓸 것

도움말

화자가 청자에게 ❶ ______ 행동할 것을 요청하는 뜻을 나타내는 표현을 ❷ ______ 표현이라고 해요.

답 ❶ 같이/함께 ❷ 청유형

05 **다음 글을 읽은 독자의 질문에 대한 답변으로 가장 적절한 것은?**

> 허생이 자리를 박차고 일어나 버럭 화를 내었다.
> "그 사대부란 놈들이 도대체 어떤 놈들이냐? 의복은 온통 희게만 입으니 이것은 상(가족이 죽는 일)을 당한 사람의 옷차림이요, 머리털을 한데 묶어 송곳처럼 상투를 트니 이것은 남쪽 오랑캐들의 풍습이 아니냐? 그러면서 무슨 예법이네 어쩌네 하면서 주둥이를 놀린단 말이냐? 그뿐이냐? 장차 말타기, 칼 쓰기, 창 찌르기, 활쏘기에 돌팔매질까지도 익혀야 할 판국(일이 벌어진 사태의 형편이나 국면)에 그 넓은 소매 옷을 고쳐 입을 생각은 않고 예법만 찾는단 말이냐? 내가 벌써 세 가지씩이나 그 방도를 일러 주었는데 한 가지도 행하지 못한다니, 그러면서도 네가 신임받는 신하라고 할 수 있느냐? 너 같은 자는 당장 목을 베어야 마땅하리라."
>
> – 박지원, 〈허생전〉 미

Q. 허생의 말을 통해 작가가 무엇을 비판하려고 한 것인지 알고 싶어요.

↳ 공부왕: 사대부들이 경제적인 이익만 추구하는 점입니다. ······ ①
↳ 국어천재: 사대부들이 평소에 상복을 입고 생활하는 점입니다. ······ ②
↳ 나만믿어: 사대부들이 우리나라의 전통을 지키지 않는 점입니다. ······ ③
↳ 척척박사: 사대부들이 양반 신분에 맞지 않게 행동하는 점입니다. ······ ④
↳ 다알려주마: 사대부들이 실리보다 형식과 예법에 얽매인 점입니다. ······ ⑤

도움말
허생은 ❶ [ ]들의 의복과 머리 모양 등을 들어 사대부들의 무능함과 ❷ [ ]을/를 꾸짖고 있어요.

답 ❶ 사대부 ❷ 허례허식

06 **다음 글을 읽고 명선이가 죽은 원인을 〈보기〉와 같이 정리할 때 ⓐ, ⓑ에 들어갈 알맞은 말을 쓰시오.**

> (가) 어느 날, 명선이는 부모가 죽던 순간을 나에게 이야기했다. 피란길에서 공습을 만나 가까운 곳에 폭탄이 떨어졌는데, 한참 정신을 잃었다가 깨어나 보니 어머니의 커다란 몸뚱이가 숨도 못 쉴 정도로 전신을 무겁게 덮어 누르고 있더라는 것이었다.
> "그래서 마구 소릴 지르면서 엄마를 떠밀었단다. 난 그때 엄마가 죽은 줄도 몰랐어."
> (나) 우리들 머리 위의 하늘을 두 쪽으로 가르는 굉장한 폭음이 귀뺨을 갈기는 기세로 갑자기 울렸다. 푸른 하늘 바탕을 질러 하얗게 호주기 편대가 떠가고 있었다. [중략] 다른 것은 도무지 무서워할 줄 모르면서도 유독 비행기만은 병적으로 겁을 내는 서울 아이한테 얼핏 생각이 미쳐 눈길을 하늘에서 허리가 동강이 난 다리로 끌어 내렸을 때, 내가 본 것은 강심을 겨냥하고 빠른 속도로 멀어져 가는 한 송이 쥐바라숭꽃이었다.
>
> – 윤흥길, 〈기억 속의 들꽃〉 천(노) 동

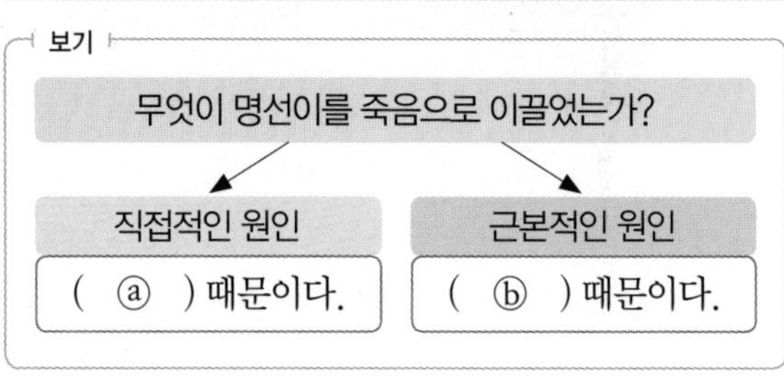

도움말
(가)에는 명선이가 ❶ [ ]에 어머니를 잃은 경험이, (나)에는 ❷ [ ] 폭음에 놀란 명선이가 다리 아래로 떨어지는 모습이 나타나요. (가)의 사건이 (나)의 명선이의 반응에 어떤 영향을 주었는지 생각해 보세요.

답 ❶ 피란길/공습 ❷ 비행기

07 다음 글에 나타난 사회·문화적 배경을 정리한 내용으로 적절하지 않은 것은?

(가) 차가 브라운 씨의 관사 앞에 닿았다. [중략]

응접실에 안내된 이인국 박사는 주인이 나오기를 기다리면서 방 안을 둘러보았다. 대사관으로는 여러 번 찾아갔지만 집으로 찾아온 것은 이번이 처음이다.

삼 년 전 딸이 미국으로 갈 때부터 신세 진 사람이다.
(나) 맞은편 책상 위에는 작은 금동 불상(金銅佛像) 곁에 몇 개의 골동품이 진열되어 있다. 십이 폭 예서(隸書) 병풍 앞 탁자 위에 놓인 재떨이도 세월의 때 묻은 백자기다.

예서: 붓글씨체의 한 종류.

저것들도 다 누군가가 가져다준 것이 아닐까 하는 데 생각이 미치자 이인국 박사는 얼굴이 화끈해졌다.

그는 자기가 들고 온 상감 진사(象嵌辰砂) 고려청자 화병에 눈길을 돌렸다. 사실 그것을 내놓는 데는 얼마간의 아쉬움이 없지 않았다. 국외로 내보낸다는 자책감 같은 것은 아예 생각해 본 일이 없는 그였다.

– 전광용, 〈꺼삐딴 리〉 천(박) 창

① 우리나라의 문화재가 외국으로 유출되었다.
② 6·25 전쟁 후 남한에서 미국의 영향력이 커졌다.
③ 문화재 보호에 대한 사회적 공감대가 형성되었다.
④ 자신의 이익을 위해 외국인에게 문화재를 선물하는 사람들이 있었다.
⑤ 6·25 전쟁 후 남한에는 미국인의 도움을 받고자 노력하는 사람들이 있었다.

도움말

(가)~(나)의 배경은 ❶ [ ] 이후의 ❷ [ ] (이)에요. 이인국의 행동과 브라운이 소장한 문화재를 통해 이끌어 낼 수 있는 사회·문화적 배경을 생각해 보세요.

답 ❶ 6·25 전쟁 ❷ 남한

08 다음 글을 읽고 쓴 감상문의 ㉠, ㉡에 들어갈 말을 바르게 짝지은 것은?

"아부지!" / "와?"
"이래 가지고 우째 살까 싶습니더."
"우째 살긴 뭘 우째 살아. 목숨만 붙어 있으면 다 사능기다. 그런 소리 하지 마라."
"……."
"나 봐라. 팔뚝이 하나 없어도 잘만 안 사나. 남 봄에 좀 덜 좋아서 그렇지. 살기사 와 못 살아."
"차라리 아부지같이 팔이 하나 없는 편이 낫겠어예. 다리가 없어 노니, 첫째 걸어 댕기기에 불편해서 똑 죽겠심더."
"야야, 안 그렇다. 걸어 댕기기만 하면 뭐 하노. 손을 지대로 놀려야 일이 뜻대로 되지."
"그럴까예?"
"그렇다니. 그러니까 집에 앉아서 할 일은 니가 하고, 나댕기메 할 일은 내가 하고, 그라면 안 대겠나, 그제?" / "예."

진수는 가벼운 한숨을 내쉬며 아버지를 돌아보았다. 만도는 돌아보는 아들의 얼굴을 향해 지그시 웃어 주었다.

– 하근찬, 〈수난이대〉 지 금 교

나는 지금까지 살면서 어려운 일이 생기면 진수처럼 (㉠)인 태도로 대응해 왔다. 하지만 이제부터는 만도처럼 (㉡)인 태도로 살아야겠다는 생각이 들었다.

	㉠	㉡		㉠	㉡
①	비관적	의지적	②	낙관적	부정적
③	낙천적	비판적	④	적극적	소극적
⑤	이상적	현실적			

도움말

한쪽 ❶ [ ] 을/를 잃은 진수가 앞으로의 삶을 걱정하자 만도가 진수에게 용기를 북돋워 주며 ❷ [ ] 하고 있어요.

답 ❶ 다리 ❷ 위로

3주 다양한 해석과 감상

같은 작품을 읽고 다르게 해석하는 까닭은 무엇일까?

공부할 내용	❶ 작품 해석에 영향을 미치는 요소 이해하기	❸ 작품에 관한 다양한 해석 비교하기
	❷ 작품을 해석하는 다양한 방법 이해하기	❹ 적절한 근거를 들어 작품 해석하기

3주 1일 개념 돌파 전략 1

개념 01 문학 작품 해석의 다양성

- 문학 작품은 작품의 해석 방법이나 독자의 지식, 경험, 가치관 등에 따라 다양하게 해석될 수 있음.
- 문학 작품을 해석할 때에는 해석을 뒷받침하는 타당한 [❶]을/를 들어야 함.
- 문학 작품을 감상할 때에는 하나의 작품이 다양하게 해석될 수 있음을 알고, 근거의 차이에 따른 다양한 해석을 [❷]하며 감상하는 것이 좋음.

답 ❶ 근거 ❷ 비교

확인 01 다음 빈칸에 들어갈 알맞은 말을 쓰시오.

같은 작품이라도 작품을 해석하는 방법이나 독자의 지식, 경험, 가치관 등에 따라 (　　　)이/가 달라질 수 있다.

개념 02 작품을 해석하는 다양한 방법

내재적 관점	작품 내적 요소 중심	작품의 내용이나 형식 등 작품 자체의 [❶] 요소를 중심으로 해석하는 방법
외재적 관점	현실 중심	작품을 둘러싼 시대 상황과 관련지어 해석하는 방법
	작가 중심	작품을 창작한 작가의 삶이나 작품 경향 등과 관련지어 해석하는 방법
	독자 중심	작품이 [❷]에게 주는 영향과 관련지어 해석하는 방법

답 ❶ 내적 ❷ 독자

확인 02 다음 문장의 괄호 안에서 알맞은 말을 고르시오.

문학 작품은 작품의 내용이나 형식 등 (내적/외적) 요소를 중심으로 해석할 수도 있고, 작품을 둘러싼 시대 상황, 작품을 창작한 작가, 작품이 독자에게 주는 영향 등 (내적/외적) 요소를 중심으로 해석할 수도 있다.

개념 03 작품의 해석에 영향을 미치는 요소

독자의 지식	• 작품의 내용이나 작가와 관련된 독자의 배경지식을 말함. • 독자의 지식에 따라 작품에 대한 이해의 폭이 달라짐. 예 이육사 시인의 삶에 관한 지식이 많은 사람과 그렇지 않은 사람은 시 〈청포도〉를 해석하는 데 차이가 있을 수 있음.
독자의 경험	• 작품의 내용과 관련된 독자의 경험을 말함. • 독자의 [❶]에 따라 작품에 공감하는 정도가 다를 수 있음. 예 누군가를 간절히 기다려 본 경험이 있는 사람과 그렇지 않은 사람은 시 〈청포도〉를 해석하는 데 차이가 있을 수 있음.
독자의 가치관	• 대상의 [❷]을/를 판단하는 독자의 관점과 태도를 말함. • 독자마다 가치관이 다르기 때문에 같은 작품이라도 다양하게 해석할 수 있음. 예 독자에 따라 현실 세계를 그린 작품이 더 가치 있다고 생각할 수도 있고, 이상 세계를 그린 작품이 더 가치 있다고 생각할 수도 있음.

답 ❶ 경험 ❷ 가치

확인 03 작품의 해석에 영향을 미치는 요소 중에서 다음 설명에 해당하는 것은?

작품의 내용이나 작가와 관련된 독자의 배경지식을 말함.

(독자의 지식/독자의 가치관)

작품에 관한 해석은 독자에 따라 다를 수 있어요. 독자의 지식, 경험, 가치관 등에 따라 다양하게 해석할 수 있지요.

>> 정답과 해설 25쪽

개념 04 근거를 들어 주체적으로 작품 감상하기

작품을 읽고 작품의 ❶ [ ] 을/를 정확하게 파악하기

↓

주체적인 관점에서 ❷ [ ] 을/를 들어
작품을 해석하고 평가하기

↓

다양한 해석을 비교하며 해석과 근거의 타당성을 파악하고,
작품을 깊이 있게 이해하기

답 ❶ 내용 ❷ 근거

확인 04 문학 작품 감상에 관한 설명으로 적절한 것을 고르시오.

㉠ 작품에 관해 하나의 관점이나 해석만을 받아들이는 것이 좋다.
㉡ 주체적인 관점에서 적절한 근거를 들어 작품을 해석하고 평가하는 것이 좋다.

주체적으로 작품을 감상하려면
일단 작품의 내용을 정확하게
파악해야 해요.

개념 05 다양한 해석을 비교하며 작품을 감상하면 좋은 점

- 작품을 ❶ [ ] 있게 이해할 수 있음.
- 다른 사람의 해석을 통해 작품 ❷ [ ] 의 폭을 넓힐 수 있음.
- 작품을 감상하는 다양한 관점을 이해할 수 있음.

답 ❶ 깊이 ❷ 감상

확인 05 다양한 해석을 비교하며 작품을 감상하면 좋은 점으로 적절한 것을 고르시오.

㉠ 작품 감상의 폭을 넓힐 수 있다.
㉡ 작품의 경제적 가치를 정확하게 파악할 수 있다.

개념 06 비평문의 개념과 특성

개념	작품을 감상·해석한 뒤에 적절한 근거를 들어 그 작품의 가치를 ❶ [ ] 하는 글
특성	• 작품의 내용에 대한 분석과 함께 작품의 가치에 대한 평가가 담겨 있음. • 객관적인 ❷ [ ] 을/를 바탕으로 하여 다른 사람을 설득할 수 있는 보편성을 확보해야 함. • 작품의 아름다움과 가치에 대한 글쓴이의 생각을 드러낸다는 점에서 주관적이고 개인적임. • 작품뿐만 아니라 이론이나 창작자도 비평의 대상이 될 수 있음.

답 ❶ 평가 ❷ 근거

확인 06 다음 빈칸에 들어갈 알맞은 말을 쓰시오.

작품을 감상·해석한 뒤에 적절한 근거를 들어 그 작품의 가치를 평가하는 글을 (   )(이)라고 한다.

개념 07 비평문을 읽는 방법

- 비평문을 읽기 전에 비평의 대상이 되는 ❶ [ ] 을/를 감상하고, 그 내용을 정확하게 파악한다.
- 비평문에 나타난 작품 해석과 그 근거를 구분하며 읽고, 이를 바탕으로 하여 글쓴이가 말하고자 하는 바가 무엇인지 파악한다.
- 작품 해석의 ❷ [ ] 이/가 적절한지 판단하며 읽는다.
- 작품에 대한 글쓴이의 해석과 평가가 타당한지 평가하며 읽는다.

답 ❶ 작품 ❷ 근거

확인 07 비평문을 읽는 방법으로 적절하지 않은 것을 고르시오.

㉠ 글쓴이의 작품 해석과 평가를 그대로 받아들인다.
㉡ 글쓴이의 작품 해석을 뒷받침하는 근거가 무엇인지 살핀다.

3주 1일 개념 돌파 전략 2

01 다음 대화의 빈칸에 들어갈 알맞은 말을 순서대로 쓰시오.

문학 작품은 작품의 해석 방법이나 ( )의 지식, 경험, 가치관 등에 따라 다양하게 해석될 수 있어.

그렇구나. 그럼 작품을 감상할 때 다양한 ( )을/를 비교하며 감상하는 것이 좋겠네.

문제 해결 전략

- 독자는 작품 ❶ [ ] 방법이나 자신의 경험, 지식, 가치관 등에 따라 다양하게 작품을 해석할 수 있다.
- 다양한 해석을 ❷ [ ] 하며 문학 작품을 감상하면 작품을 좀 더 깊이 있게 이해할 수 있다.

답 ❶ 해석 ❷ 비교

02 작품을 해석하는 방법에 대한 설명으로 적절하지 않은 것은?

① 작품을 둘러싼 시대 상황을 중심으로 해석할 수 있다.
② 작품을 창작한 작가의 삶과 관련지어 해석할 수 있다.
③ 작품이 독자에게 주는 영향에 초점을 맞추어 해석할 수 있다.
④ 작품의 내용이나 형식 등 작품 자체의 정보에 주목하여 해석할 수 있다.
⑤ 작품을 해석하는 방법은 크게 작품 자체에 주목하는 외재적 관점과 작품을 둘러싸고 있는 다른 요소들에 주목하는 내재적 관점으로 나뉜다.

문제 해결 전략

- 문학 작품은 작품의 내용이나 형식 등 ❶ [ ] 요소를 중심으로 해석할 수 있다.
- 문학 작품은 작가의 삶, 시대 상황, 작품이 독자에게 주는 영향 등 ❷ [ ] 요소를 중심으로 해석할 수도 있다.

답 ❶ 내적 ❷ 외적

03 다음은 윤동주의 시 〈새로운 길〉에 대한 학생과 선생님의 대화이다. 빈칸에 들어갈 말로 적절한 것은?

원우

'내를 건너서 숲으로 / 고개를 넘어서 마을로 // 어제도 가고 오늘도 갈 / 나의 길 새로운 길'이라는 시구를 보면 화자가 '숲'과 '마을'을 향해 걷고 있는 상황인 것 같아요. 계속 나아가며 도달하려고 하는 곳이라는 점에서 '숲'과 '마을'은 화자가 이루고자 하는 꿈이고, '길'은 꿈을 향해 나아가는 과정을 의미한다고 볼 수 있어요.

원우의 해석 잘 들었어요. 원우는 ( )에 주목하여 작품을 해석했네요.

선생님

① 시인의 생애　② 시대적 상황
③ 시인의 작품 경향　④ 시 자체의 정보
⑤ 독자가 느낀 즐거움

문제 해결 전략

- 〈새로운 길〉은 '❶ [ ]'(이)라는 소재를 중심으로 언제나 새로운 길을 가고자 하는 의지를 노래한 시이다.
- 원우는 시의 ❷ [ ] 을/를 바탕으로 화자의 상황을 파악하고, 이를 근거로 들어 해석하고 있다.

답 ❶ 길 ❷ 내용

>> 정답과 해설 25쪽

04 다음은 작품의 해석에 영향을 미치는 요소를 표로 정리한 것이다. ㉠~㉤에 들어갈 내용으로 적절하지 않은 것은?

독자의 지식	• (㉠) • (㉡)
독자의 경험	• (㉢) • (㉣)
독자의 가치관	• (㉤) • 독자마다 가치관이 다르기 때문에 같은 작품이라도 다양하게 해석할 수 있다.

① ㉠: 작품의 내용이나 작가와 관련된 독자의 배경지식을 말한다.
② ㉡: 독자의 지식에 따라 작품에 대한 이해의 폭이 달라진다.
③ ㉢: 작품의 내용과 관련된 독자의 경험을 말한다.
④ ㉣: 작품의 내용과 관련된 경험이 없는 독자는 작품을 해석할 수 없다.
⑤ ㉤: 대상의 가치를 판단하는 독자의 관점과 태도를 말한다.

문제 해결 전략

• 독자마다 지식, 경험, 가치관 등이 다르므로 작품에 대한 ❶ 이/가 다를 수 있다.
• 예를 들어 누군가를 간절히 기다려 본 ❷ 이/가 있는 사람과 그렇지 않은 사람은 '손님'에 대한 기다림이 나타난 시 〈청포도〉를 해석하는 데 차이가 있을 수 있다.

답 ❶ 해석 ❷ 경험

05 다음은 시 〈나룻배와 행인〉을 감상하고 나눈 대화이다. 작품에 대한 두 사람의 해석이 다른 까닭으로 가장 적절한 것은?

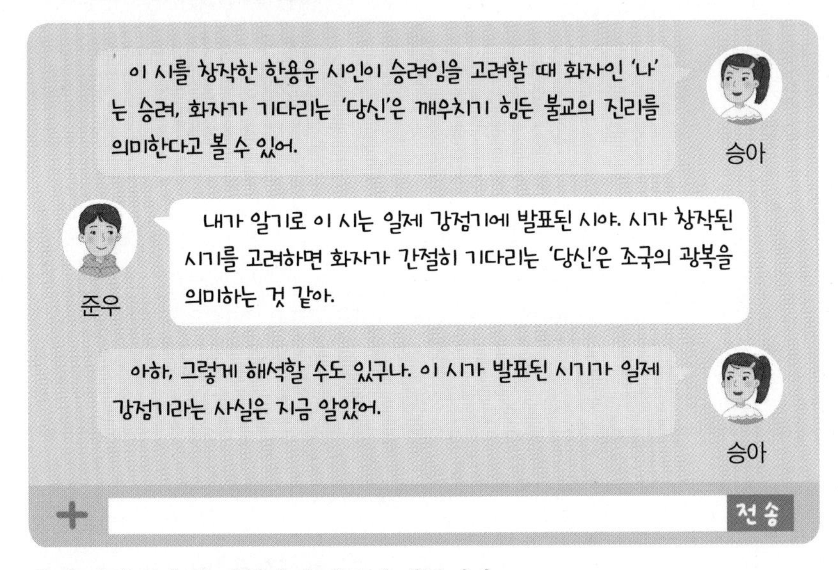

① 승아와 준우의 가치관이 다르기 때문이다.
② 승아와 준우의 배경지식에 차이가 있기 때문이다.
③ 승아와 달리 준우는 나룻배를 타 본 경험이 없기 때문이다.
④ 승아는 시인의 삶을, 준우는 시에 나타난 표현을 중심으로 해석했기 때문이다.
⑤ 승아는 시가 독자에게 주는 영향을, 준우는 시가 창작된 시대 상황을 중심으로 해석했기 때문이다.

문제 해결 전략

• 작품 내용이나 작가와 관련한 독자의 배경지식에 따라 ❶ 에 대한 이해의 폭이 달라질 수 있다.
• 예를 들어 이육사 시인의 삶에 관한 ❷ 이/가 많은 사람과 그렇지 않은 사람은 〈청포도〉를 해석하는 데 차이가 있을 수 있다.

답 ❶ 작품 ❷ 지식

06 작품을 감상하는 방법과 태도에 관한 설명으로 적절하지 않은 것은?

① 작품에 대한 다양한 해석을 비교하며 작품을 감상한다.
② 작품의 해석을 뒷받침하는 타당한 근거를 들어야 한다.
③ 주체적인 관점에서 적절한 근거를 들어 작품을 평가한다.
④ 작품을 해석하기 전에 먼저 작품의 내용을 정확하게 이해한다.
⑤ 하나의 작품에 대해서 하나의 해석만 있다고 생각하며 감상한다.

문제 해결 전략

- 작품을 해석할 때에는 작품의 내용을 정확하게 파악하고, 주체적인 관점에서 적절한 ❶ [   ]을/를 들어 해석해야 한다.
- 다양한 해석을 ❷ [   ]하며 작품을 감상하는 것이 좋다.

답 ❶ 근거 ❷ 비교

07 다양한 해석을 비교하며 작품을 감상하면 좋은 점을 모두 고른 것은?

ㄱ. 작품을 깊이 있게 이해할 수 있다.
ㄴ. 작품을 감상하는 다양한 관점을 이해할 수 있다.
ㄷ. 다른 사람의 해석을 통해 작품 감상의 폭을 넓힐 수 있다.
ㄹ. 독자가 인정한 가장 좋은 작품 해석 방법을 알아낼 수 있다.

① ㄱ, ㄷ ② ㄴ, ㄹ ③ ㄱ, ㄴ, ㄷ ④ ㄱ, ㄷ, ㄹ ⑤ ㄴ, ㄷ, ㄹ

문제 해결 전략

- 다양한 해석을 비교하며 작품을 감상하면 작품을 좀 더 ❶ [   ] 있게 감상할 수 있다.
- 자신의 해석과 다른 사람의 해석을 비교하면 작품 ❷ [   ]의 폭을 넓힐 수 있고, 작품을 감상하는 다양한 관점을 이해할 수 있다.

답 ❶ 깊이 ❷ 감상

08 다음 빈칸에 들어갈 알맞은 말을 쓰시오.

작품을 감상·해석한 뒤에 적절한 근거를 들어 그 작품의 가치를 평가하는 글을 (   )(이)라고 한다. 작품의 구조, 작가의 창작 방법, 세계관 등을 일정한 기준에 따라 분석하고, 작품이 지닌 의의와 가치를 평가하는 글이다.

문제 해결 전략

- 사물의 옳고 그름, 아름다움과 추함 따위를 분석하여 ❶ [   ]을/를 논하는 것을 비평이라고 한다.
- 비평문은 작품을 감상·해석한 뒤에 적절한 근거를 들어서 그 작품의 가치를 ❷ [   ]하는 글이다.

답 ❶ 가치 ❷ 평가

≫ 정답과 해설 25쪽

09 다음은 비평문을 읽을 때 유의할 점에 대해 나눈 대화이다. 빈칸에 들어갈 알맞은 말을 순서대로 쓰시오.

문제 해결 전략

- 비평문을 읽을 때에는 작품 ❶ [   ] 와/과 그 근거를 구분하고, 글쓴이가 말하고자 하는 바가 무엇인지 파악해야 한다.
- 또한 작품 해석의 ❷ [   ] 이/가 적절한지, 해석과 평가가 타당한지 판단하며 읽어야 한다.

답 ❶ 해석 ❷ 근거

10 〈보기〉와 같은 글의 갈래상 특징으로 적절하지 않은 것은?

보기

1939년 8월 이육사의 대표작 가운데 하나인 〈청포도〉가 그 아름다운 모습을 드러내었다. 시인의 삶과 관련지어 볼 때 이 작품은 여름 과일 청포도를 통해 조국 독립의 소망과 믿음을 노래한 시라고 해석하는 것이 자연스럽다. [중략]

〈청포도〉는 모두 6연인데 각 연이 2행으로 이루어져 안정감이 있다. 시상의 흐름에 따라 1~2연, 3~4연, 5연, 6연의 네 부분으로 나눌 수 있다.

1~2연에서는 한여름 들어 본격적으로 '익어 가는' 청포도의 특별한 의미에 관해 말한다. 이 시에서의 청포도는 단순한 과일이 아니다. 청포도 송이송이는 마을의 역사와 이곳에서 살아온 사람들의 삶 그리고 그들의 꿈을 품고 있는 '전설'이 열린 것이니 매우 가치 있는 존재이다. [중략]

이육사 시인은 조국 독립의 소망과 믿음을 품고 굽힘 없는 투쟁의 삶을 살았다. 〈청포도〉는 그 굳고 뜨겁고 곧은 투쟁의 삶에서 피어난 꽃이었다.

– 정호웅, 〈소망과 믿음의 노래〉 천(박)

① 작품의 가치에 대한 평가가 담겨 있다.
② 작품의 내용에 대한 분석은 드러나지 않는다.
③ 작품이 아닌 이론이나 창작자도 비평의 대상이 될 수 있다.
④ 적절한 근거를 바탕으로 하여 다른 사람들을 설득할 수 있는 보편성을 확보해야 한다.
⑤ 작품의 아름다움과 가치에 대한 글쓴이의 생각을 드러낸다는 점에서 주관적이고 개인적인 글이라고 할 수 있다.

문제 해결 전략

- 〈보기〉는 이육사의 시 〈청포도〉에 대한 ❶ [   ] 이다.
- 비평문에서 작품뿐만 아니라 이론이나 ❷ [   ] 도 비평의 대상이 될 수 있다.

답 ❶ 비평문 ❷ 창작자

3주 2일 필수 체크 전략 1

[1] 다음 시를 읽고, 물음에 답하시오.

내 고장 칠월은
청포도가 익어 가는 시절

이 마을 전설이 주저리주저리 열리고
(주저리주저리: 물건이 어지럽게 많이 매달려 있는 모양.)
먼 데 하늘이 꿈꾸려 알알이 들어와 박혀
(알알이: 한 알 한 알마다.)

하늘 밑 푸른 바다가 가슴을 열고
흰 돛단배가 곱게 밀려서 오면

내가 바라는 손님은 고달픈 몸으로
청포를 입고 찾아온다고 했으니
(청포: 푸른 색깔의 도포.)

내 그를 맞아 이 포도를 따 먹으면
두 손은 함뿍 적셔도 좋으련
(함뿍: 물이 쭉 내빼도록 젖은 모양.)

아이야 우리 식탁엔 은쟁반에
하이얀 모시 수건을 마련해 두렴
(하이얀: 하얀. 운율과 어감을 살리려고 사용한 표현(시적 허용).)

– 이육사, 〈청포도〉 천(박) 천(노)

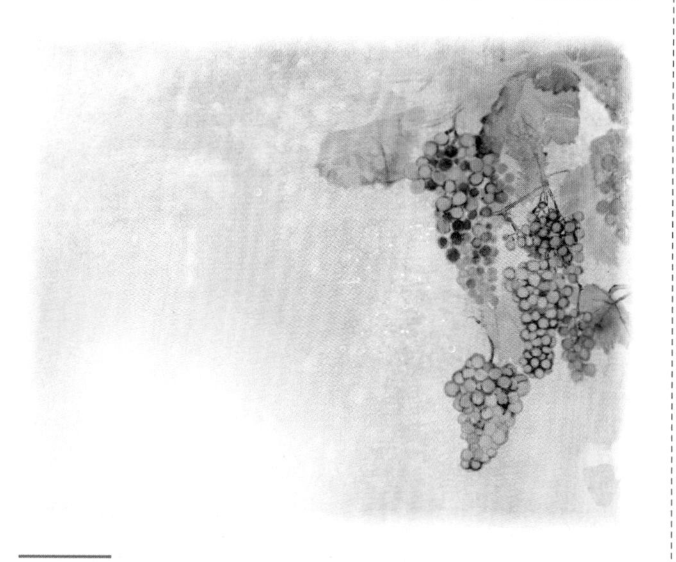

이 작품은 칠월에 탐스럽게 익어 가는 청포도를 소재로, 평화롭고 풍요로운 삶에 대한 소망을 노래한 시입니다.

대표 유형 1 작품 이해하기

1 이 시에 대한 설명으로 적절하지 않은 것은?

① 푸른색과 흰색의 색채 대비가 나타난다.
② 화자가 '손님'을 기다리고 있는 상황이 나타난다.
③ '청포도'는 화자가 처해 있는 암울한 현실을 상징한다.
④ 풍요롭고 평화로운 세계에 대한 화자의 소망이 드러난다.
⑤ '손님'을 맞이할 준비를 하는 모습에서 화자의 정성스러운 마음이 드러난다.

유형 해결 전략

이 시는 ❶ ____ (이)라는 상징적인 소재를 사용하여 평화롭고 풍요로운 삶에 대한 ❷ ____ 을/를 노래하고 있다.

답 ❶ 청포도 ❷ 소망

1-1 이 시의 화자가 소망하고 있는 것은?

① 청포도가 빨리 익기를 바람.
② 청포를 입고 손님을 배웅하고 싶어 함.
③ 흰 돛단배를 타고 바다로 나가고 싶어 함.
④ 손님이 건강한 모습으로 찾아오기를 바람.
⑤ 손님을 맞아 청포도를 함께 따 먹고 싶어 함.

1-2 이 시에서 〈보기〉의 설명에 해당하는 소재를 찾아 쓰시오. (정답 2개)

보기
- 흰색의 순수하고 깨끗한 이미지를 드러냄.
- 손님을 맞이하는 화자의 정성을 나타냄.

>> 정답과 해설 26쪽

[2] 다음 글을 읽고, 물음에 답하시오.

1939년 8월 이육사의 대표작 가운데 하나인 〈청포도〉가 그 아름다운 모습을 드러내었다. 시인의 삶과 관련지어 볼 때 이 작품은 여름 과일 청포도를 통해 조국 독립의 소망과 믿음을 노래한 시라고 해석하는 것이 자연스럽다.

이육사의 고향은 경상북도 안동군(지금은 안동시) 도산면 원촌 마을이다. 조선 중기의 대학자인 퇴계 이황의 후손들이 300년 가까운 긴 세월 모여 살아온 곳이다. 이 마을 사람들은 퇴계의 가르침을 좇아 선비가 지켜야 할 규범을 배우고 실천하는 것을 무엇보다 중요하게 여기며 살았다. 이육사는 이러한 분위기 속에서 선비 교육을 철저히 받으며 성장하였다. 이 같은 교육으로 형성되는 선비 정신 속에는, 나라가 위기에 처하였을 때 개인의 편안함을 돌아보지 않고 나아가 싸우는 것이 바른 도리라는 생각도 들어 있다. 원촌 마을과 바로 그 옆에 자리한 하계 마을에서 독립 유공자가 30명 넘게 나올 정도로 일제에 대한 '저항성'이 두드러졌던 것은 이와 깊이 관련되어 있다.

대학자: 학식이 아주 뛰어나고 학문적 업적이 많은 학자.

저항성: 어떤 힘이나 조건에 굽히지 아니하고 거역하거나 버티는 성질.

이런 공간에서 나서 자란 이육사는 자연스럽게 나라를 찾고자 일제와 맞서 싸우는 길로 나아갔다. 가난, 질병, 투옥으로 고통스러운 길이었다. 1944년 1월 16일 새벽 베이징의 어느 감옥에서 외롭게 숨질 때까지 그는 굽히지 않고 계속해서 그 길을 걸었다.

– 정호웅, 〈소망과 믿음의 노래〉 천(박)

이 작품은 이육사 시인의 시 〈청포도〉에 대한 비평문으로, 〈청포도〉를 시인의 삶과 관련지어 조국 독립의 소망과 믿음을 노래한 시로 해석하고 있습니다.

대표 유형 2 해석의 근거 파악하기

2 **〈보기〉의 빈칸에 들어갈 말로 적절한 것은?**

보기

이 글의 글쓴이는 (   )을/를 근거로 하여 시 〈청포도〉를 조국의 독립에 대한 소망과 믿음을 노래한 시로 해석하고 있어.

① 시의 표현
② 시인의 삶
③ 시어의 의미
④ 독자의 경험
⑤ 독자의 가치관

유형 해결 전략

비평문을 읽을 때에는 글에 나타난 작품 ❶ [   ]와/과 그 근거가 무엇인지 파악하고, 해석을 뒷받침하는 ❷ [   ]이/가 적절한지 판단하며 읽도록 한다.

답 ❶ 해석 ❷ 근거

2-1 **이 글과 같은 방법으로 시 〈청포도〉를 해석한 내용으로 적절한 것은?**

① 청포도의 푸른 색감을 통해 맑고 청순한 느낌을 전달하고 있어.
② 의도적으로 맞춤법에 어긋나게 쓴 '하이얀'을 통해 운율을 형성하고 있어.
③ 의태어 '주저리주저리'를 통해 청포도가 열린 모습을 감각적으로 표현하고 있어.
④ 이육사가 독립투사였음을 고려할 때 화자가 기다리는 '손님'은 해방된 조국이라고 할 수 있어.
⑤ 나도 누군가를 간절히 기다려 본 경험이 있어서 손님맞이를 정성껏 준비하는 화자의 심정에 공감해.

도움말

이 글의 글쓴이는 이육사가 ❶ [   ] 교육을 받으며 성장했고 일제와 맞서 싸우는 ❷ [   ](으)로서의 삶을 살았다는 점에 주목하고 있어요.

답 ❶ 선비 ❷ 독립투사/독립운동가

[3] 다음 글을 읽고, 물음에 답하시오.

㉮ 1~2연에서는 한여름 들어 본격적으로 '익어 가는' 청포도의 특별한 의미에 관해 말한다. 이 시에서의 청포도는 단순한 과일이 아니다. 청포도 송이송이는 마을의 역사와 이곳에서 살아온 사람들의 삶 그리고 그들의 꿈을 품고 있는 '전설'이 열린 것이니 매우 가치 있는 존재이다. 게다가 청포도알 하나하나에는 희망을 상징하는 '먼 데 하늘'이 '들어와 박혀' 있으니 그 가치는 더욱 커진다. 그 희망에는 풍요롭고 평화로운 세계에 관한 기대가 담겨 있을 것이다.

㉯ 3~4연에서는 '내가 바라는 손님'이 언젠가는 찾아오리라는 믿음을 말한다. 3연은 그 손님이 찾아오는 날의 정경을 상상하여 그린 것이다. 잔잔한 바다 위로 순풍을 타고 돛단배가 미끄러지듯 다가오고 있는 풍경인데 험한 시절은 끝나고 소망하던 평화의 때가 온 것을 잘 보여 준다. 오랜 세월 힘든 싸움을 계속하느라 지쳐 '고달픈 몸'으로 돌아오는 이 풍경의 주인공인 '손님'은 해방된 조국을 상징한다. 그러니까 3~4연에서는, 지금은 물결 드높고 바람 거센 고통의 때이지만 언젠가는 조국 해방의 날이 올 것임을 믿는 마음을 말하는 것이다.

㉰ 5연에서는 손님을 맞아 벌일 즐거운 잔치를 상상한다. 가치 있는 존재인 청포도로 차린 풍성한 식탁에서 함께 즐기는 행복한 잔치이다. 이 잔치는 밝고 환한 웃음소리가 울리는 가운데 지난 일을 말하고 앞날을 그리는 말의 잔치이기도 할 것이다.

㉱ 6연에서는 이처럼 행복한 그날의 손님맞이를 위한 준비에 관해 이야기한다. 잘 익은 청포도를 담을 '은쟁반'과 손 닦을 '하이얀 모시 수건'을 준비한다는 것, 참으로 귀한 손님이니 온 정성을 다해야 함을 드러낸다.

㉲ 이육사 시인은 조국 독립의 소망과 믿음을 품고 굽힘 없는 투쟁의 삶을 살았다. 〈청포도〉는 그 굳고 뜨겁고 곧은 투쟁의 삶에서 피어난 꽃이었다.

– 정호웅, 〈소망과 믿음의 노래〉 천(박)

대표 유형 3 근거를 들어 작품 해석하기

3 **이 글은 〈보기〉의 내용을 바탕으로 시 〈청포도〉를 해석하고 있다. (가)~(마)를 바르게 이해한 것은?**

> 보기
>
> 이육사는 자연스럽게 나라를 찾고자 일제와 맞서 싸우는 길로 나아갔다. 가난, 질병, 투옥으로 고통스러운 길이었다. 1944년 1월 16일 새벽 베이징의 어느 감옥에서 외롭게 숨질 때까지 그는 굽히지 않고 계속해서 그 길을 걸었다.

① (가): 2연의 '하늘'은 일제의 탄압을 상징한다.
② (나): 4연의 '손님'은 시인의 헤어진 가족들을 의미한다.
③ (다): 5연의 화자가 준비하는 잔치는 식민지 현실에서 벗어나기 위해 서로 격려하고 힘을 합치는 자리를 의미한다.
④ (라): 6연에서는 푸른색의 깨끗한 이미지를 활용하여 화자의 정결한 마음가짐을 강조한다.
⑤ (마): 〈청포도〉는 이육사가 일제와 맞서 싸우는 삶의 과정에서 나온 작품이다.

유형 해결 전략

이 글의 글쓴이는 ❶ [　　] 독립의 소망과 믿음을 품고 굽힘 없는 ❷ [　　]의 삶을 살았던 이육사의 삶을 근거로 하여 〈청포도〉를 평가하고 있다.

답 ❶ 조국 ❷ 투쟁

3-1 **이 글의 내용을 참고할 때, 시 〈청포도〉에 나타난 시어의 의미를 잘못 파악한 것은?**

① 손님: 해방된 조국, 평화로운 세상
② 고달픈 몸: 해방 이후의 대립과 갈등
③ 전설: 마을의 역사, 사람들의 삶과 꿈
④ 청포도: 풍요롭고 평화로운 세계에 대한 기대
⑤ 은쟁반: 조국 해방을 맞이하는 정결한 마음가짐과 정성

[4] 다음 글을 읽고, 물음에 답하시오.

㉮ 1939년 8월 이육사의 대표작 가운데 하나인 〈청포도〉가 그 아름다운 모습을 드러내었다. 시인의 삶과 관련지어 볼 때 이 작품은 여름 과일 청포도를 통해 조국 독립의 소망과 믿음을 노래한 시라고 해석하는 것이 자연스럽다. [중략]

3~4연에서는 '내가 바라는 손님'이 언젠가는 찾아오리라는 믿음을 말한다. 3연은 그 손님이 찾아오는 날의 정경을 상상하여 그린 것이다. 잔잔한 바다 위로 순풍을 타고 돛단배가 미끄러지듯 다가오고 있는 풍경인데 험한 시절은 끝나고 소망하던 평화의 때가 온 것을 잘 보여 준다. 오랜 세월 힘든 싸움을 계속하느라 지쳐 '고달픈 몸'으로 돌아오는 이 풍경의 주인공인 '손님'은 해방된 조국을 상징한다. 그러니까 3~4연에서는, 지금은 물결 드높고 바람 거센 고통의 때이지만 언젠가는 조국 해방의 날이 올 것임을 믿는 마음을 말하는 것이다.

– 정호웅, 〈소망과 믿음의 노래〉 천(박)

㉯ 이육사의 〈청포도〉는 말하는 이의 간절한 소망을 노래한 시이다. 말하는 이가 꿈꾸고 바라는 세상은 어떤 모습일까?

말하는 이는 고향을 청포도가 익어 가는 곳으로 그린다. 고향의 청포도는 '주저리주저리' 열려서 '알알이' 익어 가고 있다. 풍성하게 열려서 한 알, 한 알이 탐스럽게 익어 가는 '청포도'는 넉넉하고 여유로운 고향의 모습을 떠올리게 한다.

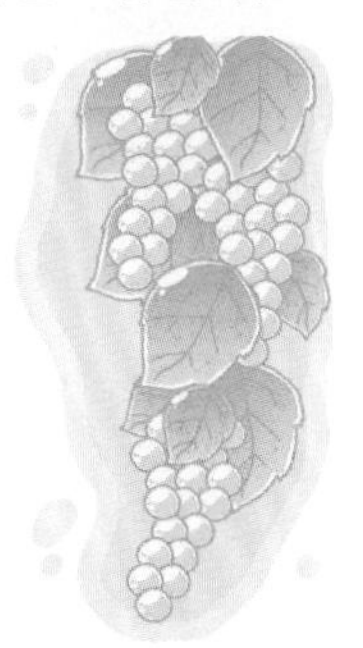

또한 이 시에서는 '청포도, 하늘, 푸른 바다, 청포'의 푸른빛과 '흰 돛단배, 은쟁반, 모시 수건'의 흰빛을 대비하여 드러내고 있다. 이와 같은 선명한 색채 대비는 평화롭고 아름다운 고향의 모습과 이를 기다리는 말하는 이의 기대와 희망을 강조하여 보여 준다. / 그렇다면 말하는 이가 기다리는 '손님'은 누구일까? '고달픈 몸'으로 찾아올 손님은 고향을 떠나 고단하게 떠돌며 살아온 사람일 것이다. 말하는 이는 '손님'과 함께 '청포도'를 먹기를, 고향의 풍요로움을 나누기를 바라고 있다.

이러한 점에서 〈청포도〉는 (㉠)을/를 담아낸 시이다.

– 〈이육사 〈청포도〉 비평문〉 천(노)

대표 유형 4 다양한 해석 비교하기

4 (가)와 (나)에서 해석한 '손님'의 의미를 바르게 짝지은 것은?

	(가)	(나)
①	풍요로운 세계	독립투사
②	해방된 조국	고향을 떠나 고단하게 떠돌며 살아온 사람
③	풍요로운 세계	마을의 전설
④	마을의 전설	고향을 떠나 고단하게 떠돌며 살아온 사람
⑤	해방된 조국	독립투사

유형 해결 전략

작품을 감상할 때, ❶ [   ]에 따른 다양한 해석을 비교하며 감상하면 좋다. (가)는 시 〈청포도〉를 작가의 삶과 관련지어 해석하고 있고, (나)는 작품 ❷ [   ] 요소를 중심으로 해석하고 있다.

답 ❶ 근거 ❷ 내적

4-1 (나)가 〈보기〉의 방법으로 시 〈청포도〉를 해석하였음을 고려할 때, ㉠에 들어갈 말로 적절한 것은?

보기

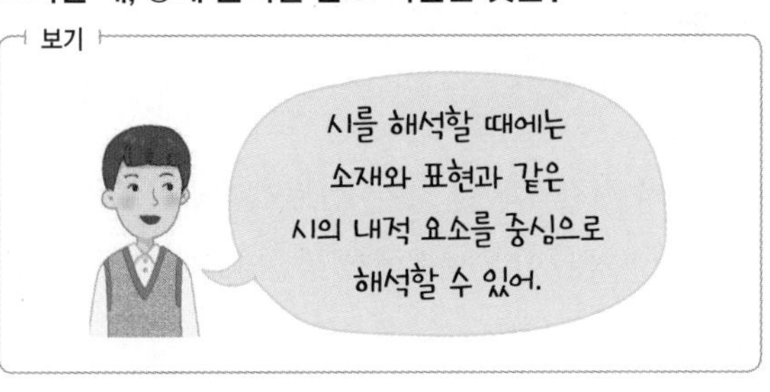

① 선비 정신의 실천
② 일제에 대한 저항 정신
③ 조국 독립에 대한 염원
④ 위기를 극복하는 강한 의지
⑤ 풍요롭고 평화로운 세상에 대한 소망

도움말

(나)에 나타난 해석의 ❶ [   ]을/를 살펴보고, 이를 바탕으로 하여 시 〈청포도〉의 ❷ [   ]을/를 파악해 보세요.

답 ❶ 근거 ❷ 주제

[01~03] 다음 글을 읽고, 물음에 답하시오.

(가) 처마 끝에 명태(明太)를 말린다
명태(明太)는 꽁꽁 얼었다
명태(明太)는 길다랗고 파리한 물고긴데
몸이 마르고 낯빛이나 살색이 핏기가 전혀 없다.
꼬리에 길다란 고드름이 달렸다
해는 저물고 날은 다 가고 별은 서러웁게 차갑다
나도 길다랗고 파리한 명태(明太)다
문(門)턱에 꽁꽁 얼어서
가슴에 길다란 고드름이 달렸다

– 백석, 〈멧새 소리〉 지

(나) 이 시는 백석의 여러 시 중 드물게 짧고 간결한 시다. 시는 어느 집 처마 끝에 고드름을 매단 채 꽁꽁 얼어붙어 있는 명태를 그리고 있다. 명태는 기다란 데다 얼기까지 했고, 꼬리에 기다란 고드름을 매달고 있어서 더더욱 파리해 보인다. 게다가 "해는 저물고 날은 다" 간 저물녘의 겨울 별이니 서럽도록 차갑기도 할 것이다. '별이 차갑다'라는 모순되는 감각의 이미지는 이런 맥락에서 생성되었다. 한 컷의 흑백 사진을 보는 듯한 탁월한 이미지이다.

이 시의 놀라움은 제목 '멧새 소리'에서 나온다. 시 본문에는 멧새 소리는커녕 멧새의 흔적조차 나오지 않는다. 명태의 시각적 묘사에만 집중하고 있을 뿐이다. 그래서 시를 다 읽고 나면, 왜 제목이 '멧새 소리'일지 한참을 생각하게 한다. 그러나 이 멧새 소리는 시에서 결정적인 역할을 한다. "길다랗고 파리한" 명태의 시각적 이미지에 깨끗하고 맑은 청각적 울림을 더해 줄 뿐 아니라, 시의 의미를 풍요롭게 해 준다.

– 정끝별, 〈시 읽기의 네 갈래 길〉 지

01 〈보기〉의 방법으로 (가)를 해석한 내용으로 적절하지 않은 것은?

> 보기
> 문학 작품은 작품의 내용, 구조, 표현 등 작품의 내적 요소를 중심으로 해석할 수 있다.

① 은유법을 써서 화자를 명태로 표현하고 있다.
② '꽁꽁 얼었다'를 통해 계절적 배경을 드러내고 있다.
③ 시각적 심상을 활용하여 명태의 모습을 감각적으로 표현하고 있다.
④ 고향을 떠나 살고 있던 시인 백석의 쓸쓸한 내면을 드러내고 있다.
⑤ '별은 서러웁게 차갑다'를 통해 차갑고 쓸쓸한 분위기를 드러내고 있다.

02 (나)를 통해 알 수 있는 내용으로 적절한 것을 모두 고른 것은?

ㄱ. (가)에는 역설이 쓰였다.
ㄴ. (가)의 시간적 배경은 겨울의 저물녘이다.
ㄷ. (가)는 한 컷의 흑백 사진을 바탕으로 하여 창작되었다.
ㄹ. 시인 백석의 작품 중에서 짧고 간결한 시는 드문 편이다.

① ㄱ, ㄷ ② ㄱ, ㄹ ③ ㄴ, ㄷ
④ ㄱ, ㄴ, ㄹ ⑤ ㄴ, ㄷ, ㄹ

도움말
겉보기에는 ❶ (이)지만 대상에 관한 통찰을 통해 얻은 진실을 담고 있는 표현 방법을 ❷ (이)라고 해요.
답 ❶ 모순 ❷ 역설

03 (나)를 참고하여 (가)의 제목 '멧새 소리'가 주는 효과를 한 문장으로 서술하시오.

>> 정답과 해설 27쪽

[04~06] 다음 글을 읽고, 물음에 답하시오.

가 상상해 보자. 멧새 소리가 들린다는 것은 집 주변에 인적이나 인기척이 드물다는 것을 암시한다. 마당이 비어 있으므로 멧새들이 지저귀는 것이고, 그 지저귐이 들리는 것이다. 그래서 이때의 멧새 소리는 화자의 적막함 혹은 기다리는 마음을 강조한다. 나아가 "해는 저물고 날은 다 가고" 있으니 이제 곧 멧새 소리마저 들리지 않을 시간이다. 이 적막한 기다림의 시간에 멧새 소리마저 없다면 그 집은 얼마나 쓸쓸할 것인가. 안과 밖을 이어 주는 공간, 그러니까 누군가를 기다리며 화자가 서성이고 있는 저 '문턱' 또한 있으나 마나일 것이다. 멧새 소리는 '문턱'과 함께 화자와 외부의 소통 가능성을 열어 주는 작은 길이 된다.

나 시인 백석은 평북 정주에서 태어나 오산 학교를 거쳐 일본에 유학하고, 이 시를 발표할 당시(1938년)에는 함흥에서 교사로 근무하고 있었다. 원산보다도 훨씬 북쪽인 동해의 항구 도시 함흥, 그곳에서 섬세한 감성의 젊은 시인이 쓸쓸하게 겨울을 넘기고 있었다. 그가 보는 모든 것, 그가 듣는 모든 것이 시가 되었다. "나도 길다랗고 파리한 명태다"라고 썼듯이, 시 속의 명태는 어쩌면 백석 자신의 모습인지도 모른다.

다 시인의 다른 모습인 화자는 "㉠문턱에 꽁꽁 얼어서 / 가슴에 길다란 고드름"을 매달고 있다. 여기서 화자가 다른 데도 아니고 '문턱'에 얼어 있다는 데 주목할 필요가 있다. 화자가 문턱을 오래 서성였다는 뜻일 텐데, 가슴에 '길다란 고드름'까지 달고 있으니 누군가를 기다리며 오래 속울음을 울고도 남았을 법하다. 하지만 화자가 그렇게 기다리는 사람은 겨우내 오지 않고 있다. 겨울 볕이 더욱 '서러웁게' 차가운 까닭이다.

– 정끝별, 〈시 읽기의 네 갈래 길〉 지

04 이 글을 바탕으로 하여 시 〈멧새 소리〉를 감상한 내용으로 적절하지 않은 것은?

① '멧새 소리'는 화자의 적막함을 강조하는 역할을 하는구나.
② 추운 지역에서 겨울을 보내던 시인의 내면이 반영되어 있구나.
③ '명태'는 쓸쓸한 시인의 모습을 나타내는 분신과 같은 존재로구나.
④ '문턱'에 얼어 있다는 것은 화자가 문턱을 오래 서성였음을 의미하는구나.
⑤ 화자의 집 주변에서 들리는 멧새 소리가 시끄러워 아무도 오지 않는 것이구나.

05 (나)에 나타난 작품 해석 방법에 대한 설명으로 가장 적절한 것은?

① 작품의 형식에 주목하여 해석하고 있다.
② 작품을 쓴 작가의 삶에 주목하여 해석하고 있다.
③ 작품을 읽은 독자의 경험과 관련지어 해석하고 있다.
④ 작품이 독자에게 주는 교훈에 주목하여 해석하고 있다.
⑤ 작품의 배경이 되는 시대 상황과 관련지어 해석하고 있다.

도움말
(나)에서는 함흥에서 ❶ [ ]을/를 보냈던 시인의 상황에 주목하여, 시 <멧새 소리>의 '❷ [ ]'이/가 시인 백석의 모습을 나타내고 있다고 해석하고 있어요.

답 ❶ 겨울 ❷ 명태

06 ㉠에 담긴 화자의 정서를 서술하시오.

조건
1. (다)의 내용을 바탕으로 하여 쓸 것
2. 시구에 드러난 화자의 상황을 밝힐 것
3. '~을/를 느끼고 있다.' 형식의 한 문장으로 쓸 것

[07~09] 다음 글을 읽고, 물음에 답하시오.

(가) 처마 끝에 명태(明太)를 말린다
명태(明太)는 꽁꽁 얼었다
명태(明太)는 길다랗고 파리한 물고긴데
꼬리에 길다란 고드름이 달렸다
해는 저물고 날은 다 가고 볕은 서러웁게 차갑다
나도 길다랗고 파리한 명태(明太)다
문(門)턱에 꽁꽁 얼어서
가슴에 길다란 고드름이 달렸다

– 백석, 〈멧새 소리〉 지

(나) 백석의 시는 그가 살았던 시대와 연결 지을 때 의미가 더욱 깊어진다. 식민지에 태어나서 조국과 고향을 떠나 접하는 삶이 얼마나 외롭고 고되었으랴. 더욱이 이 시를 쓸 즈음에는 일본의 억압과 수탈이 점점 심해져서 망국민의 한이 끝없이 깊어질 때다. 바짝 마른 데다 꽁꽁 언 채 처마 끝에 매달려서 눈물 같은 고드름을 달고 있는 명태는 암울한 우리 민족의 분신이기도 한 것이다. 길다랗고 파리한 명태가 되어 꼬리가 아니라 '가슴에' 고드름을 단 채 우리네 슬픈 이웃들은 무엇을 기다린 것일까.

망국민: 망하여 없어진 나라의 백성.

이처럼 이 시를 읽는 재미는 명태의 시각적 이미지와 멧새 소리의 청각적인 이미지를 겹쳐 읽는 데서 시작된다. 그리고 그 이미지들의 사이사이에 시인의 삶이, 역사 속의 소리 없는 울림들이 스며든다. 하지만 ㉠제일 커다란 울림은 독자 스스로가 채워 넣는 각자의 이야기에서 완성된다. 어떤 독자는 어릴 적 건넛마을 혹은 장에 가신 엄마를 기다렸던 기억을 떠올리고, 어떤 독자는 온다고 하고 오지 않는 애인이나 어떤 이유로든 헤어진 그 누군가를 채워 넣어 읽을 것이다. 또 어떤 독자는 새로운 내일을, 따뜻한 봄을 채워 넣어 읽을 수도 있다. 시 읽기란 작품에서 출발하여 시간과 공간의 화살을 타고 깊은 우주로 날아갔다가 다시 자기 안으로 돌아오는 아름다운 여정이기 때문이다.

– 정끝별, 〈시 읽기의 네 갈래 길〉 지

07 (가)의 화자에 대한 설명으로 적절하지 않은 것은?

① 화자는 서러움을 느끼고 있다.
② 화자는 자신을 '명태'와 동일시하고 있다.
③ 화자는 문턱에 서서 누군가를 기다리고 있다.
④ 화자는 가슴에 '길다란 고드름'이 달릴 만큼 슬픔을 느끼고 있다.
⑤ 화자는 처마 끝에 명태를 말리던 고향의 모습을 떠올리고 있다.

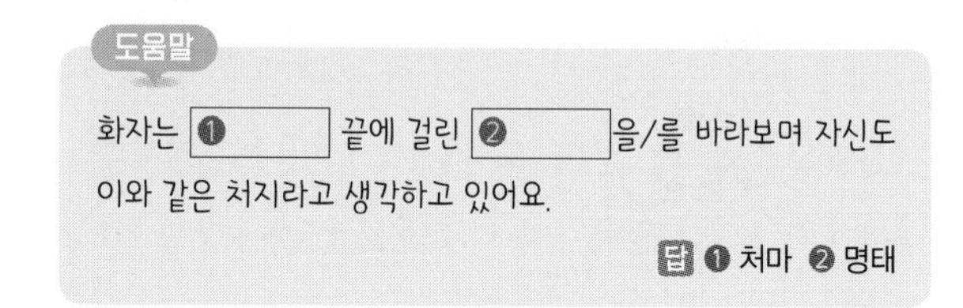

도움말
화자는 ❶ [ ] 끝에 걸린 ❷ [ ] 을/를 바라보며 자신도 이와 같은 처지라고 생각하고 있어요.
답 ❶ 처마 ❷ 명태

08 (나)에서 해석한 (가)의 '명태'의 의미를 쓰시오.

09 (가)를 해석하는 방법이 ㉠과 다른 것은?

[10~11] 다음 글을 읽고, 물음에 답하시오.

(가) 봄은 / 남해에서도 북녘에서도 / 오지 않는다.

너그럽고 / 빛나는 / 봄의 그 눈짓은,
제주에서 두만까지
우리가 디딘 / 아름다운 논밭에서 움튼다.

겨울은,
바다와 대륙 밖에서 / 그 매운 눈보라 몰고 왔지만
이제 올 / 너그러운 봄은, 삼천리 마을마다
우리들 가슴속에서 / 움트리라.

움터서, / 강산을 덮은 그 미움의 쇠붙이들
눈 녹이듯 흐물흐물 / 녹여 버리겠지.

– 신동엽, 〈봄은〉 미

(나) 시인이 노래하는 '봄'이란 곧 통일, 또는 통일이 이루어지는 시대를 의미한다. 봄은 '남해에서도 북녘에서도 / 오지 않는다.'라고 시인은 분명하게 말한다. '남해'와 '북녘'은 모두 한반도를 둘러싼 외부의 힘이다. 그러면 봄은 어디에서 오는가? 그것은 '제주에서 두만까지 / 우리가 디딘 / 아름다운 논밭에서', 즉 우리 민족이 살고 있는 바로 이 땅에서 이루어지는 것이다. [중략] 분단된 민족으로서 우리가 겪고 있는 괴로움, '겨울'은 어디에서부터 온 것인가? 그는 '바다와 대륙 밖에서' 온 것으로 생각한다. 분단은 우리가 원해서가 아니라 한반도를 둘러싼 국제 정치의 상황, 즉 제2차 세계 대전이 끝나면서 한반도에 들어온 미국과 소련 사이의 대립에 따른 결과였다. 그러니 이제 봄을 그 밖으로부터 바란다는 것은 어리석은 일일 따름이다. [중략]

시인은 찾아올 통일의 미래를 마지막 연에서 그린다. 우리 강토를 덮고 있는 것은 '미움의 쇠붙이들', 즉 증오와 불신으로 가득 찬 군사적 대립과 긴장이다. 우리 모두의 마음속에서 싹트고 훈훈하게 자라나는 봄은 마침내 이 '쇠붙이들'을 모두 녹여 버리고 아름다운 세계를 새롭게 열 것이다.

강토: 나라의 경계 안에 있는 땅.

– 김흥규, 〈한국 현대시를 찾아서〉 미

10 〈보기〉의 ㉠~㉣을 중심으로 (가)를 해석한 내용으로 적절하지 않은 것은?

① ㉠: 이 시에는 남과 북이 분단된 현실이 반영되어 있다.
② ㉡: 조국의 현실에 관심이 많았던 시인의 성향을 고려하면 이 시는 민족의 분단에 관한 시이다.
③ ㉢: '봄'과 '겨울'의 대립적이고 상징적인 이미지를 활용하여 시상을 전개하고 있다.
④ ㉢: '움트리라', '녹여 버리겠지'와 같은 표현을 통해 화자의 의지적, 희망적 태도를 드러내고 있다.
⑤ ㉣: '봄'이 '바다와 대륙 밖'이 아닌 '우리들 가슴속'에서 움터야 한다고 말하며 자주적인 태도를 강조하고 있다.

11 (나)를 바탕으로 하여 (가)의 각 연을 해석한 내용으로 적절하지 않은 것은?

① 1연: 화자가 생각하는 통일의 주체는 외세가 아님이 분명하게 드러나 있다.
② 2연: 자주적으로 통일을 이루어야 함을 말하고 있다.
③ 3연: 남북 분단으로 겪는 고통이 민족 내부의 분열에서 비롯되었음을 밝히고 있다.
④ 4연: 통일된 조국의 미래를 그리고 있다.
⑤ 4연: '미움의 쇠붙이들'은 한반도를 둘러싼 군사적인 대립과 긴장을 의미한다.

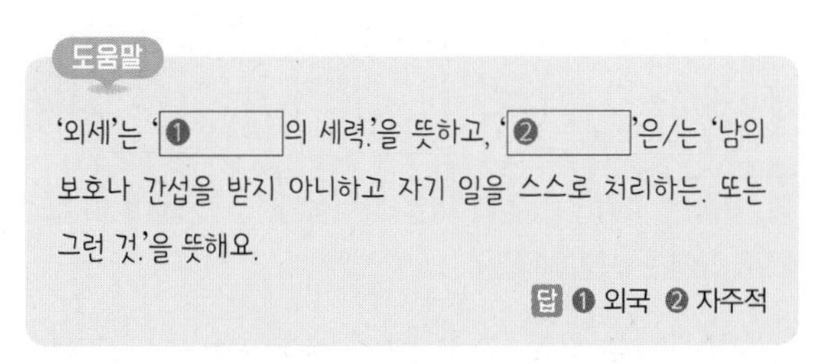

3주 3일 필수 체크 전략 1

[1] 다음 시를 읽고, 물음에 답하시오.

나 보기가 역겨워
가실 때에는
말없이 고이 보내 드리우리다

영변에 약산 (영변: 평안북도 영변군에 있는 면. / 약산: 평안북도 영변 서쪽에 있는 산.)
㉠진달래꽃
아름 따다 가실 길에 뿌리우리다

가시는 걸음걸음
놓인 그 꽃을
사뿐히 즈려밟고 가시옵소서

나 보기가 역겨워
가실 때에는
죽어도 아니 눈물 흘리우리다

– 김소월, 〈진달래꽃〉 창 교

이 작품은 사랑하는 임과 이별하는 상황을 가정하여 이별의 정한(情恨)을 노래한 시입니다.

대표 유형 1 작품 이해하기

1 이 시에 대한 설명으로 적절하지 않은 것은?

① '-우리다'를 반복하여 운율을 형성하고 있다.
② 이별의 상황을 가정하여 시상을 전개하고 있다.
③ 실제 지명을 사용하여 향토적인 분위기를 형성하고 있다.
④ 명령형의 문장을 사용하여 화자의 의지를 강조하고 있다.
⑤ 수미상관 구조를 통해 주제를 강조하고, 구성의 안정감을 주고 있다.

유형 해결 전략

이 시는 우리 민족의 보편적 정서인 '❶ [   ]의 정한'을 노래한 작품으로, 어미의 반복을 통해 운율을 형성하고 첫 연과 마지막 연의 형태가 같은 ❷ [   ] 구조를 취하고 있다.

답 ❶ 이별 ❷ 수미상관

1-1 ㉠에 대한 설명으로 적절한 것끼리 묶은 것은?

ㄱ. 시적 화자의 분신과 같다.
ㄴ. 임에 대한 화자의 사랑을 드러낸다.
ㄷ. 화자를 향한 임의 그리움을 나타내는 소재이다.
ㄹ. 화자의 헌신적이고 희생적인 태도를 드러내는 소재이다.
ㅁ. 임과의 이별에 따른 화자의 자책과 후회를 드러내는 소재이다.

① ㄱ, ㄴ, ㄷ ② ㄱ, ㄴ, ㄹ ③ ㄴ, ㄷ, ㄹ
④ ㄴ, ㄹ, ㅁ ⑤ ㄷ, ㄹ, ㅁ

[2] 다음 글을 읽고, 물음에 답하시오.

가 영변은 김소월의 고향인 정주에서 가까운 곳으로 진달래가 아름답게 피기로 유명하다. 우리가 봄이 되면 진해에 벚꽃을 보러 가자고 하거나 지리산에 철쭉을 보러 가자고 하듯이 당시 그곳 사람들 사이에서는 '약산 진달래 구경 가자'는 말이 관용어처럼 쓰였다. 즉 봄날의 약산 진달래는 김소월이 살던 그 시대 그 지방 사람들이 생각할 수 있는 가장 아름다운 대상이었던 것이다. 이 시의 화자는, 임이 자기가 싫다고 떠나는 날이 오면 말없이 고이 보내 주는 것은 물론이요, 임의 앞길에 진달래꽃까지 한 아름 따다가 뿌려 줄 것이라고 말한다. 화자는 자기가 생각할 수 있는 최상의 아름다움인 약산 진달래꽃을 임이 떠나는 길에 뿌림으로써 임이 가는 길을 아름답게 꾸며 축복하겠다는 것이다.

나 화자는 임에게 "㉠가시는 걸음걸음 / 놓인 그 꽃을 / 사뿐히 즈려밟고 가시"라고 말한다. 《국어 대사전》(이희승 엮음, 1995)에서는 '즈려밟다'의 의미를 "제겨디디어 사뿐히 밟다."라고 풀이하며, 〈진달래꽃〉의 이 시행을 예문으로 제시하였다. '제겨디디다'라는 말은 "발끝이나 발뒤꿈치만으로 땅을 디디다."라는 뜻이다. 즉 '사뿐히 즈려밟고'는 힘을 주어 눌러 밟는 것이 아니라 아주 사뿐히 밟고 가는 것을 의미한다. 또 '사뿐히'라는 말에는 "소리가 나지 아니할 정도로 가볍게 발을 내디디는 모양."이라는 뜻도 있지만, "몸과 마음이 아주 가볍고 시원하게."라는 뜻도 있다. 그러므로 3연은 임을 위해 진달래꽃을 뿌려 놓은 아름다운 꽃길을 마치 구름 위를 걸어가듯 사뿐하게 밟으며 홀가분한 마음으로 떠나라는 뜻이다.

다 이 시의 아름다움은 일차적으로 이러한 감정과 생각의 아름다움에서 온다. 임이 떠나는 그 순간에도 임의 앞길을 아름답게 꾸며 주려는 사람이라면 그 사람의 내면은 드맑고 아름답다 할 수 있을 것이다.

– 이숭원, 〈이별의 상황과 사랑의 진실〉 창

이 작품은 '진달래꽃'의 의미, '가실 때에는'에 쓰인 가정의 어법 등에 주목하여 시 〈진달래꽃〉을 해석한 비평문입니다.

대표 유형 2 해석한 내용 파악하기

2 이 글의 내용과 일치하지 않는 것은?

① 화자는 이별이 오면 순순히 받아들이고자 한다.
② 화자는 임과 이별하면 행복을 빌어 주고자 한다.
③ 영변의 약산은 진달래꽃이 아름답게 피는 곳이다.
④ 화자는 임이 홀가분하게 떠나도록 배려하고자 한다.
⑤ '즈려밟다'의 사전적 의미는 시에서의 함축적 의미와 반대이다.

유형 해결 전략

(가)에는 시 〈진달래꽃〉의 2연에 나타난 ❶ [　　] 을/를 뿌리는 행위에 대한 해석이, (나)에는 3연의 '사뿐히 즈려밟고'의 의미 해석이 제시되어 있다. 해석의 내용과 그렇게 해석한 ❷ [　　] 이/가 무엇인지 살펴본다.

답 ❶ 진달래꽃 ❷ 근거

2-1 (가)를 바탕으로 하여 〈보기〉에 나타난 행위가 지닌 의미를 쓰시오.

보기

영변에 약산 / 진달래꽃
아름 따다 가실 길에 뿌리우리다
– 김소월, 〈진달래꽃〉 창 교

도움말

봄날의 약산 ❶ [　　] 은/는 그 시대 그 지방 사람들이 생각하는 가장 아름다운 대상이었어요. 화자가 ❷ [　　] 이/가 가는 길에 진달래꽃을 뿌리는 까닭이 무엇일지 생각해 보세요.

답 ❶ 진달래(꽃) ❷ 임

2-2 (나)에서 해석한 ㉠의 의미로 적절한 것은?

① 떠나는 임에 대한 화자의 미련
② 이별을 회피하고 싶은 화자의 속마음
③ 자신을 잊지 않기를 바라는 화자의 소망
④ 자신을 홀가분하게 떠나라는 화자의 배려
⑤ 임이 돌아올 것을 확신하는 화자의 굳은 믿음

[3] 다음 글을 읽고, 물음에 답하시오.

㉮ "죽어도 아니 눈물 흘리우리다"라는 구절도 앞의 시행과 관련지어 생각하면, 한 방울의 눈물도 흘리지 않을 테니 홀가분하게 나를 떠나라는 화자의 배려가 담긴 표현임을 알게 된다. 만일 임이 가실 길을 진달래꽃으로 치장하겠다고 해 놓고 대성통곡을 한다면 그것은 아름다움을 보여 주는 것 자체가 위선이며 가식임을 드러내는 결과가 된다. 정말 임이 아름다운 길을 걸어 사뿐히 떠나가기를 기원하는 경우라면 눈물을 흘려서는 안 될 것이다.

위선: 겉으로만 착한 체함. 또는 그런 짓이나 일.

㉯ 우리는 이쯤에서 1연과 4연의 '가실 때에는'이 가정의 어법으로 쓰였다는 점에 주목해야 한다. 임과 화자는 현재 어떤 형태로든 만나고 있으며, 그러한 상태에서 화자는 임이 떠나는 상황을 가정하여 자신의 생각을 말하고 있다. 즉 '나'는 "지금 당신이 나를 진정 사랑하는지 어쩌는지 알지 못하지만, 설사 당신이 미래의 어느 날 내가 싫다고 나를 떠나는 그런 때가 와도 나는 당신을 미워하거나 붙잡으며 울고불고하지 않겠다. 당신이 가는 길에 아름다운 약산 진달래를 가득 뿌려 줄 것이며, 그리하여 그 길이 아름다움으로 충만하기를 빌 뿐이다."라고 말하고 있는 것이다.

㉰ 이 시에 제시된 상황은 앞에서 말한 것처럼 미래의 시점을 가정한 것이기에 실제 일어나고 있는 일은 아니다. 그러나 현재 이 말을 하는 화자의 마음은 진실하고 임을 사랑하는 감정은 절실하다. 그런 상황에서 미래의 행동을 고백한 것이기에 우리는 그의 말이 참일 것이라고 믿을 수밖에 없다. 이 시의 화자는 훨씬 높은 차원에서 감정을 다스리며 임에게 사랑을 호소하고 있는 것이다. 그러므로 이 시의 진의는, 떠남에 있는 것이 아니라 만남에 있으며, 사랑의 상실에 있는 것이 아니라 사랑의 결실에 있다. 요컨대 이 시는 이별의 상황을 설정하여 화자의 가슴에 있는 사랑의 진실을 표현한 것이라 하겠다.

진의: 속에 품고 있는 참뜻. 또는 진짜 의도.

– 이숭원, 〈이별의 상황과 사랑의 진실〉 창

대표 유형 ③ 근거를 들어 작품 해석하기

3 다음은 (나)의 내용을 정리한 것이다. 빈칸에 들어갈 내용으로 적절한 것은?

근거	해석
1연과 4연의 '가실 때에는'이 가정의 어법으로 쓰였다.	

① 임과 화자는 이별을 준비하고 있다.
② 화자는 임이 떠나는 것을 두려워하고 있다.
③ 임과 화자는 현재 어떤 형태로든 만나고 있다.
④ 화자는 눈물을 흘리며 떠나는 임을 붙잡고 있다.
⑤ 화자는 홀가분하게 떠나는 임을 보며 서운해하고 있다.

유형 해결 전략

이 글의 글쓴이는 시 〈진달래꽃〉의 1연과 4연의 '가실 때에는'이 ❶ ___ 의 어법으로 쓰였다는 점에 주목하여 화자가 ❷ ___ 이/가 떠나는 상황을 가정하여 자신의 생각을 말하고 있다고 해석하고 있다.

답 ❶ 가정 ❷ 임

3-1 다음 빈칸에 들어갈 말로 적절한 것은?

① 임을 보낼 수 없는 마음
② 이별로 인한 사랑의 상실
③ 이별의 아픔을 극복하려는 의지
④ 자신을 떠나지 말아 달라는 당부
⑤ 이별을 가정하여 표현한 사랑의 진실

도움말

(다)에서 글쓴이는 시 <진달래꽃>의 진의는 ❶ ___ 에 있는 것이 아니라 만남에 있으며 사랑의 상실에 있는 것이 아니라 사랑의 ❷ ___ 에 있다고 말하고 있어요.

답 ❶ 떠남 ❷ 결실

[4] 다음 글을 읽고, 물음에 답하시오.

가 우선 〈진달래꽃〉은 '가실 때에는', '드리우리다'와 같은 말에 명백하게 드러나 있듯이 미래 추정형으로 쓰여 있습니다. 영문 같았으면 'If'로 시작되는 가정법으로 서술되었을 문장입니다. 이 시 전체의 서술어는 '드리우리다', '뿌리우리다', '가시옵소서', '흘리우리다'로 의지나 바람을 나타내는 미래의 시제로 되어 있습니다. 그렇기 때문에 지금 '임'은 자기를 역겨워하지도 않으며 떠난 것도 아닙니다.

나 고려 가요 〈가시리〉에서 시작하여 '십 리도 못 가서 발병 난다.'는 민요 〈아리랑〉에 이르기까지 이별을 노래한 한국의 시들은 과거형이나 현재형으로 진술되어 있습니다. 오직 김소월의 〈진달래꽃〉만이 이별의 시제가 미래 추정형으로 되어 있습니다. [중략] 〈진달래꽃〉의 시적 의미를 결정짓는 것, 그리고 그것이 다른 시들과 차별화될 수 있는 가장 기본적인 요소는 이 같은 시의 시제에 있다고 할 수 있습니다.

다 또 이별의 가정을 통해 현재의 사랑하는 마음을 나타낸 〈진달래꽃〉은 이별을 이별로 노래하거나 사랑을 사랑으로 노래하는 평면적 의미와 달리, 사랑의 시점에서 이별을 노래하는 겹시각을 통해서 언어의 복합적 공간을 만들어 내고 있습니다. 사랑의 기쁨과 이별의 슬픔이라는 대립된 정서, 대립된 시간 그리고 대립된 상황을 이른바 '반대의 일치'라는 역설의 시학으로 함께 묶어 놓은 시입니다. 즉, 밤의 어둠을 바탕으로 삼지 않고서는 별빛의 영롱함을 그려 낼 수 없듯이 이별의 슬픔을 바탕으로 하지 않고서는 사랑의 기쁨을 그려 낼 수 없다는 역설로 빚어진 것이 바로 소월의 〈진달래꽃〉인 것입니다.

시학: 시의 형식이나 본질, 시 창작의 원리나 방법 따위를 연구하는 학문.

라 〈진달래꽃〉은 단순한 이별의 노래가 아닙니다. 역겨움과 떠남이 미래형으로 서술되어 있는 한 '사랑'은 언제나 '지금'인 것입니다. 사랑을 현재형으로, 이별을 미래형으로 이야기하고 있는 이 시의 특이한 시제 속에서는 언제나 이별은 그 반대편에 있는 사랑의 열정을 가리키는 손가락 구실을 합니다.

– 이어령, 《〈진달래꽃〉 다시 읽기》 교

이 작품은 작품 자체에 주목하여, 시 〈진달래꽃〉을 이별의 상황을 가정하여 사랑의 열정을 노래하는 시로 해석한 비평문입니다.

대표 유형 4 다양한 해석 비교하기

4 **이 글에 나타난 시 〈진달래꽃〉의 해석과 윤서의 해석을 아래와 같이 비교할 때, 빈칸에 들어갈 알맞은 말을 〈보기〉에서 골라 순서대로 쓰시오.**

나는 이 시를 읽으면서 예전에 들었던 노래 가사가 떠올랐어. '사랑하니까 널 보내 준다'였는데, 그게 무슨 심정인지 이젠 알 것 같아. 이 시는 진정한 사랑이 무엇인지 생각해 보게 하는 시야.

윤서

보기

독자　　작가　　작품　　현실

이 글의 글쓴이는 (　　　) 자체를 중심으로, 윤서는 (　　　)을/를 중심으로 〈진달래꽃〉을 해석하고 있다.

유형 해결 전략

이 글의 글쓴이는 '가실 때에는', '드리우리다'와 같은 ❶ (　　　)을/를 중심으로 시 〈진달래꽃〉을 해석하고 있고, 윤서는 시가 ❷ (　　　)에게 주는 영향을 중심으로 해석하고 있다.

답 ❶ 표현 ❷ 독자

4-1 **이 글에 나타난 시 〈진달래꽃〉의 해석과 거리가 먼 것은?**

① 화자는 현재 임과 이별한 것이 아니다.
② 이별의 슬픔을 바탕으로 사랑을 그려 낸 시이다.
③ 사랑과 이별이라는 대립된 상황을 역설의 시학으로 묶어 놓은 시이다.
④ 창작 당시의 시대 상황을 고려하면 〈진달래꽃〉은 조국을 잃은 아픔을 노래한 시이다.
⑤ 〈진달래꽃〉은 이별의 시제가 미래 추정형으로 되어 있다는 점에서 다른 이별가들과 차별화된다.

필수 체크 전략 2

[01~03] 다음 글을 읽고, 물음에 답하시오.

㉮ 시는 은유로부터 출발한다. 낯익은 것들을 새롭게 인식하는 시적 발견, 그 비밀 무기로서의 은유! 은유가 돋보이는 시 한 편을 보자.

> 아무도 그에게 수심(水深)을 일러 준 일이 없기에
> (강이나 바다, 호수 따위의 물의 깊이.)
> 흰나비는 도무지 바다가 무섭지 않다.
>
> 청(靑)무우밭인가 해서 내려갔다가는
> (청무밭. '무우'는 '무'가 바른 표기임.)
> 어린 날개가 물결에 절어서
> 공주처럼 지쳐서 돌아온다.
>
> 삼월달 바다가 꽃이 피지 않아서 서글픈
> 나비 허리에 새파란 초생달이 시리다.
> (음력으로 매달 첫째 날부터 며칠 동안 뜨는 달. '초승달'이 바른 표기임.)
>
> – 김기림, 〈바다와 나비〉

㉯ 이 시는 1930년대 한국 문단의 모더니즘을 주도하면서 서구 문명 지향의 '새로운 생활'을 동경하였던 김기림 시인의 대표작이다. 이미지를 중시한 1930년대 모더니스트의 시답게 '흰나비'와 '청무우밭', '초생달'과 삼월의 '바다'가 대비를 이루는 흰색과 청색의 시각적 이미지가 선명하다.
(모더니즘: 사상, 형식, 문체 따위가 전통적인 기반에서 급진적으로 벗어나려는 창작 태도.)

㉰ 사실 흰나비는 청산이라면 몰라도 바다와는 어울리지 않는다. 한데 이 시에서 흰나비는 수심조차 알 수 없는 바다와 대면하고 있다. 이 시의 새로움은 여기에서부터 발생한다. 끝 모를 바다에 비해 흰나비는 얼마나 작고 여리고 가냘픈가. 이 나비는 바다를 본 적이 없다. 수심이라든가 물살에 대해 들은 적도 없다. 그런 나비에게 푸르게 펼쳐진 것이란 모두 청무밭이고, 그렇게 푸른 것들은 무꽃을 피워야 마땅할 것이다. 이는 흰나비가 삼월의 푸른 바다를 청무밭인 줄 아는 까닭이고, 그 바다에서 무꽃을 꿈꾸는 까닭이다.

– 정끝별, 〈나비의 '허리'를 보다〉 동

01 이와 같은 글에 대한 설명으로 적절하지 않은 것은?

① 글쓴이의 의견을 뒷받침하는 적절한 근거가 제시된다.
② 같은 작품에 대해 글쓴이마다 다른 해석을 내놓을 수 있다.
③ 작품의 아름다움과 가치에 대한 글쓴이의 생각을 드러내는 글이다.
④ 다양한 해석 중에서 가장 널리 알려진 해석만 골라 소개하는 글이다.
⑤ 작품의 내용에 대한 분석과 함께 작품의 가치에 대한 평가가 담겨 있는 글이다.

도움말

이 글은 작품을 감상 · 해석하고 적절한 ❶ ( ) 을/를 들어 그 작품의 가치를 평가하는 ❷ ( ) 이에요.

답 ❶ 근거 ❷ 비평문

02 (가)의 시에 대한 설명으로 적절하지 않은 것은?

① 흰색과 청색의 색채 대비가 드러난다.
② 순진하고 연약한 흰나비의 모습을 '공주'에 빗대어 표현하였다.
③ 공감각적 심상을 활용하여 나비의 좌절감을 감각적으로 그리고 있다.
④ 거대하고 냉혹한 바다와 조그맣고 연약한 나비가 대조를 이루고 있다.
⑤ 화자는 수심을 모르고 바다로 내려갔다가 지쳐서 돌아온 흰나비를 응원하고 있다.

03 (나)에서 작품을 해석한 방법을 서술하시오.

조건
- '~와/과 관련지어 해석하고 있다.' 형식의 한 문장으로 쓸 것

>> 정답과 해설 30쪽

[04~05] 다음 글을 읽고, 물음에 답하시오.

(가) 그러나 바다는 청무밭이 아니고 파도의 포말은 무꽃이 아니라서, 새파란 바다에 내려앉은 흰나비는 날개만 '절' 뿐이다. 그리고 나비는 공주처럼 지쳐서 돌아온다. 삼월의 바다가 푸르긴 해도 바다는 꽃을 피우지 않는다는 걸, 그러니까 바다가 청무밭이 아니고 푸른 게 모두 청무밭이 아니라는 걸 깨달은 나비! 그 흰나비의 허리에 새파란 초승달이 걸려 있다. 이는 희망의 메시지일까, 절망의 메시지일까?

포말: 물거품, 물이 다른 물이나 물체에 부딪쳐서 생기는 거품.

(나) 간결하고 선명한 시임에도 불구하고 2연의 "어린 날개가 물결에 절어서"와 "공주처럼 지쳐서 돌아온다.", 그리고 3연의 "나비 허리에 새파란 초생달이 시리다."라는 구절은 애매하다.

먼저 "어린 날개가 물결에 절어서"라는 구절부터 살펴보자. '절다'라는 동사는 '무언가가 배어들거나 무언가에 의하여 영향을 받게 되다.' 혹은 '걸을 때 기우뚱거리다.'라는 뜻으로 쓰인다. 바다 물결과 그 짜디짠 소금기에 흰나비의 날개가 젖어서 절었을 수도 있고, 그래서 날개를 기우뚱하게 절 수도 있겠다.

(다) 그러면 왜 '공주처럼' 지친다고 했을까. 험난한 세상의 물정을 모르기로는 왕족으로서 보호받는 공주가 제격이다. 또한 ㉠흰나비의 우아한 날개는 ㉡공주가 입은 흰 드레스를 연상시킨다. 나비의 아름다운 비상을 공주의 우아한 춤으로 은유하고 싶었을까. 나비를 나비이게 하는 우아한 날개가 절게 될 때 나비는 존재 이유를 잃는다. 공주를 공주이게 하는 그 아름다운 드레스를 잃은 공주처럼, 그러니 '지쳐서 돌아올' 수밖에 없지 않을까?

비상: 높이 날아오름.

– 정끝별, 〈나비의 '허리'를 보다〉 동

04 (나)와 같은 방법으로 시를 해석한 사람은?

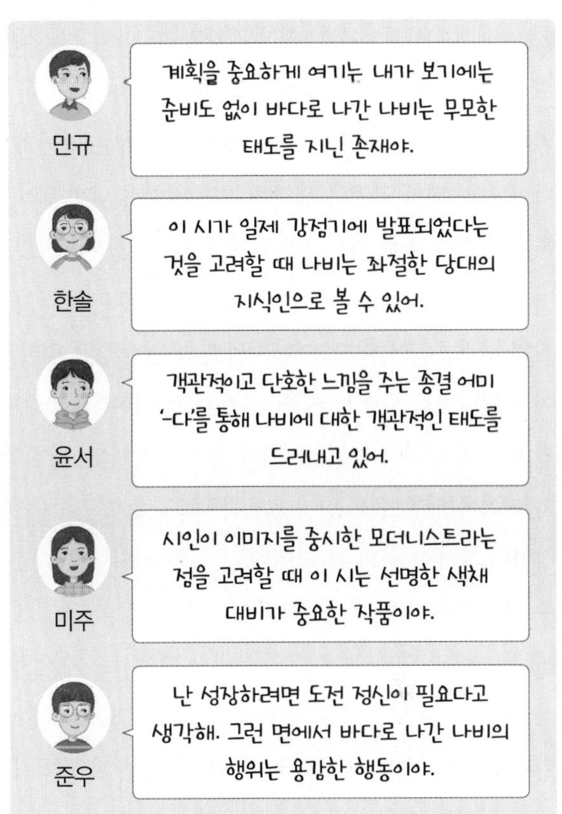

① 민규 ② 한솔 ③ 윤서 ④ 미주 ⑤ 준우

05 ㉠과 ㉡에 대한 설명으로 적절한 것은?

① ㉡은 ㉠과 달리 우아한 이미지를 지닌다.
② ㉡은 ㉠과 달리 순진하고 연약한 존재이다.
③ ㉡은 ㉠과 달리 청색의 이미지가 선명하게 드러난다.
④ ㉠과 ㉡은 세상의 물정을 잘 모른다는 공통점이 있다.
⑤ ㉠과 ㉡은 험난한 세상에 맞서는 강한 의지를 갖고 있다.

도움말
이 글의 글쓴이는 나비가 세상 물정을 잘 모르고 공주의 흰 드레스를 연상시키는 우아한 ❶ [ ]을/를 가졌다는 점에서 나비를 '❷ [ ]'에 빗대어 표현한 것으로 해석하고 있어요.

답 ❶ 날개 ❷ 공주

[06~08] 다음 글을 읽고, 물음에 답하시오.

(가) 이제 이 시의 아름다움이 집약된(한데 모아져서 요약되다.) "ⓐ나비 허리에 새파란 초생달이 시리다."라는 구절을 살펴보자. 허공을 나는 것들에게는 날개가 중요하고, 땅을 걷는 것들에게는 허리가 중요하다. [중략] 허나 곰곰이 생각해 보면 커다란 나비 날개를 추진하는 기관이 바로 가느다란 나비 몸이고, 몸의 중앙인 허리이기도 하다. ㉠그러므로 바다로의 비상에 실패하고 '공주처럼 지쳐서' 뭍으로 돌아오는 '나비의 허리'는 상징적 의미가 깊다. 이제 흰나비는 무꽃 그늘을 노니는 그런 나비가 아니다. 짜디짠 바다의 깊이와 파도의 흔들림을 맛보았다면, 나비의 '허리'가 더욱 실해질 수도 있지 않을까? ㉡새롭고 먼 곳을 향해 비상하다 날개가 절어 본 적이 있기에 흰나비는 이제 땅을 밟을 수 있는 튼튼한 힘을 얻었으리라.

(나) ㉢아울러 이 구절은 시의 이미지 면에서도 가장 집약적이다. '어린' 나비나, 초사흘(매달 초하룻날부터 헤아려 셋째 되는 날.) 달이라고도 하는 '초생' 달은 모두 때가 이른 것들이다. 시작에 속한 것들이다. 큰 날개를 거느린 나비의 허리와, 저물녘 샛별과 함께 떴다 금세 사라져 버리는 초승달은, 하얗고 기다랗고 가느다랗게 휘어 있다는 점에서 그 형태상 유사성을 지닌다. ㉣새파란 바닷물에 전 나비의 허리가, 새파란 저녁 하늘에 떠 있는 초승달의 허리와 오버랩되는 아름다운 풍경이다. '꽃이 피지 않아서' '서글픈', 그리고 '새파래'서 '시린', 그런 풍경이다.

(다) '바다'가 냉혹한 현실이라면 '나비'는 순진한 꿈의 표상이다. 꿈은 언제나 현실의 냉혹함을 모른 채 도전한다. 더 구체적으로는 근대 혹은 일제 강점기라는 시대와 그 앞에서 좌절감을 느낄 수밖에 없었던 시인 스스로의 자화상을 바다와 나비로 은유하였을 것이다. ㉤바다 위를 나는 나비의 모습에서, 근대 혹은 시대의 진앙(진원지. 사건이나 소동 따위를 일으킨 근원이 되는 곳을 비유적으로 이르는 말.)을 향해 새파란 현해탄(대한 해협 남쪽, 일본 후쿠오카현 서북쪽에 있는 바다.)을 건넜을 1930년대 식민지 지식인들이 떠오르는 까닭이다.

– 정끝별, 〈나비의 '허리'를 보다〉 동

06 이 글에 대한 설명으로 적절한 것은?

① 전문가의 말을 인용하여 글의 신뢰성을 높이고 있다.
② 시의 내적 요소나 시대 상황 등을 근거로 하여 해석하고 있다.
③ 같은 소재를 다룬 다른 작품과 관련지어 내용을 전개하고 있다.
④ 시인의 성장 과정을 제시해 시 해석에 대한 독자의 이해를 돕고 있다.
⑤ 시인의 다른 작품과 관련지어 뛰어난 점과 아쉬운 점을 평가하고 있다.

07 ㉠~㉤ 중에서 다음 방법으로 시를 해석한 것은?

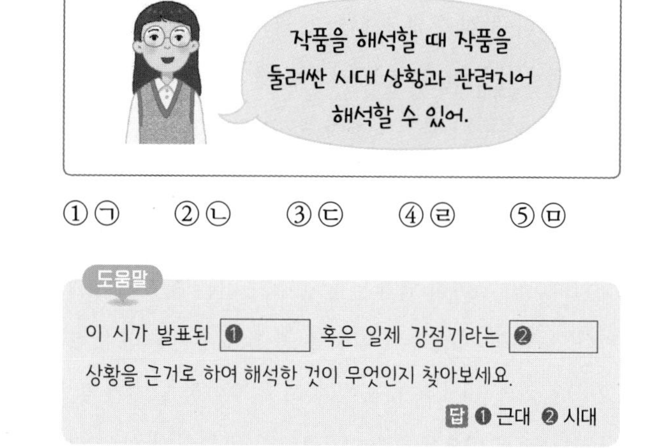

① ㉠ ② ㉡ ③ ㉢ ④ ㉣ ⑤ ㉤

도움말
이 시가 발표된 ❶ [ ] 혹은 일제 강점기라는 ❷ [ ] 상황을 근거로 하여 해석한 것이 무엇인지 찾아보세요.
답 ❶ 근대 ❷ 시대

08 (가)와 (나)를 바탕으로 하여 ⓐ를 이해한 내용으로 거리가 먼 것은?

① 바다를 경험한 나비의 모습을 나타내고 있다.
② 나비와 초승달의 유사성을 바탕으로 한 시구이다.
③ 나비의 허리보다 날개가 더 중요함을 드러내고 있다.
④ 바다로의 비상에 실패하고 지친 나비의 서글픈 심정을 드러내고 있다.
⑤ 초승달과 흰나비가 오버랩되는 아름답지만 시린 풍경을 만들어 내고 있다.

[09~11] 다음 시를 읽고, 물음에 답하시오.

기다리지 않아도 오고
기다림마저 잃었을 때에도 너는 ⓐ온다.
어디 뻘밭 구석이거나
'개흙'의 방언. 갯바닥이나 늪 바닥에 있는 거무스름하고 미끈미끈한 고운 흙.
㉠썩은 물웅덩이 같은 데를 기웃거리다가
한눈 좀 팔고, 싸움도 한판 하고,
지쳐 나자빠져 있다가
다급한 사연을 듣고 달려간 ㉡바람이
흔들어 깨우면
눈 부비며 너는 더디게 온다.
㉢더디게 더디게 마침내 올 것이 온다.
너를 보면 눈부셔
일어나 맞이할 수가 없다.
입을 열어 외치지만 소리는 굳어
나는 아무것도 미리 알릴 수가 없다.
㉣가까스로 두 팔을 벌려 껴안아 보는
너, ㉤먼 데서 이기고 돌아온 사람아.

— 이성부, 〈봄〉 비

09 〈보기〉를 바탕으로 하여 파악한 이 시의 주제로 적절한 것은?

보기

이 시는 군사력을 등에 업은 독재 정권이 국민을 억압하고 통제하던 1970년대에 창작되었다. 많은 사람이 독재 정권에 반대하여 민주주의를 외치다가 감옥에 갇히기도 했다.

① 자연의 섭리에 대한 순응
② 사랑하는 연인을 향한 그리움
③ 순수한 인간성 회복에 대한 열망
④ 민주주의와 자유에 대한 신념과 소망
⑤ 독재 정권에 맞서지 못하는 이들에 대한 비판

10 ㉠~㉤에 대해 잘못 이해한 것은?

① ㉠: '봄'이 오기까지의 시련과 역경을 의미한다.
② ㉡: '봄'이 오는 것을 가로막는 장애물이다.
③ ㉢: 더디기는 해도 끝내 '봄'이 올 것을 확신하는 화자의 마음이 드러나 있다.
④ ㉣: '봄'을 맞이하는 화자의 기쁨이 드러나는 행동이다.
⑤ ㉤: '봄'을 의인화하여 승리자로 표현하고 있다.

도움말

이 시에서는 '봄'을 의인화하여 '❶ [ ]'(이)라고 표현하고 있어요. 봄은 계절이 순환하는 자연의 섭리에 따라 겨울이 지나간 후에 반드시 돌아오는 계절로, 기다림의 대상이자 ❷ [ ]을/를 의미해요.

답 ❶ 너 ❷ 희망/소망

11 이 시에서 ⓐ처럼 표현함으로써 얻을 수 있는 효과를 서술하시오.

조건

1. '봄'에 대한 화자의 태도와 관련지어 쓸 것
2. '~(이)라는 화자의 ~을/를 드러낸다.' 형식의 한 문장으로 쓸 것

01 다음 문장을 읽고 괄호 안에서 알맞은 말을 고르시오.

(1) 작품을 감상·해석한 뒤에 적절한 근거를 들어 그 작품의 가치를 평가하는 글을 (수필/비평문)이라고 한다.

(2) 문학 작품은 작품의 해석 방법이나 독자의 지식, 경험, 가치관 등에 따라 (다양하게/동일하게) 해석될 수 있다.

02 다음은 작품의 해석과 관련된 설명이다. 빈칸에 들어갈 알맞은 말을 쓰시오.

(1) 하나의 작품이 다양하게 해석될 수 있음을 알고, 근거의 차이에 따른 다양한 해석을 (   )하며 감상한다.

(2) 작품을 해석할 때에는 해석을 뒷받침하는 타당한 (   )을/를 들어야 한다.

03 다양한 해석을 비교하며 작품을 감상하면 좋은 점을 바르게 이해한 사람을 고르시오.

미주: 작품을 둘러싼 외적 요소들을 고려하지 않고 작품을 해석할 수 있게 돼.

민규: 작품에 대해 잘 아는 전문가의 해석을 그대로 받아들이면 된다는 점이 좋아.

승아: 작품을 감상하는 다양한 관점을 알게 되고 주체적인 관점에서 작품을 감상할 수 있어.

04 문학 작품을 해석하는 방법을 바르게 연결하시오.

(1) 작품 내적 요소 중심 • • ㉠ 작품을 둘러싼 시대 상황과 관련지어 해석하는 방법

(2) 현실 중심 • • ㉡ 작품이 독자에게 주는 영향과 관련지어 해석하는 방법

(3) 작가 중심 • • ㉢ 작가의 삶, 작품 경향, 창작 의도 등과 관련지어 해석하는 방법

(4) 독자 중심 • • ㉣ 내용이나 형식 등 작품 자체의 내적 요소를 중심으로 해석하는 방법

05 다음은 김기림의 시 〈바다와 나비〉에 대한 비평문이다. 이 글에서 시를 해석한 방법을 〈보기〉에서 고르시오.

(가) 청(靑)무우밭인가 해서 내려갔다가는
어린 날개가 물결에 절어서
공주처럼 지쳐서 돌아온다.

– 김기림, 〈바다와 나비〉

(나) 먼저 "어린 날개가 물결에 절어서"라는 구절부터 살펴보자. '절다'라는 동사는 '무언가가 배어들거나 무언가에 의하여 영향을 받게 되다.' 혹은 '걸을 때 기우뚱거리다.'라는 뜻으로 쓰인다. 바다 물결과 그 짜디짠 소금기에 흰나비의 날개가 젖어서 절었을 수도 있고, 그래서 날개를 기우뚱하게 절 수도 있겠다.

– 정끝별, 〈나비의 '허리'를 보다〉 동

보기
독자 중심　　작품 내적 요소 중심　　현실 중심

06 다음은 이육사의 시 〈청포도〉의 '손님'에 대한 해석이다. 해석의 근거로 가장 적절한 것을 〈보기〉에서 고르시오.

시 〈청포도〉는 일제 강점기인 1939년에 발표되었다. 이를 고려할 때 화자가 기다리는 '손님'은 조국 광복을 의미한다.

보기
㉠ 작품에 나타난 표현 방법
㉡ 작품이 독자에게 주는 영향
㉢ 작품이 발표된 당시의 시대 상황

07 〈보기〉는 다음 글에서 해석한 '진달래꽃'의 의미이다. 이와 같이 해석한 까닭이 무엇인지 쓰시오.

영변은 김소월의 고향인 정주에서 가까운 곳으로 진달래가 아름답게 피기로 유명하다. [중략] 즉 봄날의 약산 진달래는 김소월이 살던 그 시대 그 지방 사람들이 생각할 수 있는 가장 아름다운 대상이었던 것이다. 이 시의 화자는, 임이 자기가 싫다고 떠나는 날이 오면 말없이 고이 보내 주는 것은 물론이요, 임의 앞길에 진달래꽃까지 한 아름 따다가 뿌려 줄 것이라고 말한다. 화자는 자기가 생각할 수 있는 최상의 아름다움인 약산 진달래꽃을 임이 떠나는 길에 뿌림으로써 임이 가는 길을 아름답게 꾸며 축복하겠다는 것이다.

– 이숭원, 〈이별의 상황과 사랑의 진실〉 창

보기
'진달래꽃'은 화자가 생각할 수 있는 최상의 아름다움을 의미한다.

08 다음 비평문을 바르게 이해한 사람을 고르시오.

시인 백석은 평북 정주에서 태어나 오산 학교를 거쳐 일본에 유학하고, 이 시를 발표할 당시(1938년)에는 함흥에서 교사로 근무하고 있었다. 원산보다도 훨씬 북쪽인 동해의 항구 도시 함흥, 그곳에서 섬세한 감성의 젊은 시인이 쓸쓸하게 겨울을 넘기고 있었다. 그가 보는 모든 것, 그가 듣는 모든 것이 시가 되었다. "나도 길다랗고 파리한 명태다"라고 썼듯이, 시 속의 명태는 어쩌면 백석 자신의 모습인지도 모른다.

– 정끝별, 〈시 읽기의 네 갈래 길〉 지

한솔: 창작 당시의 시대 상황을 바탕으로 시의 주제를 파악하고 있어.

준우: 시인의 삶을 중심으로 시어의 의미를 해석하고 있어.

09 다음은 이성부의 시 〈봄〉을 감상한 독자들의 대화이다. 시어 '봄'에 대한 해석이 서로 다른 까닭을 쓰시오.

류현: 화자가 기다리는 '봄'은 몸이 건강해지는 것을 의미하는 것 같아. 내가 작년에 많이 아팠는데, 그때 건강해지길 바랐던 마음이 '봄'을 간절히 기다리는 마음과 비슷하거든.

이나: 나는 '봄'이 우리가 이루고자 하는 꿈을 의미하는 것 같아. 우리가 꿈을 이루어 나가는 과정에서 시련도 겪지만 계속 노력하면 마침내 꿈을 이룰 수 있다는 점에서 그렇게 생각해.

3주 창의·융합·코딩 전략 1

01 (나)를 참고할 때, (가)의 '나'가 기다리는 대상으로 가장 적절한 것은?

(가) 처마 끝에 명태(明太)를 말린다
명태(明太)는 꽁꽁 얼었다
명태(明太)는 길다랗고 파리한 물고긴데
꼬리에 길다란 고드름이 달렸다
해는 저물고 날은 다 가고 별은 서러웁게 차갑다
나도 길다랗고 파리한 명태(明太)다
문(門)턱에 꽁꽁 얼어서
가슴에 길다란 고드름이 달렸다

– 백석, 〈멧새 소리〉 지

(나) 백석의 시는 그가 살았던 시대와 연결 지을 때 의미가 더욱 깊어진다. 식민지에 태어나서 조국과 고향을 떠나 접하는 삶이 얼마나 외롭고 고되었으랴. 더욱이 이 시를 쓸 즈음에는 일본의 억압과 수탈이 점점 심해져서 망국민의 한이 끝없이 깊어질 때다. 바짝 마른 데다 꽁꽁 언 채 처마 끝에 매달려서 눈물 같은 고드름을 달고 있는 명태는 암울한 우리 민족의 분신이기도 한 것이다. 길다랗고 파리한 명태가 되어 꼬리가 아니라 '가슴에' 고드름을 단 채 우리네 슬픈 이웃들은 무엇을 기다린 것일까.

– 정끝별, 〈시 읽기의 네 갈래 길〉 지

① 산업화 사회
② 조국의 광복
③ 민족의 분열
④ 따뜻한 계절
⑤ 이별한 연인

도움말
(가)는 ❶ [ ]에 창작되었어요. 일본의 억압과 수탈에 고통받던 우리 ❷ [ ]이/가 가장 바란 것이 무엇일지 생각해 보세요.

답 ❶ 일제 강점기 ❷ 민족

02 다음 시를 읽고 쓴 감상문의 ㉠, ㉡에 들어갈 말을 바르게 짝지은 것은?

아무도 그에게 수심(水深)을 일러 준 일이 없기에
흰나비는 도무지 바다가 무섭지 않다.

청(靑)무우밭인가 해서 내려갔다가는
어린 날개가 물결에 절어서
공주처럼 지쳐서 돌아온다.

삼월달 바다가 꽃이 피지 않아서 서글픈
나비 허리에 새파란 초생달이 시리다.

– 김기림, 〈바다와 나비〉 동

지난 여름 ○○산 등산을 했다. 자주 오르던 동네 뒷산 정도겠거니 했는데, 산이 높고 가팔라 결국 중간에 포기해야 했다. 하지만 다시 도전하여 마침내 정상에 오를 수 있었다. 이 시의 '(㉠)'은/는 나처럼 도전에 나선 용감한 존재이고, '(㉡)'은/는 ○○산처럼 시련의 공간이자 도전할 가치가 있는 미지의 세계라고 생각하였다.

	㉠	㉡
①	나비	꽃
②	공주	바다
③	공주	청무우밭
④	나비	바다
⑤	초생달	청무우밭

도움말
감상문의 내용을 참고하여 이 시에서 새로운 ❶ [ ]을/를 하는 존재는 무엇이고, 그 도전의 대상이 되는 미지의 세계이자 ❷ [ ]의 공간은 어디인지 찾아보세요.

답 ❶ 도전 ❷ 시련

03 다음 글을 책으로 내기 위해 표지를 만들 때, 빈칸에 들어갈 문구로 가장 적절한 것은?

또 이별의 가정을 통해 현재의 사랑하는 마음을 나타낸 〈진달래꽃〉은 이별을 이별로 노래하거나 사랑을 사랑으로 노래하는 평면적 의미와 달리, 사랑의 시점에서 이별을 노래하는 겹시각을 통해서 언어의 복합적 공간을 만들어 내고 있습니다. [중략] 즉, 밤의 어둠을 바탕으로 삼지 않고서는 별빛의 영롱함을 그려 낼 수 없듯이 이별의 슬픔을 바탕으로 하지 않고서는 사랑의 기쁨을 그려 낼 수 없다는 역설로 빚어진 것이 바로 소월의 〈진달래꽃〉인 것입니다.

김소월의 〈진달래꽃〉은 한 세기 가까이 긴 세월을 두고 잘못 해석되어 온 셈입니다. 〈진달래꽃〉은 단순한 이별의 노래가 아닙니다. 역겨움과 떠남이 미래형으로 서술되어 있는 한 '사랑'은 언제나 '지금'인 것입니다.

– 이어령, 〈〈진달래꽃〉 다시 읽기〉 교

① 떠나가는 임에 대한 화자의 원망이 담긴 시
② 일제 강점기에 조국의 광복을 꿈꾸는 희망의 시
③ 이별한 뒤의 슬픔을 노래한 한국 이별가의 대표작
④ 독특한 시제로 사랑의 시점에서 이별을 노래한 시
⑤ 밤의 어둠을 바탕으로 별빛의 영롱함을 노래한 시

도움말

글쓴이가 <진달래꽃>을 단순한 ❶ [   ]의 노래가 아니라고 평가하는 ❷ [   ]이/가 무엇인지 찾아보세요.

답 ❶ 이별 ❷ 근거

04 다음 글의 내용을 아래와 같이 정리할 때, 시 〈진달래꽃〉 3연에 담긴 화자의 바람을 쓰시오.

화자는 임에게 "가시는 걸음걸음 / 놓인 그 꽃을 / 사뿐히 즈려밟고 가시"라고 말한다. 《국어 대사전》(이희승 엮음, 1995)에서는 '즈려밟다'의 의미를 "제겨디디어 사뿐히 밟다."라고 풀이하며, 〈진달래꽃〉의 이 시행을 예문으로 제시하였다. '제겨디디다'라는 말은 "발끝이나 발뒤꿈치만으로 땅을 디디다."라는 뜻이다. 즉 '사뿐히 즈려밟고'는 힘을 주어 눌러 밟는 것이 아니라 아주 사뿐히 밟고 가는 것을 의미한다. 또 '사뿐히'라는 말에는 "소리가 나지 아니할 정도로 가볍게 발을 내디디는 모양."이라는 뜻도 있지만, "몸과 마음이 아주 가볍고 시원하게."라는 뜻도 있다. 그러므로 3연은 임을 위해 진달래꽃을 뿌려 놓은 아름다운 꽃길을 마치 구름 위를 걸어가듯 사뿐하게 밟으며 홀가분한 마음으로 떠나라는 뜻이다.

– 이숭원, 〈이별의 상황과 사랑의 진실〉 창

'사뿐히'의 의미	'즈려밟다'의 의미
몸과 마음이 아주 가볍고 시원하게.	발끝이나 발뒤꿈치만으로 땅을 디디어 사뿐히 밟다.

↓

〈진달래꽃〉 3연	가시는 걸음걸음 / 놓인 그 꽃을 사뿐히 즈려밟고 가시옵소서

↓

3연에 담긴 화자의 바람	

조건
1. 화자가 바라는 임의 마음과 행동을 밝힐 것
2. '임이 ~(하)기를 바람.'의 형식으로 쓸 것

도움말

이 글의 글쓴이가 '❶ [   ] 즈려밟고'의 의미를 바탕으로 해석한 ❷ [   ]의 의미를 파악해 보세요.

답 ❶ 사뿐히 ❷ 3연

3주 창의·융합·코딩 전략 2

05 다음 시를 읽고 나눈 대화의 ㉠, ㉡에 들어갈 알맞은 말을 쓰시오.

> 내 고장 칠월은
> 청포도가 익어 가는 시절
>
> 이 마을 전설이 주저리주저리 열리고
> 먼 데 하늘이 꿈꾸려 알알이 들어와 박혀 [중략]
>
> 내가 바라는 손님은 고달픈 몸으로
> 청포를 입고 찾아온다고 했으니
>
> 내 그를 맞아 이 포도를 따 먹으면
> 두 손은 함뿍 적셔도 좋으련
>
> 아이야 우리 식탁엔 은쟁반에
> 하이얀 모시 수건을 마련해 두렴

– 이육사, 〈청포도〉 천(박) 천(노)

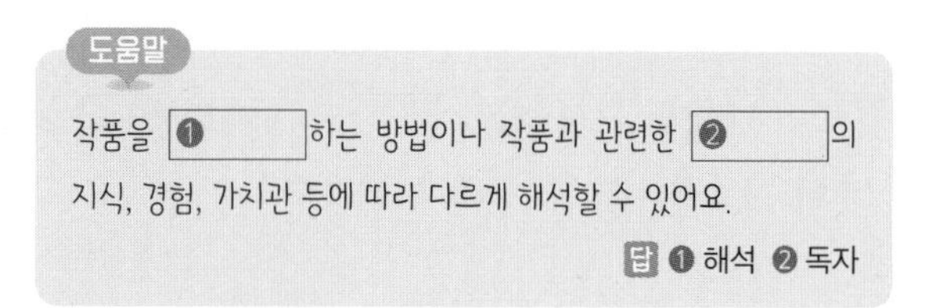

06 다음 글을 읽고 시 〈청포도〉의 시어 '청포도'의 의미를 바르게 이해한 것은?

〈청포도〉는 모두 6연인데 각 연이 2행으로 이루어져 안정감이 있다. 시상의 흐름에 따라 1~2연, 3~4연, 5연, 6연의 네 부분으로 나눌 수 있다.
(시상: 시에 나타난 사상이나 감정.)

1~2연에서는 한여름 들어 본격적으로 '익어 가는' 청포도의 특별한 의미에 관해 말한다. 이 시에서의 청포도는 단순한 과일이 아니다. 청포도 송이송이는 마을의 역사와 이곳에서 살아온 사람들의 삶 그리고 그들의 꿈을 품고 있는 '전설'이 열린 것이니 매우 가치 있는 존재이다. 게다가 청포도알 하나하나에는 희망을 상징하는 '먼 데 하늘'이 '들어와 박혀' 있으니 그 가치는 더욱 커진다. 그 희망에는 풍요롭고 평화로운 세계에 관한 기대가 담겨 있을 것이다.

– 정호웅, 〈소망과 믿음의 노래〉 천(박)

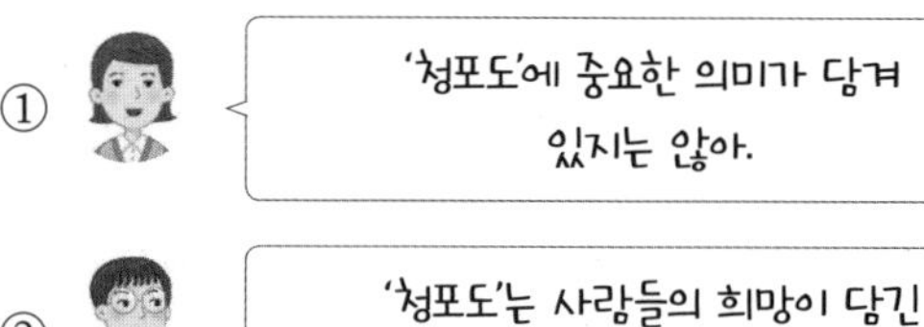

① '청포도'에 중요한 의미가 담겨 있지는 않아.

② '청포도'는 사람들의 희망이 담긴 특별한 존재야.

③ '청포도'는 수확의 기쁨을 느끼는 농부의 마음을 드러내는 소재야.

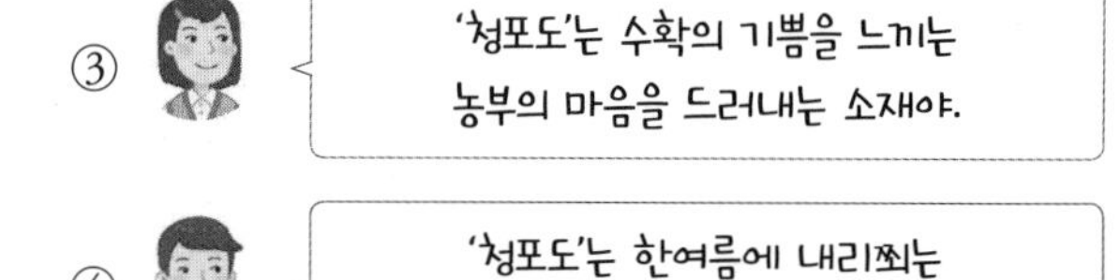

④ '청포도'는 한여름에 내리쬐는 햇볕과 더위를 나타내는 소재야.

⑤ '청포도'는 경제적 가치가 높은 과일로 풍요로운 생활을 의미하는 소재야.

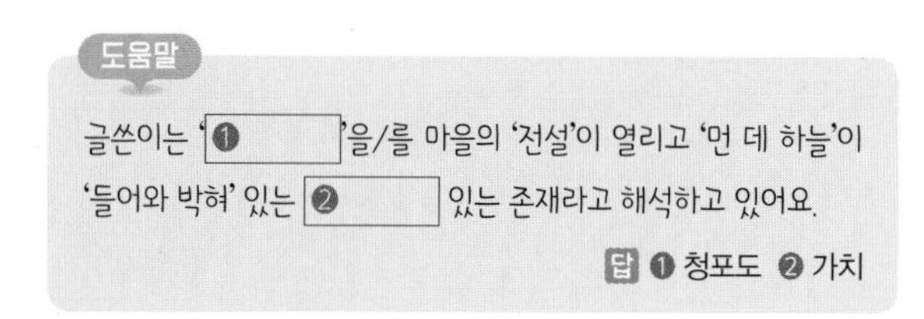

07 아래는 다음 시에 대한 비평문이다. ㉠~㉤ 중 ⓐ를 의미하는 시어로 적절한 것은?

봄은
㉠남해에서도 북녘에서도 / 오지 않는다.

너그럽고 / 빛나는
봄의 그 눈짓은,
제주에서 두만까지
우리가 디딘 / ㉡아름다운 논밭에서 움튼다.

겨울은, / ㉢바다와 대륙 밖에서
그 매운 눈보라 몰고 왔지만
이제 올 / ㉣너그러운 봄은, 삼천리 마을마다
우리들 가슴속에서 / 움트리라.

움터서, / 강산을 덮은 그 ㉤미움의 쇠붙이들
눈 녹이듯 흐물흐물 / 녹여 버리겠지.

– 신동엽, 〈봄은〉 미

20○○년 ○월 ○일 제○호

자주적 통일에 대한 염원을 노래한 시 〈봄은〉

시 〈봄은〉은 통일에 대한 뜨거운 염원을 노래한 작품으로, '봄'과 '겨울'의 대립적이고 상징적인 이미지를 활용하여 시상을 전개한다. 화자는 외세가 아니라 우리 민족의 힘으로 통일을 해야 함을 강조하며, 통일이 이루어져 ⓐ군사적 대립과 긴장은 사라지고 민족의 새로운 화합이 이루어지기를 간절히 소망하고 있다.

① ㉠ ② ㉡ ③ ㉢ ④ ㉣ ⑤ ㉤

도움말

이 시에서 '❶ '은/는 분단의 현실을, '❷ '은/는 통일과 화해의 시대를 의미해요.

답 ❶ 겨울 ❷ 봄

08 아래는 다음 시에 대해 조사하던 중 인터넷에서 찾은 글이다. 아래 글에서 시를 해석한 방법으로 적절한 것은?

기다리지 않아도 오고
기다림마저 잃었을 때에도 너는 온다. [중략]
다급한 사연을 들고 달려간 바람이
흔들어 깨우면
눈 부비며 너는 더디게 온다.
더디게 더디게 마침내 올 것이 온다.
너를 보면 눈부셔
일어나 맞이할 수가 없다.
입을 열어 외치지만 소리는 굳어
나는 아무것도 미리 알릴 수가 없다.
가까스로 두 팔을 벌려 껴안아 보는
너, 먼 데서 이기고 돌아온 사람아.

– 이성부, 〈봄〉 비

이성부의 시 〈봄〉은 군사력을 등에 업은 독재 정권이 국민을 억압하고 통제하던 1970년대에 창작되었다. 많은 사람이 독재 정권에 반대하여 민주주의를 외치다가 감옥에 갇히기도 했다. 독재의 그늘이 드리워진 한국 사회는 추운 겨울과 같은 상황이었다. 이러한 맥락에서 이 시의 '봄'은 사람들이 간절히 원했던 민주주의를 상징한다.

① 다른 사람의 해석을 그대로 인용하였다.
② 시의 형식과 운율에 주목하여 해석하였다.
③ 시인의 다른 작품과 비교하여 해석하였다.
④ 시가 독자에게 미치는 영향을 중심으로 해석하였다.
⑤ 시가 창작된 당시의 시대 상황과 관련지어 해석하였다.

도움말

이 시는 겨울이 지나면 반드시 ❶ 이/가 오듯, 새로운 시대가 올 것이라는 강한 ❷ 와/과 소망을 담고 있어요.

답 ❶ 봄 ❷ 신념

권말 정리 마무리 전략

핵심 한눈에 보기

1주_ 문학의 아름다움

독자의 심미적 체험

- 독자는 문학 작품을 읽으며 그 내용과 표현을 두고 아름답다, 추하다, 비장하다, 조화롭다, 우스꽝스럽다 등과 같이 느끼거나 생각할 수 있음.

문학적 소통 활동

- 작가는 문학 작품을 창작하는 과정에서 전달하고자 하는 바를 언어로 형상화함.
- 독자는 작품을 읽으면서 작가가 전달하고자 하는 바가 무엇인지 파악하고, 자신의 입장에서 해석함.
- 독자와 작가는 문학 작품을 매개로 하여 소통함.
- 독자는 같은 작품을 읽은 다른 독자와 감상을 나누기도 함.

2주_ 작품의 사회·문화적 배경

문학 작품의 사회·문화적 배경

- 작품의 내용이나 의미와 관련된 역사적·사회적 상황, 공동체의 가치, 신념, 문화 등을 말함.
- 작품에 직접 드러날 수도 있고, 작품 창작의 배경으로 작용할 수도 있음.

오늘날의 삶에 비추어 작품 감상하기

- 시대가 바뀌어도 변하지 않는 가치나 현대인의 관점에서 새롭게 평가될 수 있는 가치를 발견할 수 있음.
- 과거의 삶을 통해 오늘날의 삶을 돌아보는 성찰의 기회가 될 수 있음.
- 작품을 자신의 삶에 비추어 주체적으로 감상하는 능력을 기를 수 있음.

3주_다양한 해석과 감상

문학 작품 해석의 다양성

- 문학 작품은 작품의 해석 방법이나 독자의 지식, 경험, 가치관 등에 따라 다양하게 해석될 수 있음.

다양한 해석을 비교하며 작품 감상하기

- 문학 작품을 깊이 있게 이해할 수 있음.
- 다른 사람의 해석을 통해 작품 감상의 폭을 넓힐 수 있음.
- 문학 작품을 감상하는 다양한 관점을 이해할 수 있음.

신유형·신경향·서술형 전략

[01~02] 다음 시를 읽고, 물음에 답하시오.

㉮ 내가 그의 이름을 불러 주기 전에는
그는 다만 / 하나의 몸짓에 지나지 않았다.

내가 그의 이름을 불러 주었을 때
그는 나에게로 와서 / 꽃이 되었다.

내가 그의 이름을 불러 준 것처럼
나의 이 빛깔과 향기에 알맞는
누가 나의 이름을 불러 다오.
그에게로 가서 나도
그의 꽃이 되고 싶다.

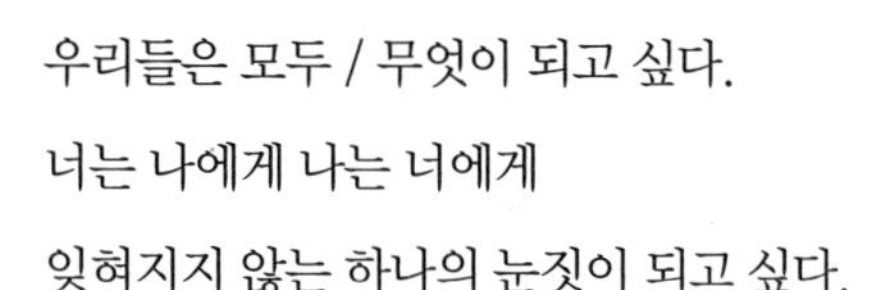

우리들은 모두 / 무엇이 되고 싶다.
너는 나에게 나는 너에게
잊혀지지 않는 하나의 눈짓이 되고 싶다.

– 김춘수, 〈꽃〉 천(박)

㉯ 어린 매화나무는 꽃 피느라 한창이고
사백 년 고목은 꽃 지느라 한창인데
구경꾼들 고목에 더 몰려섰다
둥치도 가지도 꺾이고 구부러지고 휘어졌다
갈라지고 뒤틀리고 터지고 또 튀어나왔다
진물은 얼마나 오래 고여 흐르다가 말라붙었는지
주먹만큼 굵다란 혹이며 패인 구멍들이 험상궂다 [중략]
꽃구경이 아니라 상처 구경이다
상처 깊은 이들에게는 훈장(勳章)으로 보이는가
상처 도지는 이들에게는 부적(符籍)으로 보이는가
백 년 못 된 사람이 매화 사백 년의 상처를 헤아리랴마는
감탄하고 쓸어 보고 어루만지기도 한다
만졌던 손에서 향기까지 맡아 본다
진동하겠지 상처의 향기
상처야말로 더 꽃인 것을.

– 유안진, 〈상처가 더 꽃이다〉 미

01 (가)와 (나)를 바르게 이해한 학생끼리 짝지은 것은?

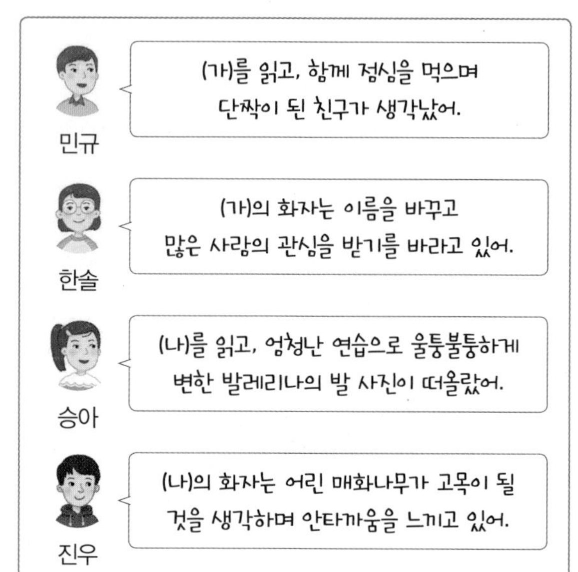

① 민규, 한솔
② 민규, 승아
③ 한솔, 승아
④ 한솔, 진우
⑤ 승아, 진우

서술형

02 다음은 (가)와 (나)의 화자가 꽃에 관해 나눈 대화이다. ㉠, ㉡에 들어갈 알맞은 말을 쓰시오.

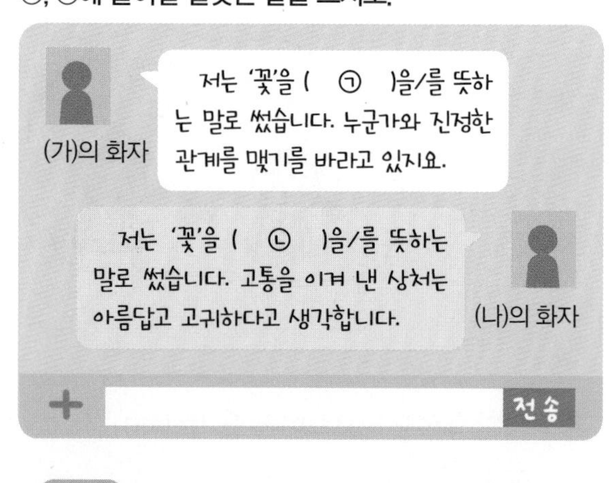

도움말
(가)의 화자는 서로의 ❶ ______ 을/를 인식하고 의미 있는 관계가 되기를 바라고 있고, (나)의 화자는 고목의 ❷ ______ 이/가 아름답다는 인식을 드러내고 있어요.

답 ❶ 존재 ❷ 상처

[03~04] 다음 글을 읽고, 물음에 답하시오.

가 그는 자신이 길다는 것을 아주 잘 안다. 그래서 하루에도 몇 번씩 "제가 긴데요."라고 말하는지도 모른다. [중략]

전화벨이 울린다. 김대호 씨가 전화를 받는다. 그러면 사무실 내의 모든 눈이 그에게 쏠린다. 전화를 건 사람은 아마도 김대호 씨를 바꿔 달라고 하는 모양이다. 그러면 그는 그 특유의 느릿느릿한 말투로 이렇게 말한다.

㉠"제가 긴데요." / 그러면 모두들 웃음을 참지 못하고 킥킥거리지 않을 수 없는 것이다.

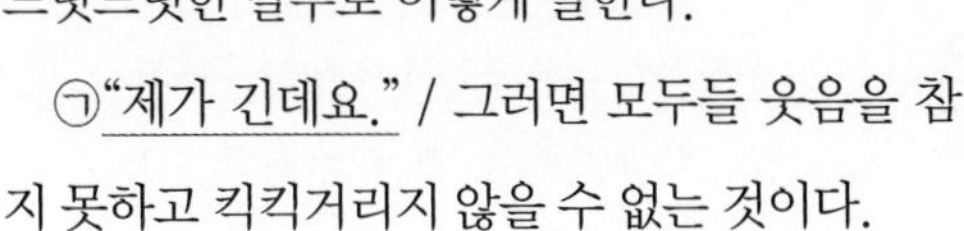

– 양귀자, 〈길모퉁이에서 만난 사람〉 천(박)

나 그러면 실수의 '어처구니없음'은 어디서 오는 것일까. 원래 어처구니란 엄청나게 큰 사람이나 큰 물건을 가리키는 뜻에서 비롯되었는데, 그것이 부정어와 함께 굳어지면서 어이없다는 뜻으로 쓰이게 되었다. 크다는 뜻 자체는 약화되고 그것이 크든 작든 우리가 가지고 있는 상상이나 상식을 벗어난 경우를 지칭하게 된 것이다. 그러니 상상에 빠지기 좋아하고 상식으로부터 자유로워지려는 사람에게 어처구니없는 실수가 그림자처럼 따라다니는 것은 아주 자연스러운 일이다. [중략]

도대체 정신을 어디에 두고 사느냐는 말을 들을 때면 그 말에 무안해져 눈물이 핑 돌기도 하지만, 내 속의 어처구니는 머리를 디밀고 이렇게 소리치는 것이다. 정신과 마음은 내려놓고 살아야 한다고. 어디로 가는 줄도 모르고 뛰어가는 자신을 하루에도 몇 번씩 세워 두고 '우두커니' 있는 시간, 그 ㉡'우두커니' 속에 사는 '어처구니'를 많이 만들어 내면서 살아야 한다고. 바로 그 실수가 곽휘원의 아내로 하여금 백지의 편지를 꽉 찬 그리움으로 읽어 내도록 했으며, 산사의 노스님으로 하여금 기억의 어둠 속에서 빛 하나를 건져 내도록 해 주었다고 말이다.

– 나희덕, 〈실수〉 천(노)

03 (가)의 ㉠과 〈보기〉의 ⓐ를 이해한 내용으로 적절하지 않은 것은?

> 보기
>
> "가장이 나서는데 그게 무슨 소리! 어찌 될지는 가 봐야 아는 일이니 장 안에서 도포나 꺼내 와요."
>
> "아이고, 우리 집에 무슨 장이 있단 말이오?"
>
> "어허, ⓐ닭장은 장이 아닌가? 가서 내 갓도 챙겨 내와요."
>
> – 작자 미상, 〈흥부전〉 비

① ㉠은 "제가 맞아요."라는 뜻으로 한 말이다.
② ㉠을 사무실 사람들은 '길다'의 뜻으로도 해석해 웃음을 참지 못한 것이다.
③ ⓐ에서 닭장의 '장'은 원래 '작은 짐승을 기르는 집'을 뜻한다.
④ ⓐ에서 닭장의 '장'을 가구의 뜻으로 쓰고 있다.
⑤ ㉠과 ⓐ는 사실과 반대되어 웃음을 유발한다.

04 다음은 (나)를 읽은 모둠의 독서 활동지이다. 내용이 가장 적절한 것은?

모둠 독서 활동지

• ㉡의 의미를 한 문장으로 쓰시오.
- 실수를 자주 하는 것이 좋다. ················ ①
- 어떤 실수든 너그럽게 용서해야 한다. ····· ②
- 보고 싶은 사람에게는 전화보다 편지가 효과적이다. ······································ ③
- 상상에 빠지거나 자유로워지는 순간을 갖는 것이 필요하다. ···························· ④
- 실수하지 않도록 끊임없이 자신을 성찰하는 태도를 지녀야 한다. ························· ⑤

도움말

(나)의 글쓴이가 일반적으로 ❶ [ ] 으로 인식하는 대상인 ❷ [ ] 의 긍정적인 면을 강조하고 있음을 참고하세요.

답 ❶ 부정적 ❷ 실수

[05~06] 다음 시를 읽고, 물음에 답하시오.

가 가을 햇볕에 공기에 / 익는 벼에
눈부신 것 천지인데,
그런데,
아, 들판이 적막하다 —
메뚜기가 없다!

오 이 불길한 고요—
생명의 황금 고리가 끊어졌느니……

– 정현종, 〈들판이 적막하다〉 천(박)

나 옛날 밥상머리에는 / 할아버지 할머니 얼굴이 있었고
(밥상머리: 차려 놓은 밥상의 한쪽 언저리나 그 가까이.)
어머니 아버지 얼굴과
형과 동생과 누나의 얼굴이 맛있게 놓여 있었습니다.
가끔 이웃집 아저씨와 아주머니
먼 친척들이 와서 / 밥상머리에 간식처럼 앉아 있었습니다.
어떤 때는 외지에 나가 사는
(외지: 자기가 사는 곳 밖의 다른 고장.)
고모와 삼촌이 외식처럼 앉아 있기도 했습니다.
이런 얼굴들이 풀잎 반찬과 잘 어울렸습니다.

그러나 지금 내 새벽 밥상머리에는
고기반찬이 가득한 늦은 밥상머리에는
아들도 딸도 아내도 없습니다.
모두 밥을 사료처럼 퍼 넣고
직장으로 학교로 동창회로 나간 것입니다.

밥상머리에 얼굴 반찬이 없으니
인생에 재미라는 영양가가 없습니다.

– 공광규, 〈얼굴 반찬〉 비

05 (가)와 (나)의 공통점을 바르게 파악한 학생은?

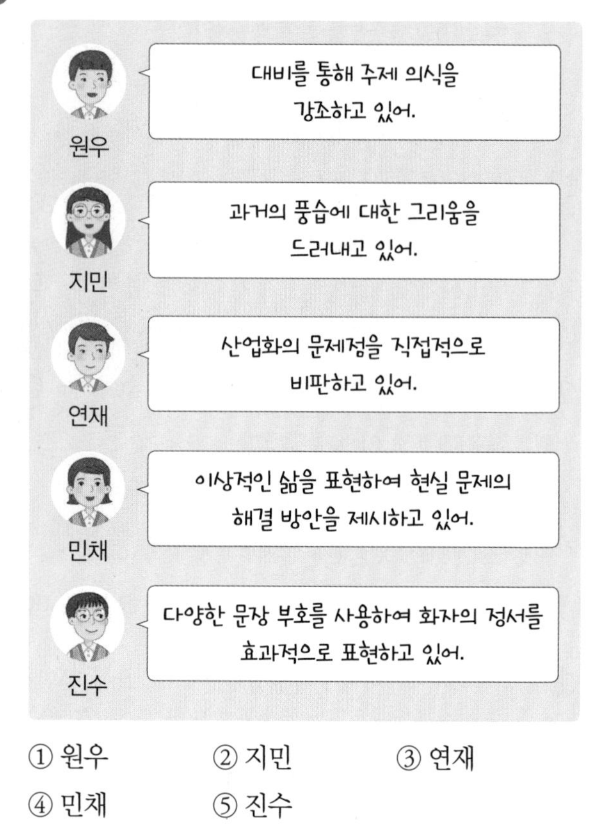

① 원우 ② 지민 ③ 연재
④ 민채 ⑤ 진수

서술형
06 (나)에 반영된 사회·문화적 배경을 다음과 같이 정리할 때, 빈칸에 들어갈 알맞은 말을 쓰시오.

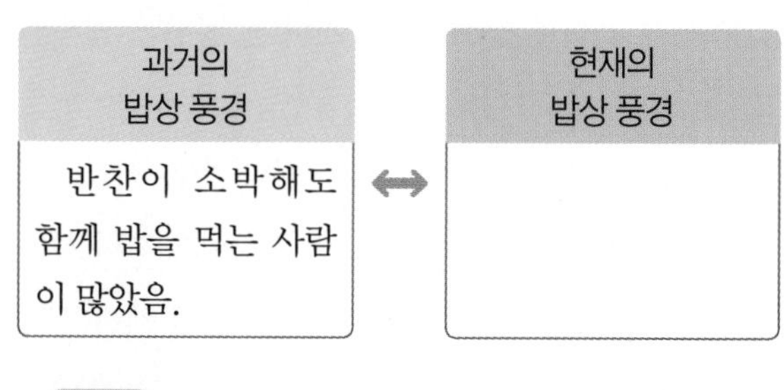

과거의 밥상 풍경	↔	현재의 밥상 풍경
반찬이 소박해도 함께 밥을 먹는 사람이 많았음.		

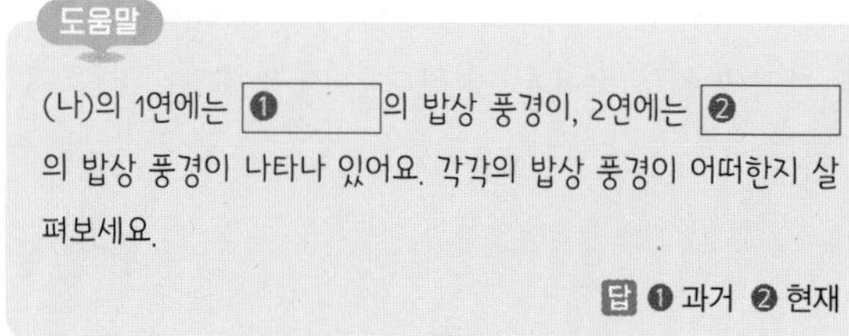

도움말

(나)의 1연에는 ❶ 의 밥상 풍경이, 2연에는 ❷ 의 밥상 풍경이 나타나 있어요. 각각의 밥상 풍경이 어떠한지 살펴보세요.

답 ❶ 과거 ❷ 현재

[07~09] 다음 글을 읽고, 물음에 답하시오.

(가) 허생은 그다음 날부터 시장에 나가서 대추, 감, 배, 석류, 유자 따위 과일이란 과일은 몽땅 사들였다. [중략] 그리고 사는 족족 창고 깊숙이 넣어 두었다.

얼마 안 가서 나라 안의 과일이란 과일은 모두 동이 나 버렸다. 잔치나 제사를 지내려고 해도 과일이 없으니 상을 제대로 차릴 수가 없었다. 이렇게 되니, 과일 장수들은 너나없이 허생한테 몰려와서 제발 과일 좀 팔라고 통사정을 하였다. 결국 허생은 처음 값의 열 배를 받고 과일을 되팔았다.

"허허, 겨우 만 냥으로 나라의 경제를 흔들어 놓았으니, 이 나라 형편이 어떤지 알 만하구나."

(나) 허생은 가슴을 내밀어 숨을 크게 내쉬고는 섬에 사는 남녀 이천 명을 모두 한자리에 모이게 하였다.

"내가 처음 너희들과 함께 이 섬에 들어올 때에는 먼저 부자가 되게 한 다음, 문자도 새로 만들고 의관도 새로이 정하려 하였다. 그러나 땅은 좁고 내 덕 또한 부족하니 나는 이제 여기를 떠나련다. 너희들은 아이를 낳거든 오른손으로 숟가락을 잡도록 가르치고, 또 하루라도 먼저 태어난 사람이 먼저 음식을 먹도록 양보하게 하여라."

① 남자가 정식으로 갖추어 입는 옷차림. ② 문물이 열리고 예의가 바른 풍속.

그러고는 자기가 타고 갈 배 한 척만 남겨 두고 나머지 배는 모두 불살라 버렸다.

(다) "재물 때문에 얼굴빛이 달라지는 것은 그대 같은 장사치들이나 하는 일이오. 돈 만 냥이 어찌 도를 살찌울 수 있겠소."

마땅히 지켜야 할 도리.

그리고 선뜻 십만 냥을 변 부자 앞에 내놓으며 말하였다.

"내가 한때 굶주림을 견디지 못하여 글 읽기를 끝내지 못하고 그대에게 만 냥을 빌린 것이 부끄러울 뿐이오."

변 부자는 깜짝 놀라 일어나서 절을 하며 십만 냥을 사양하였다. 그리고 그때 빌려준 돈에다 십분의 일의 이자만 덧붙여서 받겠다고 하였다. / 그러자 허생은 화를 벌컥 내며,

㉠"그대가 어찌 나를 장사치 취급한단 말인가!"

하고는 소매를 홱 뿌리치고 가 버렸다.

– 박지원, 〈허생전〉 미

07

(가)에 반영된 당시 조선 사회의 모습을 〈보기〉에서 골라 바르게 짝지은 것은?

보기

ㄱ. 나라의 경제 구조가 매우 취약하였다.
ㄴ. 부패한 관리들 때문에 백성들이 고통받았다.
ㄷ. 화폐를 사용하지 않고 물물 교환이 이루어졌다.
ㄹ. 양반들이 허례허식에 빠져 있었다.

① ㄱ, ㄴ ② ㄱ, ㄷ ③ ㄱ, ㄹ
④ ㄴ, ㄷ ⑤ ㄴ, ㄹ

도움말

허생은 겨우 ❶ [ ](으)로 나라의 ❷ [ ]을/를 몽땅 사들인 뒤 본래 가격의 열 배로 팔아 이윤을 남겼어요. 작가는 이를 통해 당대 사회의 문제를 비판하고 있어요.

답 ❶ 만 냥 ❷ 과일

08

(나)에 반영된 작가의 생각으로 가장 적절한 것은?

① 먼저 백성들이 문자를 배워야 한다.
② 먼저 백성들이 옷을 바르게 입어야 한다.
③ 먼저 백성들이 덕을 쌓을 수 있어야 한다.
④ 먼저 백성들이 경제적으로 여유로워야 한다.
⑤ 먼저 백성들이 자유롭게 이동할 수 있어야 한다.

서술형

09

(다)의 ㉠에 나타난 허생의 이중적 태도를 서술하시오.

조건

1. (가)와 (나)에 나타난 경제와 상업에 대한 허생의 인식을 포함할 것
2. 허생이 생각하는 자신의 정체성을 포함할 것
3. 한 문장으로 쓸 것

도움말

(다)에서 허생은 변 부자에게 자신은 재물보다 ❶ [ ]을/를 우위에 두는 ❷ [ ](이)라는 점을 강조하고 있어요.

답 ❶ 도 ❷ 사대부

[10~12] 다음 시를 읽고, 물음에 답하시오.

내 고장 칠월은
청포도가 익어 가는 시절

이 마을 전설이 주저리주저리 열리고
먼 데 하늘이 꿈꾸려 알알이 들어와 박혀

하늘 밑 푸른 바다가 가슴을 열고
흰 돛단배가 곱게 밀려서 오면

내가 바라는 손님은 고달픈 몸으로
청포를 입고 찾아온다고 했으니

내 그를 맞아 이 포도를 따 먹으면
두 손은 함뿍 적셔도 좋으련

아이야 우리 식탁엔 은쟁반에
하이얀 모시 수건을 마련해 두렴

– 이육사, 〈청포도〉 천(박) 천(노)

10 이 시에서 다음 설명에 모두 해당하는 연을 쓰시오.

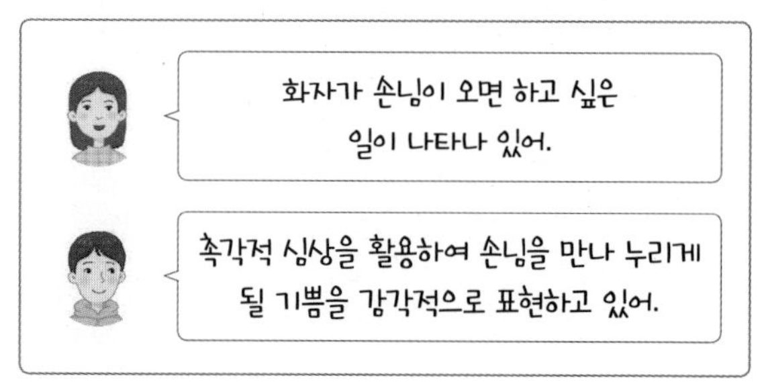

11 이 시의 '손님'에 대한 설명으로 가장 적절한 것은?

① 아이와 다시 만나기를 간절히 바라고 있다.
② 시련과 고난을 견디느라 힘들고 지친 상태이다.
③ 고향을 떠난 사람들을 동정하고 안타까워하고 있다.
④ 부정적인 현실과 타협하여 편안한 삶을 추구하고 있다.
⑤ 옛날부터 전해져 내려오는 마을 전설에 등장하는 인물이다.

12 〈보기〉와 관련지어 이 시를 이해한 내용으로 가장 적절한 것은?

보기

이육사의 고향은 경상북도 안동에 있는 원촌 마을로, 퇴계 이황의 후손들이 300년 가까이 모여 살아온 곳이다. 이육사는 이 마을에서 선비 교육을 철저히 받으며 성장하였다. 이 교육으로 형성되는 선비 정신 속에는, 나라가 위기에 처하였을 때 개인의 편안함을 돌아보지 않고 나아가 싸우는 것이 바른 도리라는 생각도 들어 있다. 이런 교육을 받고 자란 이육사는 자연스럽게 나라를 찾고자 일제와 맞서 싸우는 길로 나아갔다.

① 이 시는 풍요로운 농촌의 삶을 그린 작품이다.
② 이 시는 손님을 맞이할 때의 예절을 강조한 작품이다.
③ 이 시는 조국 독립의 소망과 믿음을 노래한 작품이다.
④ 이 시는 푸른색과 흰색의 색채 대비가 돋보이는 작품이다.
⑤ 이 시는 현실을 떠나 이상 세계로 가고 싶은 소망을 드러낸 작품이다.

[13~15] 다음 글을 읽고, 물음에 답하시오.

가 고려 가요 〈가시리〉에서 시작하여 '십 리도 못 가서 발병 난다.'는 민요 〈아리랑〉에 이르기까지 이별을 노래한 한국의 시들은 과거형이나 현재형으로 진술되어 있습니다. 오직 김소월의 〈진달래꽃〉만이 이별의 시제가 미래 추정형으로 되어 있습니다. 즉, 시 전체가 '만약'이라는 가정을 전제로 해서 전개되고 있는 것입니다.

〈진달래꽃〉의 시적 의미를 결정짓는 것, 그리고 그것이 다른 시들과 차별화될 수 있는 가장 기본적인 요소는 이 같은 시의 시제에 있다고 할 수 있습니다.

– 이어령, 〈〈진달래꽃〉 다시 읽기〉 교

나 우리는 이쯤에서 1연과 4연의 '가실 때에는'이 가정의 어법으로 쓰였다는 점에 주목해야 한다. 임과 화자는 현재 어떤 형태로든 만나고 있으며, 그러한 상태에서 화자는 임이 떠나는 상황을 가정하여 자신의 생각을 말하고 있다. 즉 '나'는 "지금 당신이 나를 진정 사랑하는지 어쩌는지 알지 못하지만, 설사 당신이 미래의 어느 날 내가 싫다고 나를 떠나는 그런 때가 와도 나는 당신을 미워하거나 붙잡으며 울고불고하지 않겠다. 당신이 가는 길에 아름다운 약산 진달래를 가득 뿌려 줄 것이며, 그리하여 그 길이 아름다움으로 충만하기를 빌 뿐이다."라고 말하고 있는 것이다. [중략]

이 시에 제시된 상황은 앞에서 말한 것처럼 미래의 시점을 가정한 것이기에 실제 일어나고 있는 일은 아니다. 그러나 현재 이 말을 하는 화자의 마음은 진실하고 임을 사랑하는 감정은 절실하다. 그런 상황에서 미래의 행동을 고백한 것이기에 우리는 그의 말이 참일 것이라고 믿을 수밖에 없다. 이 시의 화자는 훨씬 높은 차원에서 감정을 다스리며 임에게 사랑을 호소하고 있는 것이다.

– 이숭원, 〈이별의 상황과 사랑의 진실〉 창

13 (가)를 바탕으로 할 때, 시 〈진달래꽃〉을 읽는 태도로 가장 적절한 것은?

① 이별의 상황을 가정해 상상하며 읽는다.
② 화자와 임이 만난 계기를 파악하며 읽는다.
③ 이별을 고한 임의 죄책감에 공감하며 읽는다.
④ 화자가 임과 이별한 까닭을 파악하며 읽는다.
⑤ 이별을 막으려 임이 한 행동을 파악하며 읽는다.

도움말

(가)는 시 <진달래꽃>이 ❶ [   ] 추정형으로 쓰였다는 것을 근거로, ❷ [   ]을/를 노래한 다른 시들과 차별화된다고 말하고 있어요.

답 ❶ 미래 ❷ 이별

14 (나)에서 말하는 시 〈진달래꽃〉의 주제로 적절한 것은?

① 가정의 어법이 쓰인 것을 볼 때 떠난 임에 대한 그리움을 노래한 시야.
② 아름다운 약산 진달래꽃을 뿌리고 있으므로 떠난 임과의 재회를 노래한 시야.
③ 임이 가신 길을 진달래꽃으로 치장하고 있으므로 자연의 아름다움을 노래한 시야.
④ 임을 미워하지 않으므로 임과의 아름다운 추억을 간직하고 싶은 소망을 노래한 시야.
⑤ 미래의 이별 상황을 가정하고 있으므로 임을 사랑하는 현재의 마음을 노래한 시야.

서술형

15 (나)를 바탕으로 하여 빈칸에 들어갈 알맞은 말을 쓰시오.

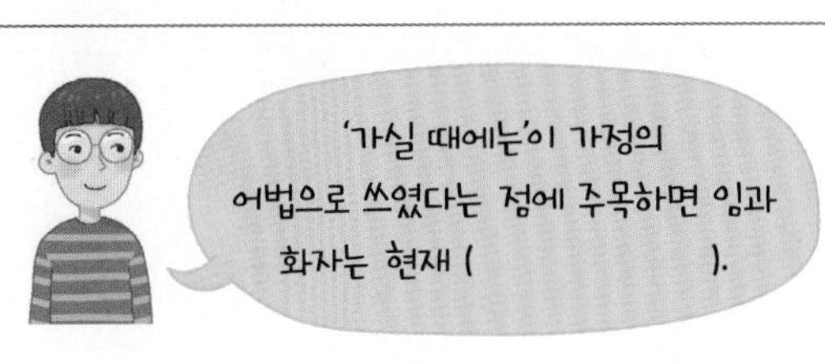

조건
• '~을/를 알 수 있어' 형식의 한 문장으로 쓸 것

고난도 해결 전략 1회

[01~02] 다음 시를 읽고, 물음에 답하시오.

(가) 생사(生死) 길은
예 있으매 머뭇거리고,
나는 간다는 말도
몯다 이르고 어찌 갑니까.
어느 가을 이른 바람에
이에 저에 떨어질 잎처럼,
한 가지에 나고
가는 곳 모르온저.
아아, 미타찰(彌陀刹)에서 만날 나
도(道) 닦아 기다리겠노라.

– 월명사, 〈제망매가〉 비

(나) 나무 하나가 흔들린다
나무 하나가 흔들리면 / 나무 둘도 흔들린다
나무 둘이 흔들리면 / 나무 셋도 흔들린다

이렇게 이렇게

나무 하나의 꿈은 / 나무 둘의 꿈
나무 둘의 꿈은 / 나무 셋의 꿈

나무 하나가 고개를 젓는다
옆에서 / 나무 둘도 고개를 젓는다
옆에서 / 나무 셋도 고개를 젓는다

아무도 없다
아무도 없이
나무들이 흔들리고
고개를 젓는다

이렇게 이렇게
함께

– 강은교, 〈숲〉 창

01 (가)와 〈보기〉를 비교한 내용으로 적절하지 않은 것은?

> 보기
>
> 개를 여남은이나 기르되 요 개같이 얄미우랴
> 미운 임 오면은 꼬리를 홰홰 치며 치뛰락 내리뛰락 반겨서 내닫고 고운 임 오면은 뒷발을 버둥버둥 무르락 나락 캉캉 짖어서 도로 가게 하느냐
> 쉰밥이 그릇그릇 난들 너 먹일 줄이 있으랴
>
> – 작자 미상, 〈개를 여남은이나 기르되〉 동
>
> • 여남은 열이 조금 넘는 수. 또는 그런 수의.

① (가)에는 불교적 믿음이 나타나 있지만, 〈보기〉에는 나타나 있지 않다.
② (가)의 화자는 누이를 잃었고, 〈보기〉의 화자는 '고운 임'을 기다리고 있다.
③ (가)의 화자는 상황을 극복하려 하지만, 〈보기〉의 화자는 포기하여 체념하고 있다.
④ (가)는 안타까운 느낌을 주고, 〈보기〉는 우스꽝스럽고 재미있는 느낌을 주고 있다.
⑤ (가)의 화자는 누이의 죽음을 슬퍼하고 있고, 〈보기〉의 화자는 개를 얄미워하고 있다.

고난도 서술형

02 (나)와 〈보기〉의 '나무'에 공통적으로 나타나 있는 특징을 한 문장으로 서술하시오.

> 보기
>
> 숲에 가 보니 나무들은 / 제가끔 서 있더군
> 제가끔 서 있어도 나무들은 / 숲이었어
> 광화문 지하도를 지나며
> 숱한 사람들이 만나지만 / 왜 그들은 숲이 아닌가
> 이 메마른 땅을 외롭게 지나치며
> 낯선 그대와 만날 때
> 그대와 나는 왜 / 숲이 아닌가
>
> – 정희성, 〈숲〉

〈보기〉는 각각 서 있어도 숲을 이루는 나무와 숲을 이루지 못하고 외롭게 살아가는 현대인을 대비하고 있어요.

>> 정답과 해설 35쪽

[03~04] 다음 글을 읽고, 물음에 답하시오.

(가) 육교 아래 봄볕에 탄 까만 얼굴로 도라지를 다듬는 할머니의 옆모습이 나를 멈추게 한다

굽은 허리로 실업자 아들을 배웅하다 돌아서는 어머니의 뒷모습은 나를 멈추게 한다

나는 언제나 나를 멈추게 한 힘으로 다시 걷는다

– 반칠환, 〈나를 멈추게 하는 것들〉 지

(나) 일터에서의 그이는 다소 무뚝뚝하고 뻣뻣하다. 남하고 싱거운 소리를 나누는 일도 거의 없다. 잘 웃지도 않는다. 오히려 늘 화를 내고 있는 것처럼 보이기도 한다. / 그런 얼굴로 그이는 늘 일을 하고 있다. 그이가 만드는 작품은 불티나게 팔리고 있으므로 하기야 쉴 틈도 많지 않다. 묵묵히 일만 하고 있는 그이를 우리는 '김밥 아줌마'라고 부른다. 따라서 그이가 만드는 작품은 자연히 김밥이라는 이름을 가지고 있다. 하지만 그이의 김밥은 보통의 김밥과는 아주 다르다. 언제 먹어도 그이만이 낼 수 있는 담백하고 구수한 맛이 사람을 끌어당긴다. [중략]

빵떡모자를 쓴 그는 확성기에 대고 자신이 심혈을 기울여 골라 온 물건의 이름을 하나하나 부른다. [중략]

하기야 그에게는 자신의 트럭 안에 있는 온갖 야채와 과일이 국내 최고라는 자신이 차고도 넘친다. 최고의 품질만을 고집하고 있다는 장사에 대한 그의 소신은 실제에 있어서도 과히 틀린 바는 없다. 그는 오이 하나를 사는 손님일지라도 이 오이의 산지는 어디이고 도매가격은 또 얼마나 높은 최상품인가를 일일이 설명하느라고 늘 입이 쉴 새가 없다.

– 양귀자, 〈길모퉁이에서 만난 사람〉 천(박)

03 (가)와 (나)의 공통점으로 가장 적절한 것은?

① 세상을 바꾸는 영웅들의 모습을 그리고 있다.
② 시련과 고통을 극복하는 사람들의 모습을 그리고 있다.
③ 자신을 희생해 주변을 돕는 사람들의 모습을 그리고 있다.
④ 주변에서 볼 수 있는 평범한 사람들의 모습을 그리고 있다.
⑤ 사회에서 벗어나 자연에서 살아가는 사람들의 모습을 그리고 있다.

고난도

04 다음은 (나)의 등장인물들이 나눈 가상 대화이다. ㉠~㉢에 들어갈 말을 바르게 짝지은 것은?

우리는 일하는 모습이 대조적이네요. 저는 (㉠), 당신은 수다스럽지요.

그렇네요. 저는 제가 파는 야채와 과일에 (㉡)이/가 있어서 손님이 잘 알고 드셨으면 하거든요.

그에 비해 저는 김밥 만드는 일에만 집중합니다. 그래서 잘 웃지도 않아요.

하지만 그래서 당신이 만든 김밥을 작품이라고 하는 것 아닐까요? (㉢)(이)라는 말이 떠오릅니다.

	㉠	㉡	㉢
①	묵묵하고	의구심	임기응변
②	묵묵하고	자부심	장인 정신
③	묵묵하고	자부심	임기응변
④	부산하고	자부심	장인 정신
⑤	부산하고	의구심	임기응변

고난도 해결 전략 1회

[05~07] 다음 글을 읽고, 물음에 답하시오.

가 언제인가 새끼 거미 쓸려 나간 곳에 큰 거미가 왔다
나는 가슴이 짜릿한다
나는 또 큰 거미를 쓸어 문밖으로 버리며
찬 밖이라도 새끼 있는 데로 가라고 하며 서러워한다

이렇게 해서 아린 가슴이 싹기도 전이다
어데서 좁쌀알만 한 알에서 가제 깨인 듯한 발이 채 서지도 못한 무척 작은 새끼 거미가 이번엔 큰 거미 없어진 곳으로 와서 아물거린다
㉠나는 가슴이 메이는 듯하다
내 손에 오르기라도 하라고 나는 손을 내어미나 분명히 울고불고 할 이 작은 것은 나를 무서우이 달어나 버리며 나를 서럽게 한다
나는 이 작은 것을 고이 보드러운 종이에 받어 또 문밖으로 버리며 / 이것의 엄마와 누나나 형이 가까이 이것의 걱정을 하며 있다가 쉬이 만나기나 했으면 좋으련만 하고 슬퍼한다

– 백석, 〈수라〉 비

나 어머니가 흐느적흐느적 허기진 걸음걸이로 마을을 들어섰을 때였다. 아들놈의 연실을 감아 들이고 있던 이웃집 조무래기 놈이 제풀에 먼저 변명을 하고 나섰으나, 어머니는 이번에도 미리 모든 것을 짐작하고 있었던 것처럼 놀라는 빛이 없었다. 앞뒤 사정을 궁금해하거나 집을 나간 녀석을 원망하는 기색 같은 것도 없었다. 아들의 뒤를 서둘러 쫓아 나서려기는커녕 걸음 한번 멈추지 않고 말없이 그냥 녀석의 곁을 지나쳐 갈 뿐이었다. 그러고는 내처 그 텅 빈 초가의 사립문을 들어서고 나서야 아들의 연이 날아간 하늘을 향해 어머니는 발길을 잠깐 머물러 섰을 뿐이었다. [중략]

어머니는 다만 그 무심한 하늘을 향해 다시 한번 가는 한숨을 삼키며 허망스럽게 중얼거리고 있었다.

"아가, 어딜 가거나 몸이나 성하거라……."

– 이청준, 〈연〉 천(노)

05 (가)와 (나)에 대한 설명으로 적절하지 않은 것은?

① (가)와 (나)에는 가족이 헤어지는 상황이 나타나 있다.
② (가)는 화자가, (나)는 어머니가 내용을 전달하고 있다.
③ (가)와 (나)는 시간의 흐름에 따라 내용이 전개되고 있다.
④ (가)에는 화자의 심리가, (나)에는 어머니의 심리가 나타나 있다.
⑤ (가)에는 의인화된 대상이, (나)에는 상징적 의미를 가진 소재가 나타나 있다.

고난도 서술형

06 (가)의 화자가 ㉠처럼 느낀 까닭을 서술하시오.

조건
1. ㉠ 이전에 화자가 한 행동을 포함할 것
2. '~ 생각이 들었기 때문이다.' 형식의 한 문장으로 쓸 것

07 다음은 (나)의 '아들'이 '어머니'에게 보낸 가상 편지이다. 내용이 적절하지 않은 것은?

어머니, 잘 지내시나요? ①저는 어머니의 염려 덕분에 건강하게 지내고 있습니다. ②인사도 없이 고향을 떠나 죄송합니다. 그때는 정말 답답했습니다. ③어머니께서도 제가 떠나고 싶어 한다는 걸 알고 계셨죠? 연을 날리며 많은 생각을 했고, 결국 떠나기로 결심했습니다. ④제가 고향을 떠났을 때 서글퍼하셨을 것 알아요. 그리고 ⑤원망하며 저를 뒤쫓으셨을 것도요. 그러나 어머니, 염려 마세요. 성공해서 찾아뵙겠습니다.

(나)에 나타난 어머니의 심리를 파악하며 아들이 쓴 편지의 내용을 살펴보세요.

[08~09] 다음 글을 읽고, 물음에 답하시오.

(가) 어린 매화나무는 꽃 피느라 한창이고
사백 년 고목은 꽃 지느라 한창인데
구경꾼들 고목에 더 몰려섰다
둥치도 가지도 꺾이고 구부러지고 휘어졌다
갈라지고 뒤틀리고 터지고 또 튀어나왔다
진물은 얼마나 오래 고여 흐르다가 말라붙었는지
주먹만큼 굵다란 혹이며 패인 구멍들이 험상궂다 [중략]
백 년 못 된 사람이 매화 사백 년의 상처를 헤아리랴마는
감탄하고 쓸어 보고 어루만지기도 한다
만졌던 손에서 향기까지 맡아 본다
진동하겠지 상처의 향기 / 상처야말로 더 꽃인 것을.

– 유안진, 〈상처가 더 꽃이다〉 미

(나) 강마에 박자 맞추고, 음 안 놓치고, 그게 중요한 게 아닙니다. 그건 혼자 계속 연습하면 언젠가는 다 됩니다. 중요한 건 내가 관객에게 무엇을 전달하려고 하느냐, 그 마음, 그 느낌입니다. 눈을 감아 보세요. 그리고 상상해 보세요.

단원들, 모두 조용히 눈 감고 집중한다.

강마에 자, 어디선가 새소리가 들립니다……. 졸졸 시냇물 소리도 들립니다……. 나뭇가지 사이를 파고드는 따스한 햇볕도 느껴집니다…….

눈 감고 가만히 느껴 보는 단원들. 어디선가 새 지저귀는 소리, 시냇물 소리가 들리기 시작하는 듯하다. [중략]

강마에 (옅은 미소로) ……넬라 판타지아의 세계에 오신 걸 환영합니다.

강마에, 지휘 시작할 듯 손 든다. 각자 악기 챙겨 드는 단원들. 연주가 시작되고, 예전과는 놀랍게 달라져 있다. 따로 놀지 않고 하나로 모이는 듯한 느낌에 모두 놀란다.

– 홍진아·홍자람, 〈베토벤 바이러스〉 지

서술형

08 다음은 (가)를 쓴 시인과의 가상 면담이다. ㉠, ㉡에 들어갈 알맞은 말을 쓰시오.

면담자: 선생님께서 이 시를 쓰시는 데 영향을 받은 경험을 말씀해 주실 수 있을까요?

시인: 한창 꽃이 피는 어린 매화나무보다 꽃이 지고 있는 고목에 구경꾼들이 더 몰려선 장면을 본 적이 있어요.

면담자: 그렇군요. 그 경험을 통해 무엇을 느끼셨나요?

시인: 고목의 상처가 아름답다는 것을 깨달았습니다. 그래서 시에 '(㉠   )'(이)라는 (㉡)적 표현을 썼지요.

09 (나)를 바탕으로 하여 영상을 촬영하고자 할 때, 감독이 할 수 있는 생각으로 적절하지 않은 것은?

① 새 지저귀는 소리, 시냇물이 흐르는 소리를 준비해야겠군.
② 소리가 조화를 이루는 아름다운 오케스트라 연주 음악이 필요하겠군.
③ 나뭇가지 사이로 햇볕이 드는 장면을 삽입하는 방법을 고려할 수 있겠군.
④ 오케스트라 단원을 연기하는 배우들이 연기할 때 챙겨 들 악기를 준비해야겠군.
⑤ '강마에'를 연기하는 배우는 미소를 짓다 점점 표정이 굳어지는 연기를 하도록 부탁해야겠군.

고난도 해결 전략 2회

[01~02] 다음 시를 읽고, 물음에 답하시오.

(가) 가난하다고 해서 외로움을 모르겠는가
너와 헤어져 돌아오는
눈 쌓인 골목길에 새파랗게 달빛이 쏟아지는데.
가난하다고 해서 두려움이 없겠는가
두 점을 치는 소리
방범대원의 호각 소리 메밀묵 사려 소리에
눈을 뜨면 멀리 육중한 기계 굴러가는 소리.
가난하다고 해서 ㉠그리움을 버렸겠는가
어머님 보고 싶소 수없이 뇌어 보지만
집 뒤 감나무에 까치밥으로 하나 남았을
새빨간 감 바람 소리도 그려 보지만. [중략]
가난하다고 해서 왜 모르겠는가
가난하기 때문에 이것들을
이 모든 것들을 버려야 한다는 것을.

– 신경림, 〈가난한 사랑 노래〉 천(노) 금

(나) ㉡이 마을도 비었습니다
국도에서 지방도로 접어들어도 호젓하지 않았습니다
폐교된 분교를 지나도 빈 마을이 띄엄띄엄 추웠습니다
본교와 떨어진 다른 지역에 따로 세운 학교.
그러다가 빨래 널린 어느 집은 생가(生家)보다 반가웠습니다
빨랫줄에 줄 타던 옷가지들이 담 너머로 윙크했습니다
초겨울 다저녁때에도 초봄처럼 따뜻했습니다
저녁이 다 된 때.
꽃보다 꽃다운 빨래꽃이었습니다
꽃보다 향기로운 사람 냄새가 풍겼습니다
어디선가 금방 개 짖는 소리도 들린 듯했습니다
온 마을이 꽃밭이었습니다
골목길에 설핏 빨래 입은 사람들은 더욱 꽃이었습니다
사람보다 기막힌 꽃이 어디 또 있습니까
지나와 놓고도 목고개는 자꾸만 뒤로 돌아갔습니다.

– 유안진, 〈빨래꽃〉 교

01 (가)와 (나)를 비교하여 이해한 내용으로 적절하지 않은 것은?

① (가)와 달리 (나)는 대상을 의인화하여 표현하고 있다.
② (가)와 (나) 모두 감각적 이미지를 활용하여 시상을 전개하고 있다.
③ (가)와 (나) 모두 설의법을 사용하여 화자의 생각을 강조하고 있다.
④ (가)는 (나)와 달리 공간의 이동에 따른 화자의 정서가 드러나 있다.
⑤ (가)와 (나) 모두 사회적 상황을 짐작할 수 있는 표현이 나타나 있다.

고난도

02 〈보기〉를 바탕으로 (가)와 (나)를 관련지어 감상한 내용으로 적절한 것은?

보기

(가)의 ㉠의 대상이 (나)의 ㉡이라고 가정하고 두 시를 감상해 보았어.

① (나)의 화자는 현재 (가)의 화자가 있는 공간을 그리워하고 있다.
② (가)의 화자는 (나)의 화자와 달리 인간적인 정을 그리워하지 않는다.
③ (나)의 마을은 (가)의 화자처럼 도시로 떠난 사람이 많아서 빈 것이다.
④ (가)의 '기계 굴러가는 소리'와 (나)의 '개 짖는 소리'는 유사한 정서를 불러일으킨다.
⑤ (나)의 화자는 (가)와 같은 현실의 괴로움에서 벗어나 자연에서 휴식하기를 소망하고 있다.

(가)의 화자는 고향을 떠나 도시에서 힘겹게 살아가는 노동자예요. (나)의 화자는 사람들이 도시로 떠나 비어 가는 농촌의 현실을 안타까워하고 있어요.

[03~05] 다음 노랫말을 읽고, 물음에 답하시오.

형님 온다 형님 온다 분고개로 형님 온다.

형님 마중 누가 갈까 형님 동생 내가 가지.

형님 형님 ㉠사촌 형님 시집살이 어떱뎁까?

이 애 이 애 그 말 마라 시집살이 개집살이.

앞밭에는 당추 심고 뒷밭에는 고추 심어,

고추

고추 당추 맵다 해도 시집살이 더 맵더라.

둥글둥글 수박 식기 밥 담기도 어렵더라.

도리도리 도리 소반 수저 놓기 더 어렵더라.

자그마한 밥상.

오 리 물을 길어다가 십 리 방아 찧어다가,

아홉 솥에 불을 때고 열두 방에 자리 걷고,

외나무다리 어렵대야 시아버니같이 어려우랴?

나뭇잎이 푸르대야 시어머니보다 더 푸르랴?

시아버니 호랑새요 시어머니 꾸중새요,

동세 하나 할림새요 시누 하나 뾰족새요,

동서 고자질을 잘하는 새.

시아지비 뾰중새요 남편 하나 미련새요,

퉁명스럽고 성을 잘 내는 새.

나 하나만 썩는 샐세.

귀먹어서 삼 년이요 눈 어두워 삼 년이요,

말 못 해서 삼 년이요 석삼년을 살고 나니,

배꽃 같던 요 내 얼굴 호박꽃이 다 되었네.

삼단 같던 요 내 머리 비사리춤이 다 되었네.

오래 사용한 댑싸리비처럼 성기고 거친 물건.

백옥 같던 요 내 손길 오리발이 다 되었네.

열새 무명 반물 치마 눈물 씻기 다 젖었네.

고운 베. 검은빛을 띤 짙은 남색.

두 폭 붙이 행주치마 콧물 받기 다 젖었네.

울었던가 말았던가 베갯머리 소(沼) 이겼네.

땅바닥이 우묵하게 뭉떵 빠지고 늘 물이 괴어 있는 곳.

그것도 소이라고 거위 한 쌍 오리 한 쌍

자식들을 가리킴.

쌍쌍이 때 들어오네.

– 작자 미상, 〈시집살이 노래〉 금

03 이 노래에 대한 설명으로 적절하지 않은 것은?

① 4음보를 반복하여 운율을 형성하고 있다.

② 고요하고 낭만적인 분위기가 나타나 있다.

③ 발음의 유사성을 이용한 언어유희가 나타나 있다.

④ 시집 식구들을 새에 비유하여 특성을 드러내고 있다.

⑤ 물음과 대답으로 이루어진 대화 형식으로 구성되어 있다.

04 이 노래에 반영된 사회·문화적 배경을 고려하여 감상한 내용으로 적절하지 않은 것은?

①  남성 위주의 봉건적 사회를 배경으로 하고 있어.

②  봉건적 가족 관계 속에서 겪는 서민 여성들의 고된 삶을 그리고 있어.

③  시집살이하는 며느리가 가사 노동을 도맡아 했다는 것을 알 수 있어.

④  며느리는 사회 활동도 담당해야 해서 삶이 더욱 괴로웠을 것 같아.

⑤  서민 여성들이 고통을 그저 참고 견뎌야 했다는 것이 너무 안타까워.

서술형

05 〈보기〉에서 적절한 단어 2개를 골라 이 노래에 나타난 ㉠의 태도를 서술하시오.

보기

만족 예찬 자랑 한탄

낙관적 우호적 저항적 체념적

조건

1. 시집살이에 관한 태도를 쓸 것
2. 한 문장으로 쓸 것

고난도 해결 전략 2회

[06~08] 다음 글을 읽고, 물음에 답하시오.

(가) 입원시킬 것인가, 거절할 것인가…….

환자의 몰골이나 업고 온 사람의 옷매무새로 보아 경제 정도는 뻔한 일이라 생각되었다.

그러나 그것보다도 더 마음에 켕기는 것이 있었다. 일본인 간부급들이 자기 집처럼 들락날락하는 이 병원에 이런 사상범을 입원시킨다는 것은 관선 시의원이라는 체면에서도 떳떳지 못할뿐더러, 자타가 공인하는 모범적인 황국 신민(皇國臣民)의 공든 탑이 하루아침에 무너지는 결과를 가져오는 것이라는 생각이 들었다.

순간 ㉠그는 이런 경우의 가부 결정에 일도양단하는 자기식으로 찰나적인 단안을 내렸다.

– 전광용, 〈꺼삐딴 리〉 천(박) 창

(나) 바로 이 정거장 마당에 백 명 남짓한 사람들이 모여 웅성거리고 있었다. 그중에는 ㉡만도도 섞여 있었다. 기차를 기다리고 있는 것이었으나, 그들은 모두 자기네들이 어디로 가는 것인지 알지를 못했다. 그저 차를 타라면 탈 사람들이었다. 징용에 끌려 나가는 사람들이었다. 그러니까, ⓐ지금으로부터 십이삼 년 옛날의 이야기인 것이다. [중략]

그 순간이었다. 쾅! 굴 안이 미어지는 듯하면서 다이너마이트가 터졌다. 만도의 두 눈에서 불이 번쩍했다.

만도가 어렴풋이 눈을 떠 보니, 바로 거기 눈앞에 누구의 것인지 모를 팔뚝이 하나 아무렇게나 던져져 있었다. 손가락이 시퍼렇게 굳어져서, 마치 이끼 낀 나무토막처럼 보이는 팔뚝이었다. 만도는 그것이 자기의 어깨에 붙어 있던 것인 줄을 알자 그만 으악! 하고 정신을 잃어버렸다. 재차 눈을 떴을 때는 그는 푹신한 담요 속에 누워 있었고, 한쪽 어깻죽지가 못 견디게 쿡쿡 쑤셔 댔다. 절단 수술은 이미 끝난 뒤였다.

– 하근찬, 〈수난이대〉 지 금 교

06 (가)와 (나)의 사회·문화적 배경을 드러내는 표현을 바르게 짝지은 것은?

	(가)	(나)
①	청진기	정거장
②	황국 신민	징용
③	시의원	굴
④	사상범	담요
⑤	입원	절단 수술

고난도

07 〈보기〉를 참고하여 ㉠과 ㉡을 평가한 내용으로 가장 적절한 것은?

보기

(가)와 (나)에는 동일한 시대적 상황이 나타나 있다. 그러나 상황에 대한 ㉠과 ㉡의 처지나 태도에는 차이가 있다.

① ㉠은 상황에 순응하고, ㉡은 상황에 저항하고 있다.
② ㉠은 상황에 무관심하고, ㉡는 상황에 예민하게 반응하고 있다.
③ ㉠은 상황에 기회주의적으로 처신하고, ㉡은 상황에 희생당하고 있다.
④ ㉠은 상황을 비관적으로 인식하고, ㉡은 상황을 낙관적으로 인식하고 있다.
⑤ ㉠은 상황에 소극적으로 대응하고, ㉡은 상황에 적극적으로 대응하고 있다.

서술형

08 ⓐ를 통해 알 수 있는 (나)의 구성상 특징을 서술하시오.

조건

• '~ 구성이 나타나 있다.' 형식의 한 문장으로 쓸 것

ⓐ를 중심으로 하여
시간의 흐름이 어떻게 나타나 있는지를
생각해 보세요.

[09~10] 다음 글을 읽고, 물음에 답하시오.

㉮ 우리 동네는 변두리였으므로 얼마 전까지도 모두 그날그날 벌어먹고 사는 사람들이 많아 연탄 배달도 일거리가 그리 많지 않았다. 기껏해야 구멍가게에서 두서너 장을 사서는 새끼줄에 대롱대롱 매달고 가는 게 고작이었다. 그랬는데 이삼 년 전부터 아직도 많은 빈터에 집터가 다져지고, 하나둘 문화주택이 들어서더니 이제는 제법 그럴듯한 동네 꼴이 잡혀 갔다. 원래부터 있던 허름한 집들과 새로 생긴 집들과는 골목 하나를 경계로 하여 금을 긋듯 나누어져 있었는데, 먼 데서 보면 제법 그럴싸한 동네로 보였다.

문화주택: 생활하기에 편리하고 보건 위생에 알맞은 새로운 형식의 주택.

㉯ 아버지는 원래가 마부였다. 서울에 올라오기 전 시골에서도 줄곧 말 마차를 끌었다. 어쩌다가 소달구지를 끄는 적도 있기는 했으나 얼마 가지 않아서 도로 말 마차로 바꾸곤 했다. 그런 아버지였으므로 서울에 올라와서는 내내 말 마차 하나로 버텨 나왔었는데 어떻게 마음먹었는지 노새로 바꾸고 만 것이다. 노새나 말이나 요즘은 그놈의 삼륜차 때문에 아버지의 일감이 자칫 줄어드는 듯하기도 했다.

마부: 말을 부려 마차나 수레를 모는 사람.
소달구지: 소가 끄는 수레.
삼륜차: 바퀴가 세 개 달린 차. 바퀴가 앞에 한 개, 뒤에 두 개 달려 있는데 주로 짐을 실어 나름.

㉰ "이제부터 내가 노새다. 이제부터 내가 노새가 되어야지 별수 있니? 그놈이 도망쳤으니까, 이제 내가 노새가 되는 거지." [중략]

나는 그 순간 또 한 마리의 노새가 집을 나가는 것 같은 착각을 일으켰다. 그러고는 무엇인가가 뒤통수를 때리는 것을 느꼈다. 아, 우리 같은 노새는 어차피 이렇게 비행기가 붕붕거리고, 헬리콥터가 앵앵거리고, 자동차가 빵빵거리고, 자전거가 쌩쌩거리는 대처에서는 발붙이기 어려운 것인가 하는 생각이 들었다. 언젠가 남편이 택시 운전사인 칠수 어머니가 하던 말,

대처: 도회지. 사람이 많이 살고 상공업이 발달한 번잡한 지역.

"최소한도 자동차는 굴려야지 지금이 어느 땐데 노새를 부려."

했다는 말이 생각났다.

– 최일남, 〈노새 두 마리〉 미|비

고난도

09 (가)~(다)를 통해 알 수 있는 사회·문화적 상황을 잘못 파악한 것은?

① (가): 도시 빈민들은 경제적으로 어려움을 겪었다.
② (가): 도시 개발로 문화 주택이 들어서며 도시가 확장되었다.
③ (나): 삼륜차가 보편화되면서 마차의 일감이 줄어들었다.
④ (나): 시골에서 살다가 도시로 이주한 사람들이 있었다.
⑤ (다): 노새를 여러 마리 부리면 도시에서 큰돈을 벌 수 있었다.

10 다음 밑줄 친 부분에 주목하여 이 글을 감상한 내용으로 가장 적절한 것은?

> 작품에 나타난 과거의 삶을 오늘날의 삶에 비추어 감상해 봄으로써 시간이 흘러도 변하지 않는 보편적인 가치가 있음을 이해할 수 있다.

① (가)에서 '도시 개발과 환경 보호의 균형'이라는 가치를 발견할 수 있다.
② (나)에서 '동물이 가진 권리에 대한 존중'이라는 가치를 발견할 수 있다.
③ (나)에서 '새로운 운송 수단 개발의 필요성'이라는 가치를 발견할 수 있다.
④ (다)에서 '가족을 위해 헌신하는 가장의 책임감'이라는 가치를 발견할 수 있다.
⑤ (다)에서 '경제적 성장보다 중요한 이웃 간의 정'이라는 가치를 발견할 수 있다.

고난도 해결 전략 3회

[01~02] 다음 글을 읽고, 물음에 답하시오.

(가) 아이들은 그 사다리를 이용해서 2층의 창문으로 올라갔지. 그리고 안으로 들어갔어. 도대체 코르니유 영감이 무엇을 그 안에 숨겨 놓았는지 확인해 보기로 했던 거야.

아아, 그런데 이게 웬일이란 말인가? 방앗간 안이 텅텅 비어 있던 거야. 산더미처럼 쌓여 있을 줄 알았던 밀가루 부대는 하나도 없었고, 밀알 한 톨도 보이지 않았어. [중략] 아, 방구석에 서너 개의 자루가 보였어. 그 자루에는 자갈과 허연 흙이 들어 있었지. 그것은 다름 아닌 깨진 회벽 조각과 백토 부스러기들이었다는 말일세.

(나) 자, 이제 코르니유 영감의 비밀을 알겠나? 영감은 마을 사람들에게 아직도 자신의 풍차 방앗간이 밀을 빻고 있다고 믿게 하려고 저 자루를 노새에게 짊어지게 하여 오솔길을 오르내렸던 것이야. [중략] 사실 영감도 증기 방앗간에 일거리를 빼앗긴 지 한참이 지났던 거야. 늘 풍차 날개는 돌아가고 있었지만, 방아는 헛돌고 있었던 것이지. 아이들은 눈물을 흘리면서 돌아왔네. 그리고 내게 모든 것을 이야기해 주었지.

(다) "우리가 모을 수 있는 밀을 최대한 많이 모아서 코르니유 영감에게 가져다줍시다."

그러자 마을 사람들도 고개를 끄덕이고 밀을 모아 당나귀에게 실어 코르니유 영감의 풍차 방앗간으로 향했지. [중략]

그리고 사람들은 앞다투어 밀가루 부대를 방앗간 앞에 쌓기 시작했지. 그러자 잘 익은 금빛의 밀알들이 부대에서 쏟아졌어. 그것을 본 코르니유 영감은 울음을 뚝 그쳤다네.

(라) 하지만 오랜 세월이 흐른 뒤 어느 날, 코르니유 영감이 세상을 떠나자, 결국 우리의 마지막 풍차 방앗간도 멈췄지. 이번에는 잠시 동안이 아니라 아주 영원히 말일세. 안타깝게도 영감의 풍차 방앗간을 물려받으려 하는 사람이 아무도 없었거든.

– 알퐁스 도데, 〈코르니유 영감의 비밀〉 비

01 〈보기〉는 이 글에 대한 해석이다. ㉠, ㉡과 같이 해석한 근거를 바르게 짝지은 것은?

보기

㉠ 알퐁스 도데는 그의 고향인 남프랑스 프로방스 지방을 배경으로 많은 작품을 썼다. 이 소설에는 프로방스 주민들의 순수하고 인간적인 면모가 담겨 있다.

㉡ 이 소설이 급격한 산업화가 이루어진 시기에 쓰였다는 점을 고려할 때, 코르니유 영감은 변화를 거부하고 전통을 고수하는 인물을 상징한다.

	㉠	㉡
①	작품을 창작한 작가	독자의 경험
②	독자의 가치관	작품을 창작한 작가
③	작품을 창작한 작가	창작 당시 시대 상황
④	창작 당시 시대 상황	독자의 경험
⑤	독자의 가치관	창작 당시 시대 상황

고난도

02 이 글에서 〈보기〉의 ⓐ와 ⓑ를 상징하는 소재를 찾아 쓰시오.

보기

이 글은 ⓐ근대화된 기계 문명이 활발하게 들어서면서 ⓑ전통적인 삶의 방식이 점차 사라져 가는 시대의 이야기이다.

[03~04] 다음 글을 읽고, 물음에 답하시오.

가 처마 끝에 명태(明太)를 말린다
명태(明太)는 꽁꽁 얼었다
명태(明太)는 길다랗고 파리한 물고긴데
꼬리에 길다란 고드름이 달렸다
해는 저물고 날은 다 가고 볕은 서러웁게 차갑다
나도 길다랗고 파리한 명태(明太)다
문(門)턱에 꽁꽁 얼어서
가슴에 길다란 고드름이 달렸다

– 백석, 〈멧새 소리〉 지

나 이 시는 백석의 여러 시 중 드물게 짧고 간결한 시다. 시는 어느 집 처마 끝에 고드름을 매단 채 꽁꽁 얼어붙어 있는 명태를 그리고 있다. 명태는 기다란 데다 얼기까지 했고, 꼬리에 기다란 고드름을 매달고 있어서 더더욱 파리해 보인다. 게다가 "해는 저물고 날은 다" 간 저물녘의 겨울 볕이니 서럽도록 차갑기도 할 것이다. '볕이 차갑다'라는 모순되는 감각의 이미지는 이런 맥락에서 생성되었다. 한 컷의 흑백 사진을 보는 듯한 탁월한 이미지이다.

이 시의 놀라움은 제목 '멧새 소리'에서 나온다. 시 본문에는 멧새 소리는커녕 멧새의 흔적조차 나오지 않는다. 명태의 시각적 묘사에만 집중하고 있을 뿐이다. 그래서 시를 다 읽고 나면, 왜 제목이 '멧새 소리'일지 한참을 생각하게 한다. 그러나 이 멧새 소리는 시에서 결정적인 역할을 한다. "길다랗고 파리한" 명태의 시각적 이미지에 깨끗하고 맑은 청각적 울림을 더해 줄 뿐 아니라, 시의 의미를 풍요롭게 해 준다.

상상해 보자. 멧새 소리가 들린다는 것은 집 주변에 인적이나 인기척이 드물다는 것을 암시한다. 마당이 비어 있으므로 멧새들이 지저귀는 것이고, 그 지저귐이 들리는 것이다. 그래서 이때의 멧새 소리는 화자의 적막함 혹은 기다리는 마음을 강조한다. 나아가 "해는 저물고 날은 다 가고" 있으니 이제 곧 멧새 소리마저 들리지 않을 시간이다. 이 적막한 기다림의 시간에 멧새 소리마저 없다면 그 집은 얼마나 쓸쓸할 것인가. 안과 밖을 이어 주는 공간, 그러니까 누군가를 기다리며 화자가 서성이고 있는 저 '문턱' 또한 있으나 마나일 것이다. 멧새 소리는 '문턱'과 함께 화자와 외부의 (㉠)을/를 열어 주는 작은 길이 된다.

– 정끝별, 〈시 읽기의 네 갈래 길〉 지

03 (나)를 참고하여 (가)를 영상 시로 만들 때 필요한 장면과 효과음을 정리한 내용으로 적절하지 않은 것은?

• 장면
 – 해가 서서히 저무는 모습 ………… ①
 – 문턱에서 서성이는 사람의 모습 ………… ②
 – 가족들이 마당에 모여 있는 모습 ………… ③
 – 처마 끝에 꽁꽁 언 명태가 달린 모습 ………… ④
• 효과음: 멧새가 지저귀는 소리 ………… ⑤

(가)에 대한 (나)의 해석을 바탕으로 (가)의 화자가 처한 상황이 어떠한지 파악해 보세요.

고난도
04 〈보기〉를 참고할 때 ㉠에 들어갈 말로 가장 적절한 것은?

보기
세 번째 문단에서 시의 내용과 표현을 중심으로 하여 멧새 소리가 적막한 기다림의 시간에서 화자가 느끼는 쓸쓸함을 덜어 주고 있으며, '문턱'은 안과 밖을 이어 주는 공간이라고 해석하고 있다.

① 자유 의지 ② 전통적 관계
③ 암울한 미래 ④ 소통 가능성
⑤ 무분별한 갈등

[05~06] 다음 글을 읽고, 물음에 답하시오.

(가) "불나방아, 너는 하루살이에 불과한 나나 파리보다도 훨씬 오래 살잖아."

"그렇다고 할 수도 있지."

"그런데 왜 스스로 뜨거운 불꽃에 몸을 함부로 던지려 하는 거지? 그건 너무 끔찍하잖아? 차라리 우리처럼 향기와 단물이 흐르는 끈끈이 띠에 발을 붙이고 한나절이나마 잘 지내다 사라지는 게 오히려 낫지 않을까? 누가 너에게 그 일을 시켰니?"

불나방은 잠시 눈을 지그시 감았다가 떴습니다.

"아무도 내게 불 속으로 뛰어들라고 강요하지 않았어."

"그럼 도대체 무슨 까닭이야?"

(나) "말하자면 자유 같은 거겠지. 찬찬히 돌이켜 생각해 봐. 우리는 그동안 항상 허기를 느끼는 빈 위장과 단물을 쭉쭉 빠는 데 이골이 난 혀의 노예로만 살아왔어."

하루살이는 고개를 갸웃거렸습니다.

"그거야 당연한 것 아냐?"

"물론 당연하다고 할 수도 있어. 하지만 그렇게 사느라고 우리가 치른 엄청난 대가들을 생각해 봐. 어느 구석인지 입을 벌리고 있을 음흉한 거미들의 보이지 않는 죽음의 그물망을 염려하느라 몸을 움츠려야 했어."

(다) "하지만 저렇게 일렁거리며 현란한 춤을 추는 불꽃을 한번 보라고. 얼마나 아름답고 자유스러워. 곤충 주제에 무슨 아름다움이고 자유를 찾냐고 비웃을 수는 있어. 그러나 그것은 그렇게 생각하는 쪽의 오만이고 편견일 뿐이야. 자기 나름대로의 아름다움에 반하고 그런 것을 추구할 권리는 결코 어느 한쪽에서 배타적으로 소유할 수가 없을걸. 우리 모두의 권리야."

배타적: 남을 배척하는. 또는 그런 것.

(라) 불나방은 일렁이는 촛불 위를 서너 차례 돈 다음 온 힘을 다해 몸을 던졌답니다. 그 순간 하루살이도 몸속에서 어떤 뜨거운 기운이 솟는 느낌을 받으며 눈을 질끈 감았지만 다시는 뜨지 못했습니다. 왜냐하면 그때가 거의 자정 무렵이었기 때문입니다.

(마) "힝, 그 불나방 잘난 척 한번 더럽게 하더니 결국 저 꼴이 되고 마는군. 이승의 진흙탕이면 어때! 하루라도 더 구르는 놈이 장땡이지 뭐."

열심히 아교풀을 빨아 먹던 파리가 한마디 던지고는 계속 혓바닥을 날름거렸지요. 물론 한 사람이 다가와 파리를 처리하기 위해 가위로 끈끈이 띠를 막 자르려 하는 것은 미처 보지 못한 채 말입니다.

– 김소진, 〈불나방과 하루살이〉 지

05 〈보기〉는 이 글의 등장인물이 상징하는 인간 유형이다. ㉠~㉢과 등장인물을 바르게 짝지은 것은?

보기
㉠ 현실에 안주하는 사람
㉡ 이상을 이루기 위해 노력하는 사람
㉢ 이상보다는 눈앞의 쾌락을 추구하는 사람

	㉠	㉡	㉢
①	불나방	하루살이	파리
②	하루살이	불나방	파리
③	파리	하루살이	불나방
④	하루살이	파리	불나방
⑤	불나방	파리	하루살이

서술형
06 불나방의 모습을 통해 작가가 말하고자 한 바가 무엇인지 서술하시오.

조건
1. 불나방이 추구하는 삶을 바탕으로 쓸 것
2. '쾌락', '자유', '아름다움'이라는 단어를 포함할 것
3. 30자 내외의 한 문장으로 쓸 것

[07~08] 다음 글을 읽고, 물음에 답하시오.

(가) 나는 나룻배 / 당신은 행인.

당신은 흙발로 나를 짓밟습니다.
나는 당신을 안고 물을 건너갑니다.
나는 당신을 안으면 깊으나 옅으나 급한 여울이나 건너갑니다.

만일 당신이 아니 오시면 나는 바람을 쐬고 눈비를 맞으며 밤에서 낮까지 당신을 기다리고 있습니다.

당신은 물만 건너면 나를 돌아보지도 않고 가십니다그려.
그러나 당신이 언제든지 오실 줄만은 알아요.
나는 당신을 기다리면서 날마다 날마다 낡아 갑니다.

나는 나룻배
당신은 행인.

– 한용운, 〈나룻배와 행인〉 금

(나) 3연은 표면적으로 볼 때, 시적 화자의 이러한 맹목적 헌신과 기다림은 주어진 것에 순종하는 모습이다. 또한 '당신'과 '나'는 사랑의 여부에 따라 우열의 관계를 맺는 것 같다. 즉 '나'를 사랑하지 않는 '당신'은 '나'에 대해 우월한 존재이며, '당신'을 맹목적으로 기다리는 '나'는 상대적으로 열등한 존재인 것으로 보인다. '당신'은 '나'에 대해 자유로우나, '나'는 '당신'에게 부자유스러운, 즉 종속되어 있는 상태이기 때문이다.

우열: 나음과 못함.
맹목적: 주관이나 원칙이 없이 덮어놓고 행동하는. 또는 그런 것.
종속되어: 자기 스스로 하는 것이 없이 주가 되는 것에 딸려 붙게 되다.

(다) 그러나 시각을 달리하면 이러한 관계는 뒤바뀐다. '당신'은 '나'를 그저 강을 건너기 위한 도구, 수단으로 다룬다. '당신'에게 세계의 모든 사물은 단지 유용성을 위한 도구일 뿐이다. '당신'은 도구적 가치에 치우쳐 있다고 볼 수 있다. [중략] 이와 연결하여 이러한 태도는 오히려 적극적인 것으로 다시 해석할 수 있다. '당신'은 강을 건너기 위해 '나'를 필요로 하는 나약한 존재이며, 반대로 '나'는 사랑의 힘을 통해 어떤 역경도 이겨 낼 수 있는 강인한 존재이다. '나'는 '당신'에 의해 수동적으로 구원을 받는 것이 아니라 '당신'에 대한 '나'의 사랑을 통해 스스로 능동적으로 구원되는 것이다.

유용성: 쓸모가 있는 성질.

– 한계전, 〈한계전의 명시 읽기〉 금

고난도

07 〈보기〉는 (가)를 쓴 시인의 약력이다. 이를 바탕으로 하여 (가)를 이해한 내용으로 적절하지 않은 것은?

보기
- 1896년: 설악산 오세암에 입산한 후 출가하여 승려가 됨.
- 1919년: 3·1 운동 때 불교계를 대표하여 참여함.
- 1920년: 6·10 만세 운동의 주동자로 지목되어 3년 동안 옥살이를 함.
- 1927년: 일제에 대항하는 단체인 신간회 결성을 주도함.

① 승려로서의 시인의 삶을 고려하면 '나'는 승려를 의미한다고 해석할 수 있다.
② 독립운동을 한 시인의 삶을 고려하면 '나'는 독립운동가를 의미한다고 해석할 수 있다.
③ 승려로서의 시인의 삶을 고려하면 '당신'은 불교적 진리를 의미한다고 해석할 수 있다.
④ 독립운동을 한 시인의 삶을 고려하면 '당신'은 일제의 탄압을 의미한다고 해석할 수 있다.
⑤ 독립운동을 한 시인의 삶을 고려하면 (가)를 광복에 관한 믿음을 노래한 시라고 해석할 수 있다.

<보기>의 약력을 통해 (가)를 쓴 시인이 승려이자 독립운동가로서의 삶을 살았음을 알 수 있어요. 이를 고려하여 (가)를 살펴보세요.

서술형

08 (가)의 '나'에 대한 (나)와 (다)의 해석을 비교하여 서술하시오.

조건
- '(나)에서는 ~, (다)에서는 ~ 해석하고 있다.' 형식의 한 문장으로 쓸 것

memo

[이미지 출처]

• 15쪽 숲 _ 셔터스톡

• 16쪽, 33쪽, 104쪽 정자 _ 게티이미지뱅크

book.chunjae.co.kr

교재 내용 문의 ········· 교재 홈페이지 ▸ 중학 ▸ 교재상담
교재 내용 외 문의 ········· 교재 홈페이지 ▸ 고객센터 ▸ 1:1문의
발간 후 발견되는 오류 ········· 교재 홈페이지 ▸ 중학 ▸ 학습지원 ▸ 학습자료실

일등공략 필승학습!
단기간에 끝장내자!

중학 국어 문학 3

BOOK 2
정답과 해설

중학 국어 문학 3

BOOK 2

정답과 해설

일등 전략

정답과 해설

차례

정답과 해설

정답과 해설

1주 문학의 아름다움

1일 개념 돌파 전략 1 8~9쪽

01 심미적　02 ㉠　03 ㉡　04 서술자　05 ㉡　06 표현의 심미성　07 언어　08 숭고미

01 문학 작품을 읽으며 그 내용과 표현을 두고 아름답다, 추하다, 비장하다, 조화롭다, 우스꽝스럽다 등과 같이 느끼거나 생각하는 것을 독자의 심미적 체험이라고 한다.

02 독자는 심미적 체험을 통해 자신의 삶을 성찰할 수 있다.

03 시어는 함축적 의미를 지니므로, 이러한 함축적 의미를 파악하는 것이 시를 감상하는 데 도움이 된다.

04 소설은 작가가 상상력과 구성력을 가미하여 쓴 허구적 이야기로, 서술자를 통해 독자에게 삶의 진실을 전달한다.

05 수필은 작가의 개성이 나타나는 글이며, 독자는 이를 파악하며 읽으면서 작가의 삶의 모습에서 교훈이나 깨달음을 얻을 수 있다.

06 형식적 측면에서 느낄 수 있는 작품의 아름다움으로, 묘사나 비유, 상징 등 주제를 드러내는 다양한 표현 방법에서 확인할 수 있는 것은 표현의 심미성이다.

07 작가는 문학 작품을 창작하는 과정에서 자신이 전달하고자 하는 바를 언어로 형상화하며, 독자와 문학 작품을 매개로 하여 소통한다.

08 문학의 미적 범주 가운데 뜻이 깊고 훌륭하다는 느낌을 주는 아름다움은 숭고미이다.

1일 개념 돌파 전략 2 10~13쪽

01 심미적　02 ③　03 표현　04 ⑤　05 ⑤　06 ②　07 (1) ㉠ (2) ㉢ (3) ㉣ (4) ㉡　08 골계미　09 ④

01 독자가 문학 작품을 읽으면서 그 내용과 표현을 두고 아름답다, 추하다, 비장하다, 조화롭다, 우스꽝스럽다 등과 같이 느끼거나 생각하는 것을 독자의 심미적 체험이라고 한다.

02 독자는 심미적 체험을 통해 문학 작품을 능동적으로 감상할 수 있다.

03 나무들이 봄에 꽃을 피우는 것을 '샤워하고 있다'라고 표현한 점이 인상적이었다고 말하고 있으므로 표현에서 아름다움을 느낀 것이다.

04 감상문에서 소녀의 죽음을 알게 된 소년의 심리가 직접적으로 드러나 있지 않다고 하였으므로 ⑤의 내용은 적절하지 않다.

오답 풀이

① '소설을 다 읽은 뒤에 슬픔의 여운이 길게 남아서'에서 확인할 수 있다.
② '이 소설에서 가장 기억에 남는 장면은 마지막 장면이다.'에서 확인할 수 있다.
③ '이 소설을 읽으면서 소년과 소녀의 순수한 사랑이 아름다워서'에서 확인할 수 있다.
④ '소년이 귀엽게 느껴졌다.', '마치 내가 그 소년이 된 듯한 생각도 들었다.', '소년의 깊은 슬픔이 느껴졌다.'에서 확인할 수 있다.

05 학생의 말을 바탕으로 할 때, 이슬을 떠는 행동은 글쓴이를 향한 어머니의 사랑과 정성이 담겨 있는 행동임을 알 수 있다.

06 작가는 문학 작품을 통해 전달하고자 하는 바를 독자에게 전달하고, 독자는 문학 작품을 통해 작가가 전달하고자 하는 바를 파악한다. 따라서 ㉠에는 작가, ㉡에는 문학 작품, ㉢에는 독자가 들어가는 것이 적절하다.

07 (1) '숭고미'는 뜻이 깊고 훌륭하다는 느낌을 주는 아름다움이다. (2) '우아미'는 수준이 높고 기품이 있다는 느낌을 주는 아름다움이다. (3) '비장미'는 슬픔이나 괴로움을 씩씩하게 받아들이는 데에서 느끼는 아름다움이다. (4) '골계미'는 우스꽝스러운 상황이나 익살에서 느끼는 아름다움이다.

08 이 시조는 두꺼비가 백송골의 등장에 놀라 자빠지는 모습을 우스꽝스럽게 표현함으로써 백성을 수탈하는 탐관오리의 모습을 비판하고 있다. 우스꽝스러운 상황이나 익살

에서 느끼는 아름다움이 있으므로 골계미가 나타나 있다.

자료실

〈두꺼비 파리를 물고〉 작품 개관

갈래	사설시조
제재	두꺼비, 파리, 백송골
주제	탐관오리의 횡포와 허장성세* 풍자
특징	① 두꺼비, 파리, 백송골의 관계를 통해 양반의 허세를 풍자하고 있음. ② 두꺼비가 백송골의 등장에 놀라 자빠지는 우스꽝스러운 모습을 통해 탐관오리의 횡포를 풍자함. ③ 겁먹은 것을 감추려고 허세를 부리는 두꺼비의 모습을 통해 양반들의 허장성세를 비꼬고 있음.

• **허장성세(虛張聲勢)** 실속은 없으면서 큰소리치거나 허세를 부림.

09 이 소설에서 송 영감은 깨진 독들을 대신하여 자신이 가마 속으로 들어가 죽음을 맞이한다. 이를 통해 독을 짓는 일에 일생을 바친 장인의 삶을 비극적이지만 감동적으로 보여 주고 있다.

2일 필수 체크 전략 1 14~17쪽

1 ① **1-1** ② **2** ⑤ **2-1** ㉠: 숲 ㉡: 시각적 **3** ①
3-1 재회/만남 **4** ⑤ **4-1** ㉠: 꽃 ㉡: 역설

• 꽃(김춘수)

갈래 현대시
제재 꽃
주제 서로의 존재를 인식하고 서로에게 의미 있는 관계가 되기를 소망함.
특징 ① 간절한 어조로 소망을 드러냄.
② 의미 있는 존재를 '꽃'으로 상징함.

시의 짜임

1연	이름을 부르기 전의 '그'와 '나'의 관계
2연	이름을 불러 주었을 때의 '그'와 '나'의 관계
3연	누군가 '나'의 이름을 불러 주기를 바람.
4연	서로에게 잊히지 않는 눈짓이 되기를 바람.

핵심 포인트 1 '이름 부르기'의 의미

이름 부르기 → • 대상의 존재를 인식하는 행위 • 대상에게 의미를 부여하는 행위 • 진정한 관계를 맺는 과정

핵심 포인트 2 화자가 말하고자 하는 바

'나'가 '그'를 인식함으로써 '그'가 '나'에게 의미 있는 존재가 됨.

'나'도 누군가에게 의미 있는 존재가 되기를 바람.

우리 모두는 서로에게 의미 있는 존재가 되기를 바람.

서로의 존재를 인식하고 의미 있는 관계가 되기를 소망함.

핵심 포인트 3 이 시에 담긴 심미적 인식

진정한 의미의 관계를 맺고 싶은 소망을 노래함. → 바람직한 관계를 소망하는 것을 아름답다고 생각함.

1 이 시에서 화자는 존재의 인식과 의미 있는 관계 맺기에 대해 노래하고 있다. 화자는 자신의 외모와 어울리는 이름으로 불리기를 바라는 것이 아니라, 자신의 존재의 본질을 인식한 누군가와 의미 있는 관계를 맺고 싶은 것이다.

오답 풀이

③ 1~2연을 바탕으로 할 때 이름을 부르기 전에는 의미 없는 존재가 이름을 부른 후에는 의미 있는 존재가 됨을 알 수 있다.
④ '우리들은 모두 / 무엇이 되고 싶다.'에서 화자의 소망이 '우리'의 소망으로 확대되어 모든 존재가 누군가에게 이름이 불려 의미 있는 존재가 되기를 바람을 드러내고 있다.

1-1 이 시는 서로에게 의미 있는 존재가 되는, 진정한 관계 맺음에 대한 소망을 노래하고 있다. 이를 참고할 때 의미를 바르게 이해한 것은 ㉡, ㉢이다.

오답 풀이

㉠: 의미 없는 존재 ㉣, ㉤: 의미 있는 존재

• 숲(강은교)

갈래 현대시
제재 나무
주제 • 나무들이 모인 숲의 아름다움
• 공동체 의식으로 조화롭게 사는 삶의 추구
특징 ① 반복, 점층 등을 사용하여 숲의 아름다움을 표현함.
② 인간의 삶을 나무의 모습에 비유하여 표현함.

시의 짜임

1연	나무 하나와 나무 둘, 셋이 흔들림.
2연	나무들이 같이 흔들림.
3연	나무 하나의 꿈을 나무 둘, 셋이 공유함.
4연	나무들이 함께 고개를 저음.
5연	아무도 없이 나무들이 흔들리고 고개를 저음.
6연	나무들이 함께 어울려 살아감.

핵심 포인트 1 시어 및 시구의 의미

나무 하나	개인
나무 셋도 흔들린다	개인이 모여 공동체를 이룸.
나무 하나의 꿈	개인이 가지고 있는 꿈
나무 셋의 꿈	공동체 전체의 꿈
이렇게 이렇게 / 함께	조화롭게 사는 공동체적 삶

핵심 포인트 2 이 시의 주제

나무들이 모인 숲의 아름다움
↓
공동체 의식으로 조화롭게 사는 삶의 추구

핵심 포인트 3 이 시에 담긴 심미적 인식

나무들이 모인 숲이 흔들리는 모습의 아름다움을 노래함. → 조화로운 관계를 맺는 것이 아름답다고 생각함.

2 겉보기에 모순된 표현을 사용하여 이면의 진실을 강조하는 표현 방법인 '역설'은 이 시에 나타나 있지 않다.

오답 풀이

① 인간의 삶을 나무의 모습에 비유하여 조화롭게 사는 삶을 표현하고 있다.
② '이렇게 이렇게', '옆에서' 등 동일한 시구를 반복하고 있다.
③ '나무 ~ 흔들린다(흔들리면)', '나무 ~ 고개를 젓는다' 등 유사한 문장 구조를 반복하고 있다.
④ 나무 하나의 행위나 꿈이 나무 둘, 나무 셋의 행위나 꿈으로 확장되고 있다.

2-1 이 시는 나무들이 흔들리는 모습, 곧 숲이 흔들리는 모습을 표현하고 있다. 시각적 심상이 주로 드러나 있으며, 점층을 통해 숲이 흔들리는 모습을 인상적으로 표현하고 있다.

• 제망매가(월명사)

갈래 향가(10구체 향가)
제재 누이의 죽음
주제 죽은 누이를 추모함.
특징 ① 비유를 사용하여 서정성을 높임.
② 불교의 윤회 사상을 바탕으로 하여 재회에 대한 소망을 드러냄.

시의 짜임

1~4구	누이의 죽음에 대한 안타까움
5~8구	누이의 죽음에서 느끼는 삶의 허무함
9~10구	슬픔의 종교적 승화

핵심 포인트 1 화자가 처한 상황

'제망매가(祭亡妹歌)'는 '죽은 누이를 위해 제사를 지내며 부르는 노래'를 뜻함. → 누이의 죽음을 맞이함.

핵심 포인트 2 시어의 의미

이른 바람	젊어서 죽음.
떨어질 잎	죽은 누이
한 가지	한 부모, 같은 부모

↓
누이의 죽음을 같은 가지에 난 잎이 여기저기 떨어지는 모습에 비유함.

핵심 포인트 3 '누이의 죽음'을 대하는 화자의 태도

1~8구	누이의 죽음에 안타까움과 슬픔, 삶의 허무함을 느낌.

↓

9~10구	종교적 믿음으로 슬픔을 극복하며 누이와의 재회를 기약함.

3 <보기>를 바탕으로 할 때 이 시는 죽은 누이를 위해 제사를 지낼 때 지어 부른 노래이므로, 죽은 누이에 대한 추모가 주제임을 알 수 있다. 1~4구에는 누이의 죽음에 대한 안타까움과 슬픔이, 5~8구에는 삶의 허무함과 무상함이, 9~10구에는 누이의 죽음에 대한 슬픔을 종교적으로 승화하는 모습이 나타나 있다.

자료실

향가

- **개념**: 신라 시대부터 고려 초기까지 창작·향유된, 향찰로 표기된 우리 고유의 시가. 신라 때에는 우리나라 고유의 노래를 뜻함.
- **향가의 분류**

4구체 향가	향가의 초기 형태
8구체 향가	4구체에서 10구체로 발전해 가는 과정에서 생긴 과도기적 형태
10구체 향가	향가의 완성 형태로, 마지막 2구인 낙구의 첫머리에는 주로 감탄사를 두었음.

- **향찰(鄕札)** 한자의 음과 뜻을 빌려 국어 문장 전체를 적은 표기법.

3-1 9구에서 화자는 '미타찰에서 만날 나'라고 하며 누이와 극락세계에서 다시 만날 것을 기약하고 있는데, 누이의 죽음으로 인한 슬픔을 종교적(불교적) 믿음으로 극복하며 수용하고 있다.

- **상처가 더 꽃이다(유안진)**

갈래 현대시
제재 매화나무(어린 매화나무, 고목)
주제 아름답고 고귀한 상처
특징 ① 꽃이 피는 어린 매화나무와 꽃이 지는 고목을 대조함.
② 상처가 꽃보다 더 아름답다는 역설적인 발상이 드러남.

시의 짜임

1~3행	어린 매화나무와 고목을 보는 구경꾼들의 모습
4~11행	상처를 지닌 고목의 의연한 모습
12~19행	고목의 상처에서 향기를 맡는 모습과 화자의 깨달음

핵심 포인트 1 **시구의 의미**

새 진물이 ~ 바삐 오르내려도	고목의 고통이 현재에도 계속되고 있음.
의연하고 의젓하다	고통 속에서도 굳건한 고목의 모습
상처야말로 더 꽃인 것을.	고통을 이겨 낸 상처가 꽃보다 더 아름다움.

핵심 포인트 2 **이 시에 담긴 심미적 인식**

- 꽃이 피는 어린 매화나무보다 꽃이 지는 고목에 구경꾼들이 더 몰림.
- 구경꾼들이 고목의 상처를 보며 감탄하고 쓸어 보고 어루만지고 향기를 맡음.

- 고목의 상처에서 진정한 아름다움을 느낌.
- 상처는 사람을 더 아름답고 성숙하게 함.

4 이 시에서 구경꾼들은 어린 매화나무보다 고목에 더 몰려 있다. 또한 외면의 아름다움에 빠져 내면의 아름다움을 잊은 구경꾼들의 모습은 나타나 있지 않으므로 ⑤의 내용은 적절하지 않다.

오답 풀이

①, ③ 표현과 관련한 반응이다.
② 내용(시에 반영된 심미적 인식)과 관련한 반응이다.
④ 독자의 경험과 관련한 반응이다.

4-1 이 시는 어린 매화나무의 꽃이 아닌 고목의 상처에 주목하고 있으며, 고통을 이겨 낸 상처가 꽃보다 더 아름답다는 역설적 발상이 나타나 있다.

2일 필수 체크 전략 2 18~21쪽

01 ⑤ **02** 어린 왕자가 여우를 길들임. **03** ③ **04** 개인 **05** ④ **06** ③ **07** ② **08** ③ **09** ⓐ: 누이 ⓑ: 거미 ⓒ: 비극적 **10** ⑤ **11** 상처야말로 더 꽃인 것을. **12** ③

01 (가)는 '꽃'을 소재로 하여 서로의 존재를 인식하고 의미 있는 관계를 맺고 싶은 소망을 노래하고 있다. 화자를 사이에 둔 인물 간의 갈등은 나타나 있지 않다.

02 (나)의 여우의 말을 바탕으로 할 때, 다른 여우나 다른 어린아이들과 다를 바 없는 존재에서 서로가 이 세상에서 하나밖에 없는 존재가 되려면 어린 왕자가 여우를 길들여야 한다.

평가 기준

채점 요소	확인☑
어린 왕자가 여우를 길들여야 한다는 내용을 담아 바르게 썼다.	

자료실

〈어린 왕자〉(생텍쥐페리) 작품 개관

갈래	동화
배경	• 시간: 제2차 세계 대전 발발 무렵 • 공간: 사막
주제	현대인의 메마른 삶에 대한 비판과 이를 극복하기 위한 가치의 깨우침
특징	① 어린 왕자의 순수한 시각으로 어른들의 세계를 드러냄. ② 비현실적인 공간과 인물들을 설정함.

03 (가)에서 '이름 부르기'는 대상의 존재를 인식하여 의미를 부여함으로써 진정한 관계를 맺는 과정을 의미한다. (나)에서 여우는 길들인다는 것은 관계를 맺는다는 뜻이며, 어린 왕자가 자신을 길들인다면 서로가 필요하게 된다고 말하고 있다.

04 이 시는 나무에서 숲으로 의미를 확장하고 있다. 개별적 존재에서 전체로 확장한 것이므로, 이를 인간에 적용하면 나무는 '개인'을, 숲은 '공동체'를 의미한다고 볼 수 있다.

평가 기준

채점 요소	확인☑
의미 확장 과정을 바르게 파악하였다.	
빈칸에 들어갈 말을 바르게 썼다.	

05 〈보기〉에서 시인이 숲은 곧 나무들이 모인 것이라는 사실을 깨달았고, 숲 전체가 흔들리는 것 자체의 아름다움을 표현하고자 하였음을 알 수 있다. 이 시에 바람의 부정적인 특성은 드러나 있지 않다.

06 이 시는 조화롭게 사는 삶, 공동체적인 삶을 드러내고 있다. 따라서 자연에서 혼자 평온하게 지내고 싶은 화자의 마음에 공감했다는 감상은 적절하지 않다.

07 ㉡ '나는 간다는 말'에서 '나'는 누이를 가리킨다. 누이의 말을 인용하듯 표현하고 있다.

오답 풀이

③ 자신이 죽는다는 말도 남기지 못하고 이른 죽음을 맞이한 누이에 대한 화자의 안타까움이 나타나 있다.

08 (나)의 화자는 1연에서는 아무 생각 없이 거미를 문밖으로 쓸어 버렸지만, 2연과 3연에서는 점차 감정이 심화되어 거미를 쓸어 버리며 서러움과 슬픔을 느낀다. 따라서 '무심함 → 서러움 → 슬픔'이 화자의 감정 변화로 가장 적절하다.

자료실

〈수라〉(백석) 작품 개관

갈래	현대시
제재	거미 가족을 문밖으로 쓸어 버린 경험
주제	해체된 가족 공동체의 비극과 가족에 대한 그리움
특징	① 시적 대상인 거미를 의인화하여 표현함. ② 거미를 문밖으로 버리는 화자의 행동이 반복됨. ③ 시상의 전개에 따라 시적 대상에 대한 화자의 정서가 심화됨.

09 (가)에는 누이의 이른 죽음이라는 비극적 상황이, (나)에는 거미 가족이 뿔뿔이 흩어진 비극적 상황이 나타나 있다.

평가 기준

채점 요소	확인☑
ⓐ: (가)에서 추모하는 대상을 바르게 파악하였다.	
ⓑ: (나)의 시적 대상을 바르게 파악하였다.	
ⓒ: (가)와 (나)의 시적 상황의 공통점을 바르게 파악하였다.	

10 4~5행을 통해 고목은 둥치가 갈라지고 뒤틀리고 터지고 튀어나왔음을 알 수 있다.

오답 풀이

①은 2행, ②는 9행, ③은 4행, ④는 7행을 통해 알 수 있다.

11 이 시의 마지막 행인 '상처야말로 더 꽃인 것을.'은 시인의 심미적 인식이 나타나 있는 표현으로, 역설을 사용하여 고통을 이겨 낸 상처가 꽃보다 더 아름다움을 드러내고 있다.

평가 기준

채점 요소	확인☑
설명에 해당하는 시구를 바르게 찾아 썼다.	

12 이 시에는 구경꾼들이 꽃이 한창 지고 있는 고목에 더 몰려서, 고목의 상처를 보며 감탄하고 쓸어 보고 어루만지고 향기를 맡는 모습이 나타나 있다.

오답 풀이

① '사군자 중 으뜸답다'라는 시구가 있지만, 이는 화자의 의견으로 구경꾼들이 토론하고 있는 것은 아니다.

② 구경꾼들이 구경하고 있는 고목은 한창 꽃이 지는 고목이다.

3일 필수 체크 전략 1 (22~25쪽)

1 ② 1-1 ㉠: 김밥 아줌마 ㉡: 자부심/자신감 2 ④ 2-1 다른 모든 양보다 훨씬 더 소중하고 더 하얀 양 한 마리 3 ③ 3-1 ① 4 ② 4-1 ㉠: 빗 ㉡: 긍정적

• 길모퉁이에서 만난 사람(양귀자)

갈래 현대 소설
제재 주변에서 만날 수 있는 평범한 이웃들
배경 • 시간: 현대
• 공간: 북한산 자락에 둘러싸인 어느 동네
주제 평범한 이웃들의 삶에 관한 심미적 성찰
특징 ① 서술자('나')의 관찰과 묘사로 인물의 성격과 특성을 드러냄.
② 이웃을 바라보는 서술자의 따뜻한 시선이 잘 드러남.
③ 등장인물 사이에 뚜렷한 갈등이 나타나지 않음.

핵심 포인트 1 **등장인물의 특징**

'나'	이웃들을 따뜻한 시선으로 세심하게 관찰함.
김밥 아줌마	• 맛이 환상적인 김밥을 만듦. • 주변에 신경 쓰지 않고 김밥을 만드는 행위에 몰두함.
빵떡모자 아저씨	• 최고의 품질만을 고집함. • 자신이 파는 물건에 해박한 지식이 있고, 자신이 파는 물건이 최고라는 자부심이 있음.

핵심 포인트 2 **등장인물에 관한 서술자의 태도**

• 김밥 아줌마의 김밥을 '작품'이라고 부름.
• 빵떡모자 아저씨를 최고의 가치를 추구하는 예술가라고 함.

우호적, 긍정적, 예찬적

핵심 포인트 3 **이 소설을 통해 할 수 있는 심미적 체험**

김밥 아줌마	빵떡모자 아저씨
김밥을 만드는 일에 최선을 다하는 예술가	자부심을 갖고 최고의 물건을 파는 예술가

↓

자신의 삶을 열심히 살아가는 이웃의 모습에서 아름다움을 느낄 수 있음.

1 (가)에서 김밥 아줌마는 김밥을 만들 때 사람들이 보고 있으면 화를 낸다고 서술하고 있다.

오답 풀이

① (가)에서 김밥의 맛이 환상적이라고 서술하고 있다.
⑤ (나)에서 고객의 불만이 포착되면 그것의 규명에 매달려 원인이 무엇인지 판가름하지 않으면 직성이 안 풀리는 사람이라고 서술하고 있다.

1-1 (가)의 중심인물은 김밥 아줌마이다. (나)의 중심인물인 빵떡모자 아저씨는 자신이 파는 물건이 최고라는 자부심과 자신감을 가지고 있다.

• 별(알퐁스 도데)

갈래 현대 소설
제재 별
배경 • 시간: 구체적으로 드러나 있지 않음.
• 공간: 뤼브롱산
주제 아가씨를 향한 양치기의 순수하고 아름다운 사랑
특징 ① 인물의 감정과 자연 풍경을 섬세하게 묘사함.
② 두드러진 갈등 구조 없이 이야기가 잔잔하게 흘러감.
③ 천상과 지상, 별과 인간을 대비하여 인간의 순수성을 추구함.

글의 짜임

발단	'나'(양치기)의 소개와 아가씨를 향한 '나'의 사랑
전개	'나'에게 음식을 가져다주러 아가씨가 산에 올라옴.
절정 1	산 아래로 내려갔던 아가씨가 강물에 흠뻑 젖은 채 다시 '나'가 있는 곳으로 옴.
절정 2	잠 못 이루는 아가씨가 모닥불 근처에 있는 '나'에게 오고, 함께 별 이야기를 나눔.
결말	별 이야기를 듣던 아가씨가 '나'의 어깨에 기대어 잠이 듦.

핵심 포인트 1 **'나'와 아가씨의 관계 변화**

마을	• '나'가 일방적으로 아가씨를 동경함. • '나'와 아가씨가 친밀한 관계를 맺을 일이 없음.

↓

산속	• '나'와 아가씨가 대화를 나누며 친밀한 관계를 형성함. • '나'가 아가씨를 보호할 수 있는 유일한 존재가 됨.

핵심 포인트 2 **이 소설에 드러난 비유적 표현의 심미성**

밤 풍경 묘사	자연물을 의인화하고, 다양한 밤의 소리를 직유법을 사용하여 생생하게 표현함.
별자리 이야기	별을 살아 있는 존재나 사람처럼 표현함.
아가씨	아가씨를 '에스테렐 요정', '양', '별' 등 다양한 대상에 빗대어 표현함.

↓

낭만적이고 서정적인 분위기를 형성하고, 아가씨를 향한 순수하고 아름다운 사랑을 효과적으로 드러냄.

핵심 포인트 3 **이 소설에 담긴 심미적 인식**

주제	아가씨를 향한 '나'(양치기)의 순수하고 아름다운 사랑

↓

'나'의 순수하고 아름다운 사랑을 통해
'순수'와 '정신적 사랑의 아름다움'이라는 가치를 전달함.

2 이 글에는 '정말이지 자랑스러울 따름이었죠.'처럼 주인공 '나'의 심리가 묘사되어 있으므로, 주인공의 감정을 직접적으로 서술하지 않아 짐작하며 읽는 재미를 주고 있다는 설명은 적절하지 않다.

오답 풀이

① 이 글의 서술자는 주인공 '나'(양치기)로, 자신의 이야기를 독자에게 말하듯 서술하고 있다.
② '삭삭', '쑥쑥'과 같은 음성 상징어를 사용하여 밤에 들리는 소리를 생생하게 표현하고 있다.

2-1 '다른 모든 양보다 훨씬 더 소중하고 더 하얀 양 한 마리'는 아가씨를 양에 빗댄 표현으로, 아가씨의 순수한 모습을 드러내면서 아가씨가 '나'가 보호해야 할 소중하고 연약한 존재임을 의미한다.

• 연(이청준)

갈래 현대 소설
제재 연
배경 • 시간: 구체적으로 드러나 있지 않음.
• 공간: 어느 농촌 마을
주제 연을 날리다가 고향을 떠난 아들의 안녕을 기원하는 어머니의 염려와 한없는 사랑
특징 ① 상징적 소재인 '연'을 바탕으로 하여 내용을 전개함.
② 아들에 대한 어머니의 심리가 잘 드러남.
③ 연의 상태에 따라 어머니의 심리가 변함.

글의 짜임

구분	내용
발단	어머니는 가난한 처지 때문에 아들을 상급 학교에 보내지 못함.
전개	아들은 하루 종일 연날리기를 하고, 어머니는 연을 보며 아들을 생각함.
위기	어느 날 평소보다 높이 떠오른 연을 보며 어머니가 불안을 느낌.
절정	어머니는 실이 끊어져 날아간 연을 바라보며 망연자실함.
결말	아들이 도회지로 떠났음을 알게 된 어머니는 아들의 안녕을 기원함.

핵심 포인트 1 **'연'의 상징적 의미**

연	• 아들 • 도회지를 향한 아들의 동경과 희망 • 성장하고 싶은 아들의 내적 갈망과 욕망 • 자유를 향한 의지 등

↓

실이 끊어져 날아간 연은
아들이 어머니의 곁을 떠났다는 것을 의미함.

핵심 포인트 2 **연을 바라보는 어머니의 심리 변화**

하늘에 떠 있는 연	아들의 존재를 확인하고 안도감을 느낌.

↓

하늘 끝까지 닿을 듯이 높이 떠오른 연	아들이 떠나지 않을까 하는 불안감을 느낌.

↓

연실이 끊어져 시야에서 사라진 연	아들이 떠났다는 현실을 받아들이고 차분해짐.

핵심 포인트 3 **이 소설에 담긴 심미적 인식**

어머니의 모습	떠난 아들을 원망하지 않고 아들의 안녕을 기원하며 슬픔을 애써 누름.

↓

절제된 슬픔의 아름다움, 어머니의 한없는 사랑

3 이 글은 방황하며 연을 날리다 고향을 떠나는 아들과, 그런 아들을 바라보는 어머니의 이야기를 담고 있다. (나)는 결말 부분으로, 떠난 아들의 안녕을 기원하는 어머니의 모습을 통해 아들을 향한 어머니의 걱정과 사랑을 전달하고 있다.

3-1 어머니는 아들이 떠나기 전에는 아들이 자신의 곁을 떠날까 봐 불안했지만, 아들이 떠난 후에는 아들이 떠났다는 현실을 받아들이고 아들을 걱정하며 안녕을 기원하고 있다.

• 실수(나희덕)

갈래 수필
제재 곽휘원의 실수와 '나'의 실수
주제 • 삶과 정신에 여유를 주는 실수의 가치
• 실수의 긍정적 의미
특징 ① 두 가지 일화를 통해 독자의 흥미를 유발함.
② 글쓴이가 경험에서 얻은 성찰과 깨달음을 제시함.
③ 부정적으로 여겨지는 대상을 새로운 시각에서 바라봄.

글의 짜임

서두	문안 편지 대신 백지를 보낸 곽희원의 실수가 아내에게 기쁨을 줌.
본문 1	'나'(글쓴이)는 스님에게 빗을 빌려 달라고 하는 실수를 함.
본문 2	'나'는 실수한 경험을 통해 실수의 긍정적 의미를 깨달음.
결말	실수는 각박한 일상에 여유를 주는 삶과 정신의 여백에 해당한다는 것을 깨달음.

핵심 포인트 1 **실수에 대한 글쓴이의 생각**

곽희원의 실수	글쓴이의 실수
• 아내에게 문안 편지 대신 백지를 보냄. • 곽희원의 실수가 아내에게 기쁨을 줌.	• 스님에게 빗을 빌려 달라고 말함. • 글쓴이의 실수가 스님에게 추억을 떠올리게 함.

↓

• 실수는 삶에 신선한 충격과 행복을 주기도 함.
• 실수는 삶에 의외의 수확이나 즐거움을 가져다줌.

↓

실수에도 긍정적인 면이 있음.

핵심 포인트 2 **글쓴이의 성찰과 깨달음**

오늘날의 세태	• 세상이 발 빠르게 돌아가고 있음. • 사소한 실수에도 짜증을 내고 비난함.
↓	
깨달음	• 실수는 삶과 정신에 여유를 가져다주는 여백임. • 정신과 마음을 내려놓고 사는 여유가 필요함.

4 (나)에서 글쓴이는 자신의 실수가 인간관계에 긍정적 효과를 줄 때가 많았지만, 이 때문에 상습적으로 실수를 반복하는 것은 아니라고 말하고 있다.

오답 풀이

①, ⑤ 일반적으로 부정적으로 바라보는 실수에서 긍정적인 의미를 이끌어 내고 있으므로 적절한 감상이다.
③ (나)에서 글쓴이의 실수 덕에 상대방이 긴장을 풀거나 어색한 분위기가 가시는 일이 있다고 말하고 있으므로 적절한 감상이다.

4-1 (가)에는 스님에게 빗을 빌리려 한 글쓴이의 실수담이 나타나 있으므로 ㉠에 들어갈 말은 '빗'이다. (나)에는 실수가 가져오는 긍정적 효과가 나타나 있으므로 ㉡에 들어갈 말은 '긍정적'이다.

3일 필수 체크 전략 2 26~29쪽

01 ⑤ **02** ③ **03** 서술자는 김대호 씨를 긍정적으로 평가하고 있다./서술자는 김대호 씨를 우호적으로 바라보고 있다. 등 **04** ② **05** 천상의 작은 목동 **06** ② **07** ② **08** 아들이 어머니의 곁을 떠났다./아들이 고향을 떠났다. 등 **09** ④ **10** 실수는 삶과 정신의 여백임.

01 (다)에 김대호 씨가 한 번 실패한 후로 말투를 고치지 않고 '긴데요'라는 자신의 별명을 받아들였음이 나타나 있다.

02 제목 '길모퉁이에서 만난 사람'은 김대호 씨처럼 조금 관심과 주의를 기울이면 만날 수 있는 우리 주변의 평범한 이웃을 의미한다.

03 (다)에서 김대호 씨가 존재하는 것이 행복한 일이라고 말하고 있으므로 서술자가 긍정적, 우호적, 예찬적 태도를 보이고 있음을 알 수 있다.

평가 기준

채점 요소	확인☑
서술자의 태도를 바르게 파악하였다.	
주어진 문장 형식에 맞추어 서술하였다.	

자료실

김대호 씨의 모습을 통한 심미적 체험

김대호 씨	• 이해심이 많고 낙천적이어서 주위 사람들을 편하게 해 주는 인물 • 조금 느리지만 맡은 일은 빈틈없이 해내는, 느리지만 성실하게 살아가는 인물

↓

정신없이 살아가는 우리의 삶을 돌아볼 수 있음.

04 (가)에 '조금은 으스대는 모습'이라는 표현이 있지만 아가씨의 위선과 욕심을 비판하는 것은 아니며, 아가씨의 모습을 통해 부자들의 위선과 욕심을 비판하는 부분은 나타나 있지 않다.

오답 풀이

③ (다)에서 비유를 사용하여 아가씨가 떠나 아쉬운 '나'의 심리를 표현하고 있다.
④ 이 글의 주인공은 '나'로, '나'가 서술자가 되어 자신의 이야기를 독자에게 직접 말하듯 전달하고 있다.

05 (라)의 '천상의 작은 목동'은 아가씨를 비유적으로 나타낸 표현으로, 아가씨의 선하고 순수한 모습을 드러낸다.

평가 기준

채점 요소	확인☑
설명에 해당하는 표현을 (라)에서 바르게 찾았다.	
3어절로 썼다.	

06 ㉡에서 '나'가 떨려 말 한 마디도 못한 것은 아가씨를 좋아하는 마음 때문이다. 이를 통해 '나'가 수줍음이 많고 순박한 성격임을 알 수 있다.

07 (나)에서 어머니는 연날리기를 하는 아들을 원망하지 않고, 아들의 섭섭한 마음이 연날리기를 통해 해소되어 자신의 곁에 머무르기를 바라고 있다.

08 학생들의 대화를 통해 '연'이 아들, 도회지를 향한 아들의 동경과 도회지로 가고 싶은 마음, 자유를 향한 의지 등을 상징한다는 것을 알 수 있다. 이를 바탕으로 할 때 ㉠에서 실이 끊어져 연이 날아갔다는 것은 아들이 어머니의 곁, 즉 고향을 떠났음을 의미한다.

평가 기준

채점 요소	확인☑
학생들의 대화를 통해 '연'의 상징적 의미를 바르게 파악하였다.	
㉠의 의미를 바르게 파악하였다.	
한 문장으로 서술하였다.	

09 빗을 빌려 달라는 글쓴이의 말에 스님이 ㉠처럼 당황한 얼굴로 글쓴이를 바라본 것은 머리를 깎아서 빗을 사용하지 않는 자신에게 빗을 빌려 달라고 말했기 때문이다.

오답 풀이

③, ⑤ 뒤에 이어지는 내용에서 빗이 있을 만한 곳을 스님이 알고 있음이 나타나 있다.

10 (나)에서 글쓴이는 실수는 삶과 정신의 여백에 해당하며, 실수가 삶에 여유를 주고 사람을 성장하게 하는 긍정적인 면이 있다고 말하고 있다.

평가 기준

채점 요소	확인☑
(나)에 나타난 글쓴이의 깨달음을 바르게 파악하였다.	
다른 항목과 형식을 맞추어 서술하였다.	

누구나 합격 전략 30~31쪽

01 ㉠: 표현 ㉡: 심미적 ㉢: 성찰 **02** ㉠: 죽은 누이 ㉡: 같은 부모 **03** 이름 부르기 **04** 승아 **05** (1) 김밥 아줌마 (2) 김대호 씨 (3) 빵떡모자 아저씨 **06** (스테파네트) 아가씨 **07** 어머니의 불안 **08** 긍정적인, 부정적으로

01 문학 작품을 읽으며 내용과 표현을 두고 아름답다, 추하다, 비장하다 등과 같이 느끼거나 생각하는 것을 독자의 심미적 체험이라고 한다. 독자는 이를 통해 삶에 대한 심미적 인식을 공유함으로써 세계를 깊게 이해할 수 있고, 자신의 삶을 성찰할 수도 있다.

02 〈보기〉를 통해 이 시가 누이의 죽음을 추모하기 위해 쓴 것임을 알 수 있다. 따라서 ㉠ '떨어질 잎'은 죽은 누이를, ㉡ '한 가지'는 같은 부모를 의미한다.

03 시 〈꽃〉에서 존재를 인식하고 진정한 관계를 맺는 일을 뜻하는 것은 이름을 부르는 행위이다. 화자는 '이름 부르기'를 통해 무의미한 존재가 의미 있는 존재가 된다고 말하고 있다.

04 이 시는 어린 매화나무와 고목을 대조하여 상처를 지닌 고목의 의연한 모습이 아름답다고 노래하고 있으므로 승아의 감상이 적절하다.

05 (1) 김밥 아줌마는 다소 무뚝뚝하지만 김밥을 만드는 일에 최선을 다하는 인물이다. (2) 김대호 씨는 말과 행동이 느리며, 이해심이 많고 낙천적이어서 주위 사람들을 편하게 해 주는 인물이다. (3) 빵떡모자 아저씨는 자신이 파는 야채와 과일에 자부심을 가지고 있기 때문에 손님에게 말을 많이 하는 인물이다.

06 이 글은 아가씨를 향한 양치기 '나'의 순수하고 아름다운 사랑을 그리고 있다. '가장 여릿여릿하고 가장 반짝이는 별 하나'는 '나'의 어깨에 기대어 잠든 아가씨를 별에 비유한 표현으로, 아가씨의 고귀함과 아름다움을 드러내고 있다.

07 연의 상태는 떠나고 싶어 하는 아들의 마음과 연관이 있다. 높아지는 연을 보며 어머니는 아들이 떠날 것 같아 점점 불안해하지만, 연이 날아가 사라진 뒤에는 오히려 불안감이 해소되어 아들이 떠난 현실을 담담히 받아들인다.

08 글쓴이는 실수가 삶과 정신의 여백에 해당한다며 실수에도 긍정적인 면이 있다고 생각하고 있다. 그리고 글쓴이는 실수를 용납하지 않는 오늘날의 세태를 부정적으로 바라보고 있다.

창의・융합・코딩 전략 1 32~33쪽

01 ⑤ **02** ⑤ **03** ④ **04** 상처가 꽃보다 더 아름답고 고귀하다./삶의 고통을 이겨 낸 상처가 아름답다. 등

01 ㉤에는 서로가 서로에게 의미 있는 존재가 되기를 바라는 화자의 소망이 나타나 있다.

02 이 시는 조화롭게 사는 삶을 노래하고 있으며, 개인의 소망이 공동체의 소망에 닿아 있다는 인식이 나무의 꿈으로 표현되어 있다. 따라서 '나만의 꿈'이라는 자막은 적절하지 않다.

03 9~10구에서 화자는 갑작스러운 누이의 죽음으로 인한 슬픔을 종교적(불교적) 믿음을 통해 재회를 다짐하면서 극복하고 있다.

04 이 시는 고목의 상처를 만지며 향기도 맡는 구경꾼들의 모습을 통해 고통을 이겨 낸 고목의 상처가 꽃보다 더 아름다움을 드러내며, 진정한 아름다움이 무엇인지 전달하고 있다.

평가 기준

채점 요소	확인☑
구경꾼들의 모습에서 이끌어 낼 수 있는 심미적 인식을 바르게 파악하였다.	
한 문장으로 서술하였다.	

창의・융합・코딩 전략 2 34~35쪽

05 ② **06** '순수'와 '정신적 사랑의 아름다움'이라는 가치를 전달하고 있어. **07** ③ **08** 삶에 신선함과 행복을 주기도 함.

05 (가)의 인물은 김밥을 만드는 일에 집중하고, (나)의 인물은 최고의 품질을 가진 야채와 과일을 판다는 자부심을 갖고 있다. 두 사람 모두 자신의 삶을 열심히 살아가는 인물이라고 볼 수 있다.

06 이 글에 나타난 아가씨를 향한 '나'의 사랑은 순수한 마음의 정신적 사랑이다. 이러한 '나'의 순수하고 아름다운 사랑을 통해 글쓴이가 '순수'와 '정신적 사랑의 아름다움'이라는 가치를 전달하고 있음을 알 수 있다.

평가 기준

채점 요소	확인☑
아가씨를 향한 '나'의 사랑이 순수한 정신적 사랑임을 파악하였다.	
'나'의 모습을 통해 글쓴이가 전달하려는 가치를 바르게 파악하였다.	
대화체의 문장으로 서술하였다.	

07 이 글에서 어머니는 연을 보며 고향을 떠나고 싶어 하는 아들의 마음에 불안감을 느끼면서도 한편으로는 아직 아들이 곁에 있음에 안도하고 있다. 아들이 어머니를 걱정하는 모습은 나타나 있지 않다.

오답 풀이

① 아들이 떠날까 봐 불안해하는 모습에서 어머니는 아들이 자신의 곁에 있기를 바란다는 것을 알 수 있다.
⑤ 떠나고 싶어 하는 아들과 이를 바라보는 어머니의 모습을 독자가 자신과 관련지어 감상한 내용이다.

08 글쓴이는 곽휘원이 아내에게 편지를 잘못 보낸 일화를 소개하면서 실수가 삶에 신선함과 행복을 주는 효과가 있다고 말하고 있다.

평가 기준

채점 요소	확인☑
글에 나타난 실수의 긍정적인 효과를 바르게 파악하였다.	
빈칸에 들어갈 문장 형식에 맞추어 서술하였다.	

2주 작품의 사회·문화적 배경

1일 개념 돌파 전략 1 38~39쪽

01 작품의 사회·문화적 배경 02 ㉡ 03 사회·문화적 배경 04 등장인물 05 작가, 아주 가깝게 맞닿아 있음 06 주체적 07 ㉠ 08 가치

01 작품의 내용이나 의미와 관련된 역사적·사회적 상황, 공동체의 가치, 신념, 문화 등을 작품의 사회·문화적 배경이라고 한다.

02 작가는 작품의 주제를 잘 나타내기 위해 허구를 가미하여 작품 속 사회를 재창조한다.

03 작품이 창작된 시기를 확인하고 당시의 사회·문화·역사적 특징, 당시의 사회 문제 등에 대해 알아봄으로써 작품의 사회·문화적 배경을 파악할 수 있다.

04 등장인물의 말과 행동, 인물들 사이의 관계, 사건 등을 중심으로 하여 소설에 반영된 사회·문화적 배경을 파악할 수 있다.

05 작품의 사회·문화적 배경을 파악하며 감상하면 작가의 창작 의도를 파악하는 데 도움이 되고, 작품에서 다루는 내용이 독자의 삶과 아주 가깝게 맞닿아 있음을 알 수 있다.

06 시에 반영된 과거의 삶의 모습을 파악하고 오늘날의 삶과 비교하여 이해하면 시를 주체적으로 감상할 수 있다.

07 소설을 오늘날의 삶에 비추어 감상할 때에는 소설 속 인물의 태도와 가치관을 오늘날의 관점에서 비판적으로 평가하며 읽는 것이 바람직하다.

08 작품에 반영된 가치는 시대에 따라 다르게 평가될 수 있다. 이를 통해 독자는 삶의 보편성과 특수성에 대한 이해를 넓힐 수 있다.

1일 개념 돌파 전략 2 40~43쪽

01 사회·문화적 배경, 작품 창작의 배경 02 ① 03 ④ 04 ④ 05 원우 06 ③ 07 ② 08 ⑤

01 작품의 사회·문화적 배경이란 작품의 내용이나 의미와 관련된 역사적·사회적 상황, 공동체의 가치, 신념, 문화 등을 일컫는 말이다. 이러한 작품의 사회·문화적 배경은 작품에 직접 드러날 수도 있고 작품 창작의 배경으로 작용할 수도 있다.

02 작가가 실제로 경험한 사회·문화적 상황이 작품 속에 재창조되어 나타나기도 한다.

03 작품의 사회·문화적 배경을 파악할 때에는 작품의 내용뿐만 아니라 작가의 삶이나 창작 시기, 당시의 중요한 사회적 문제 등과 관련지어 파악할 수 있다. 따라서 시인의 삶을 배제하고 시의 내용을 중심으로 하여 파악한다는 설명은 적절하지 않다.

04 이 민요에는 당시 시집살이를 하던 여성들의 삶의 모습이 나타나 있으며, 데릴사위로 살던 남성들의 삶의 모습은 나타나 있지 않다.

오답 풀이

⑤ '호랑새', '꾸중새', '할림새', '뾰족새', '뾰중새', '미련새' 등 시집 식구들을 새에 비유하여 시집살이의 괴로움을 익살스럽게 표현하고 있다.

자료실

〈시집살이 노래〉 작품 개관

갈래	민요
제재	시집살이
주제	시집살이의 한(恨)과 체념
특징	① 언어유희와 비유로 해학성을 드러냄. ② 물음과 대답의 대화 형식으로 구성됨. ③ 서민 여성들의 삶의 애환이 드러남. ④ 시집살이의 어려움과 한이 절실하게 표현됨.

05 '1945년 팔월 하순', '아직 해방의 감격이 ~ 소용돌이칠 때였다.'를 통해 이 글에 나타난 사회·문화적 배경이 일제 강점기가 끝난 해방 직후임을 알 수 있다.

06 작품 창작의 바탕이 된 실존 인물을 직접 만나 대화하는 것은 작품의 사회·문화적 배경을 파악하며 감상하면 좋은 점과 거리가 멀다.

07 이 글에서 심청의 아버지가 자신의 딸인 심청을 뱃사람들에게 직접 팔아넘기는 모습은 나타나 있지 않다. 심청이 자신을 뱃사람들에게 제물로 판 것이다.

08 오늘날의 삶에 비추어 작품을 감상하면 시대에 따른 인식의 변화 속에서도 오늘날까지 변하지 않는 가치나 현대인의 관점에서 새롭게 평가할 수 있는 가치를 발견함으로써 삶의 보편성과 특수성에 대한 이해를 넓힐 수 있다.

2일 필수 체크 전략 1 44~47쪽

1 ② **1-1** 농약 때문에 생태계가 파괴된 상황/인간의 이익을 위해 환경을 파괴하는 상황 등 **2** ③ **2-1** ④ **3** ④ **3-1** ⑤ **4** ② **4-1** ③

• 들판이 적막하다(정현종)

갈래 현대시
제재 들판, 메뚜기
주제 적막한 들판에서 깨달은 생태계의 위기
특징 ① 가을 들판의 풍요로움과 적막함을 대비하여 주제를 강조함.
② 쉼표, 줄표, 느낌표, 말줄임표와 같은 다양한 문장 부호를 사용하여 화자의 정서를 효과적으로 드러냄.

시의 짜임

1연	들판의 눈부심과 적막함
2연	생명의 황금 고리가 끊어진 들판

핵심 포인트 1 **이 시의 상황**

풍요로운 가을 들판	그런데 (분위기 전환) ↔	메뚜기가 없는 적막한 들판
눈부시다 (긍정적 이미지)		불길하다 (부정적 이미지)

핵심 포인트 2 **이 시가 창작된 사회·문화적 배경**

배경	• 수확량을 늘리려고 사람들이 사용한 농약 때문에 들판에서 메뚜기가 사라짐. • 생태계의 조화를 생각하지 않고 인간의 이익을 위해 환경을 파괴하고 있음.

↓

주제	적막한 들판에서 깨달은 생태계의 위기

핵심 포인트 3 **시어의 의미**

생명의 황금 고리	• 먹이 사슬 • 생명체들 사이의 유기적인 연결 • 생태계의 조화

1 이 시는 풍성하게 결실을 맺은 가을 들판에 메뚜기가 사라졌다는 사실을 통해 먹이 사슬이 깨진 문제 상황, 즉 생태계의 위기를 드러내고 있다.

1-1 대화를 통해 벼의 수확량을 늘리려고 사용한 농약 때문에 메뚜기가 사라졌음을 알 수 있으며, '생명의 황금 고리'가 끊어졌다는 것은 생명체들 사이의 유기적 연결이 끊어졌다는 뜻임을 알 수 있다. 따라서 이 시가 인간 때문에 생태계가 파괴된 상황을 배경으로 하여 창작되었음을 알 수 있다.

평가 기준

채점 요소	확인☑
시가 창작된 사회·문화적 배경을 바르게 파악하였다.	

2 〈보기〉에는 산업화 시기에 봉제 공장에서 일하던 노동자들의 열악한 근무 환경이 나타나 있다. 따라서 도시 노동자들의 힘겨운 삶을 노래하고 있다는 감상이 가장 적절하다.

오답 풀이

① 화자는 가난 때문에 사랑하면서도 헤어진 것이다.

② 화자가 고향을 그리워하고 있으나 개발로 인해 고향을 상실한 것은 아니다.

⑤ 어머니를 향한 화자의 그리움이 나타나 있으나, 원망은 나타나 있지 않다.

2-1 이 시는 가난 때문에 인간적인 감정도 누리지 못하고 힘겹게 살아가는 산업화 시기 도시 노동자들의 삶과 애환을 담고 있다.

• 가난한 사랑 노래(신경림)

갈래 현대시
제재 가난한 젊은이의 사랑
주제 가난한 젊은이들의 아픈 사랑과 외로운 삶
특징 ① 설의법을 사용하여 화자의 정서와 주제를 강조함.
② 시각, 청각, 촉각 등 다양한 감각적 심상을 통해 화자의 정서를 구체적으로 표현함.

시의 짜임

1~3행	'너'와 헤어져 돌아오는 길의 외로움
4~7행	고달픈 현실 생활의 두려움
8~11행	고향을 향한 그리움
12~15행	사랑하면서도 헤어질 수밖에 없는 아픔
16~18행	가난 때문에 모든 것을 버려야 하는 서러움

핵심 포인트 1 **이 시에 나타난 사회·문화적 배경**

시구	• 두 점을 치는 소리 • 방범대원의 호각 소리 • 육중한 기계 굴러가는 소리

배경	• 종을 치는 소리로 시간을 나타냈음. • 야간 통행 금지를 실시했음. • 산업화가 본격적으로 시작되었음.

핵심 포인트 2 **이 시의 부제와 창작 의도**

부제	이웃의 한 젊은이를 위하여

창작 의도	• 산업화 시기(1970~1980년대) 도시 노동자들의 고달픈 삶을 보여 주고자 함. • 열심히 일해도 가난하게 살 수밖에 없었던 젊은이들을 위로하고자 함.

• 까마귀 눈비 맞아(박팽년)

갈래 고시조, 평시조
제재 까마귀, 야광명월
주제 임을 향한 변함없는 마음
특징 ① 상징적 소재인 '까마귀'와 '야광명월'을 대비하여 주제를 강조함.
② 설의법을 써서 화자의 의지를 강조함.

시조의 짜임

초장	흰 듯 보이지만 검은 까마귀
중장	밤에도 밝게 빛나는 야광명월
종장	임을 향한 일편단심

핵심 포인트 1 **이 시조가 창작된 사회·문화적 배경**

배경	• 1455년 수양 대군이 조카인 단종의 왕위를 빼앗고 왕이 됨. • 두 임금을 섬길 수 없다는 신념으로 박팽년, 성삼문, 이개 등이 단종 복위 운동을 펼침.

↓

주제	임을 향한 변함없는 마음 → 단종을 향한 변함없는 충성심

핵심 포인트 2 **시어의 대조적 의미**

까마귀	↔	야광명월
검다		밝다, 빛난다
세조의 왕위 찬탈에 동조한 이들	↔	박팽년과 함께 단종 복위 운동을 펼친 이들
간신		충신

3 사회·문화적 배경을 참고할 때 이 시조는 단종을 향한 변함없는 충성심을 노래한 것으로 해석할 수 있다. 두 임금을 두고 서로 대립하고 있는 현실을 안타까워하는 화자의 모습은 나타나 있지 않다.

3-1 종장에서 임을 향한 일편단심은 변하지 않는다고 하였으므로, 자신의 뜻을 굽히지 않고 지조를 지키는 태도가 적절하다.

• 훈민가(정철)

갈래 고시조, 연시조(16수)
제재 유교 윤리
주제 유교 윤리의 실천 권장
특징 ① 순우리말, 평이한 어휘를 사용하여 내용을 효과적으로 전달함.
② 명령형이나 청유형으로 끝맺음.
③ 연시조의 형태를 취하고 있으나 각 수가 독립되어 있음.

시조의 내용

제4수	부모에 대한 효도 강조
제13수	근면과 상부상조의 자세 강조
제16수	노인에 대한 공경 강조

핵심 포인트 1 **이 시조의 창작 의도**

창작 의도	백성들이 유교 윤리를 깨우치도록 하기 위함.
↓	
효과	• 유교 윤리의 실천 • 향촌 질서의 확립

핵심 포인트 2 **이 시조에 반영된 과거의 삶의 모습**

제4수	효도를 중요시함.
제13수	• 농경 생활을 함. • 근면과 상부상조를 중요시함.
제16수	노인에 대한 공경을 중요시함.

4 제13수는 근면과 상부상조의 자세를 강조하는 내용이므로, 진로 선택을 두고 고민하는 친구에게 추천하고 싶다는 감상은 적절하지 않다.

오답 풀이

① 제4수는 부모에 대한 효도를 강조하고 있으므로 적절한 감상이다.

③ 제13수에서 근면한 태도를 강조하고 있으므로 적절한 감상이다.

④, ⑤ 제16수는 노인에 대한 공경을 강조하고 있으므로 적절한 감상이다.

4-1 제13수에서 상부상조하는 자세를 강조하고 있으므로, 이익이 생길 때에만 상대방을 돕는다는 내용은 적절하지 않다.

오답 풀이

① 부모에 대한 효도(제4수)와 관련한 내용이다.

②, ④ 근면의 자세(제13수)와 관련한 내용이다.

⑤ 노인에 대한 공경(제16수)과 관련한 내용이다.

2일 필수 체크 전략 2 48~51쪽

01 ④ **02** ③ **03** ㉠: 익는 벼 ㉡: 메뚜기 ㉢: 적막한 **04** ⑤ **05** ③ **06** 가난한 젊은 도시 노동자들의 아픈 사랑과 힘겨운 삶 **07** ⑤ **08** ⑤ **09** 물 **10** 노인에 대한 공경을 중요시하였다. **11** ② **12** ③

01 1연에서 가을 들판의 풍요로움과 적막함을 대비하고 있으나 대비되는 두 공간의 이동은 나타나 있지 않다.

오답 풀이

① 가을을 배경으로 하여 시상을 전개하고 있다.

③ '그런데'를 통해 시의 분위기가 바뀌고 있다.

⑤ 쉼표, 줄표, 느낌표, 말줄임표와 같은 다양한 문장 부호를 사용하여 화자의 정서를 효과적으로 드러내고 있다.

자료실

이 시에 쓰인 문장 부호의 효과

문장 부호	효과
쉼표(,)	풍요로운 가을 들판에서 문득 느껴지는 것이 있음을 드러내며 긴장감을 줌.
줄표(―)	들판의 적막함과 고요함이 주는 당혹감을 강조함.
느낌표(!)	메뚜기가 없다는 사실을 깨달은 충격을 강조함.
말줄임표(……)	생태계의 조화가 무너졌다는 위기감과 안타까움을 드러냄.

02 이 시는 생태계 파괴라는 사회·문화적 배경을 바탕으로 하고 있으므로, 생태계의 위기를 언급한 ③이 제목으로 가장 적절하다.

03 1연의 1~3행에서는 햇볕, 공기, 익어 가는 벼가 어우러진 가을 들판의 풍요로움을, 5~6행에서는 메뚜기가 없는 들판의 적막함을 나타내고 있다.

평가 기준

채점 요소	확인☑
㉠에 들어갈 말을 바르게 파악하였다.	
㉡에 들어갈 말을 바르게 파악하였다.	
㉢에 들어갈 말을 바르게 파악하였다.	

04 많은 벼를 수확하기 위해 사용한 농약 때문에 메뚜기가 사라진 상황을 표현하고 있으므로, 인간의 이익만을 생각하다 생태계가 파괴되었음을 고발하기 위해 창작했다고 보는 것이 적절하다.

05 화자가 느끼는 정서로 1~3행에 외로움, 4~7행에 두려움, 8~11행에 그리움, 16~18행에 서러움이 나타나 있으나, 뿌듯함은 나타나 있지 않다.

06 〈보기〉에는 고향을 떠나 도시로 온 젊은이들이 열악한 노동 환경에서 힘겹게 살았음이 나타나 있다. 이를 참고할 때, 이 시의 주제는 가난한 젊은 도시 노동자들의 아픈 사랑과 힘겨운 삶이라고 볼 수 있다.

평가 기준

채점 요소	확인☑
〈보기〉에 제시된 사회의 모습을 바르게 파악하였다.	
시의 주제를 바르게 파악하여 썼다.	

07 이 시는 열심히 일해도 가난하게 살 수밖에 없었던 젊은 도시 노동자들의 모습을 담고 있다. 부제를 참고할 때, 시인이 이들을 위로하기 위해 시를 창작하였음을 짐작할 수 있다.

08 〈보기〉를 참고할 때 (나)의 '고운 님'은 단종임을 알 수 있다. (나)는 유배된 단종을 향한 슬픔을 표현하고 있다.

오답 풀이

① (가)는 세조가 아닌 단종을 향한 변함없는 충성심을 드러내고 있다.

② (가)는 세조의 왕위 찬탈을 부정적으로 평가하고 있다.

③ (가)의 '까마귀'는 세조의 왕위 찬탈에 동조한 이들, 간신을 의미한다.

④ (나)의 화자는 임과 이별한 슬픔을 드러내고 있으며, 저항적 태도는 드러나지 않는다.

자료실

〈천만리 머나먼 길에〉(왕방연) 작품 개관

갈래	고시조, 평시조
제재	시냇물
주제	임과 이별한 애절한 마음
특징	① 냇물에 감정을 이입하여 임과 이별한 슬픔을 드러냄. ② 사회·문화적 배경을 참고하면 단종과 이별한 슬픔을 진솔하게 드러낸 작품으로 볼 수 있음.

09 (나)의 종장에서 화자는 '물'이 자신의 마음과 같아서 울며 밤길을 흘러간다고 말하고 있다. '물'에 자신의 감정을 이입하여 임과 이별하여 비통하고 애절한 심정을 드러내고 있는 것이다.

평가 기준

채점 요소	확인☑
(나)에서 화자의 감정 이입 대상을 바르게 찾아 썼다.	

10 제16수에서 노인에 대한 공경을 강조하고 있으므로, 노인에 대한 공경을 중요시하였음을 알 수 있다.

평가 기준

채점 요소	확인☑
제16수에서 강조하는 내용을 바탕으로 하여 시조에 반영된 과거의 삶을 바르게 파악하였다.	
한 문장으로 서술하였다.	

11 제4수는 부모에 대한 효도를 강조하고 있으므로 추구하는 가치는 '효도'이다. 오륜 가운데 효도와 관련 있는 덕목은 '부자유친'이다.

12 이 시조의 제4수는 부모님에 대한 효도를, 제13수는 근면한 자세와 상부상조하는 자세를, 제16수는 노인에 대한 공경을 강조하고 있다. 자연환경을 보호하면서 개발하는 것과 관련된 내용은 나타나 있지 않다.

오답 풀이

① 근면의 자세(제13수)와 관련한 내용이다.

② 노인에 대한 공경(제16수)과 관련한 내용이다.

④ 부모에 대한 효도(제4수)와 관련한 내용이다.

⑤ 상부상조의 자세(제13수)와 관련한 내용이다.

3일 필수 체크 전략 1 52~55쪽

1 ⑤ 1-1 허례허식 2 ③ 2-1 ② 3 ④ 3-1 ③
4 ⑤ 4-1 외나무다리

• 허생전(박지원)

갈래 고전 소설
배경 • 시간: 조선 후기
• 공간: 국내(서울, 안성, 제주 등)와 국외(장기도, 빈 섬 등)
주제 지배 계층인 사대부의 무능과 허위의식 비판
특징 ① 실학사상을 바탕으로 하여 사회의 모순을 비판함.
② '허생'의 행적을 중심으로 하여 사건을 전개함.

핵심 포인트 1 **등장인물의 특징**

허생	• 비범한 풍모를 지닌 가난한 선비 • 지배 계층에 비판적인 태도를 보임.
허생의 아내	• 실용적 사고를 지녀 경제적 능력을 중시함. • 허생이 상행위를 하는 계기를 제공함.
변 부자	• 허생의 비범함을 꿰뚫어 봄. • 이완 대장과 허생의 매개자 역할을 함.
이완 대장	• 무능한 지배 계층을 대변함. • 명분과 예법에 얽매여 변화를 거부함.

핵심 포인트 2 **이 소설에 드러난 사회·문화적 배경**

• 양반 중심의 신분 질서가 흔들리고 있음.
• 양반들이 허례허식에 얽매여 있음.
• 유통과 교통이 발달하지 않아 경제 구조가 취약함.
• 먹고사는 것이 힘들어 도둑이 되는 백성들이 있음.
• 병자호란의 치욕을 씻고자 북벌을 계획함.
• 인재 등용이 제대로 이루어지지 않음.
• 지배 계층이 실리보다 명분과 예법에 얽매여 있음.

핵심 포인트 3 **허생의 행위에 반영된 작가의 의도**

허생의 행위	작가의 의도
집에서 글만 읽으며 생계에 관심이 없음.	경제적으로 무능력한 사대부의 허위적인 삶 비판
변 부자에게 빌린 돈으로 사재기하여 큰돈을 벎.	• 취약한 경제 구조 지적 • 양반의 허례허식 비판
도둑이 된 백성들을 데리고 빈 섬으로 감.	빈민을 구제하기 위한 이용후생의 정책 부재 비판
이완 대장에서 세 가지 계책을 제안함.	• 북벌론의 허구성 비판 • 지배 계층의 무능력과 허례허식 비판

• **이용후생** 먹을 것과 입을 것을 넉넉하게 하여 생활을 나아지게 함.

1 허생은 만 냥으로 과일을 사재기하여 큰 이익을 거두었다. 또 칼과 호미, 실 등을 사서 제주도로 간 뒤에 그것을 팔아 번 돈으로 말총을 사재기하였다. 이처럼 돈으로 물건을 사고파는 행위가 나타나 있다.

오답 풀이

①, ② 허생이 과일과 말총을 사재기하는 모습이 나타나 있는데, 이를 통해 당시의 경제 구조가 취약하였음을 알 수 있다.

③ 잔치나 제사를 지내려고 해도 과일이 없으니 상을 제대로 차릴 수가 없었다는 내용이 나타나 있다.

④ "안성은 경기도와 ~ 경상도의 길목이렸다!"라는 허생의 말을 통해 짐작할 수 있다.

1-1 과일은 연회나 제사 상차림에, 말총은 망건과 갓을 만들 때 필요한 물건으로, 양반들이 주로 소비하였다. 물건값이 크게 올랐어도 소비할 정도로 당시 양반들이 예법에 얽매여 허례허식에 빠져 있었음을 알 수 있다.

• 기억 속의 들꽃(윤흥길)

갈래 현대 소설
배경 • 시간: 6·25 전쟁 시기
• 공간: 만경강 다리 부근의 어느 시골 마을
주제 전쟁으로 인한 인간성 상실의 비극
특징 ① 과거 회상의 형식으로 이야기가 전개됨.
② 어린아이의 시선을 통해 전쟁의 비극성과 비인간성을 드러냄.
③ 상징적인 의미를 담고 있는 제목으로 명선이의 비극적 삶을 표현함.

글의 짜임

발단	전쟁이 나고 '나'의 마을에 피란민이 끊임없이 오고 감.
전개	피란길에 혼자 남겨진 명선이는 '나'의 어머니에게 금반지를 내밀고 '나'의 집에서 살게 됨.
위기	금반지의 출처를 추궁하는 '나'의 부모를 피해 집을 나간 명선이가 여자아이임이 밝혀짐.
절정	끊어진 다리 근처에서 놀던 명선이가 비행기 폭음에 놀라 다리 아래로 떨어져 죽음.
결말	'나'는 명선이가 떨어졌던 다리 끝에서 금반지를 발견하지만 놀라서 강물에 떨어뜨림.

핵심 포인트 1 **명선이의 죽음의 의미**

비행기 공습으로 어머니를 잃은 명선이가 비행기 폭음에 놀라 다리에서 떨어져 죽음. ➔

핵심 포인트 2 **이 소설에 반영된 사회·문화적 배경**

배경	• 6·25 전쟁으로 피란민이 많았음. • 식량과 물자가 부족하여 생활이 힘겨워짐.

↓

창작 의도	• 전쟁 때문에 나타나는 인간성의 상실 강조 • 삶을 황폐하게 만드는 전쟁과 그 때문에 이기적으로 변한 사람들의 모습 비판

2 '나'의 부모는 명선이의 금반지를 차지하기 위해 명선이가 달아나지 못하도록 '나'에게 감시하게 한다. 따라서 '나'의 부모가 명선이를 아끼는 모습에서 배려의 중요성을 드러내고 있다는 감상은 적절하지 않다.

오답 풀이

① 명선이는 피란길에 공습으로 어머니를 잃었는데, 이를 통해 전쟁의 비극성이 드러나고 있다.

② 금반지를 향한 '나'의 부모의 탐욕은 전쟁 때문에 삶이 고달픈 것이 원인이다. 전쟁으로 인간에 대한 측은함을 잃고 황폐해지는 모습을 볼 수 있다.

④ 금반지를 빼앗고자 명선이를 죽이려 한 숙부의 모습은 전쟁으로 인한 인간성의 상실을 보여 주고 있다.

⑤ '피란길', '공습'은 이 글의 배경이 6·25 전쟁이라는 것을 드러내고 있다.

2-1 ㉠에는 명선이의 금반지를 빼앗으려는 숙부의 잔인함과 탐욕스러움이 드러나 있는데, 이를 통해 전쟁 때문에 인간성이 상실된 모습을 보여 주고 있다.

• 꺼삐딴 리(전광용)

갈래 현대 소설
배경 • 시간: 일제 강점기 ~ 1950년대
• 공간: 한반도의 북쪽과 남쪽
주제 시대와 상황에 따라 빠르게 변신하는 기회주의자의 삶 비판
특징 ① 일제 강점기, 소련군 주둔 시기, 6·25 전쟁 이후 1950년대를 배경으로 함.
② 급변하는 시대에 대응하는 인물의 모습이 잘 나타남.
③ 기회주의자의 삶을 풍자함.
④ 현재와 과거를 오가는 구성이 나타남.

글의 짜임

발단	일제 강점기가 끝나고 이인국은 광복을 맞이함.
전개	이인국은 자신의 친일 행적 때문에 초조해하다가 치안대에 잡혀가 문초를 당함.
위기	감방에 전염병 환자가 생기자 이인국이 응급 치료실에서 일하게 됨.
절정	소련군 장교 스텐코프의 혹을 제거한 이인국이 처벌을 받지 않고 풀려남.
결말	6·25 전쟁 후 이인국이 미국 대사관에서 일하는 브라운의 도움으로 미국행을 준비함.

핵심 포인트 1 **사회·문화적 배경의 변화와 이인국의 대응**

시기	이인국의 대응
일제 강점기	적극적으로 일제에 협조하며 부와 권력을 누림.
해방 직후	자신의 친일 행적을 들킬까 봐 초조해하면서 상황을 지켜봄.
소련군 주둔 시기	• 스텐코프의 혹을 수술로 제거하여 처벌받지 않고 풀려남. • 아들을 소련으로 유학 보내고 소련에 우호적인 태도를 보이며 부와 권력을 얻으려 노력함.
6·25 전쟁 시기	1·4후퇴 때 아내와 딸을 데리고 남쪽으로 옴.
6·25 전쟁 이후	딸을 미국으로 유학 보내고 미국에 우호적인 태도를 보이며 부와 권력을 유지함.

핵심 포인트 2 **이인국의 태도와 작가의 창작 의도**

• 일제 강점기에는 모범적인 황국 신민으로 살며 친일 행적을 보임.
• 소련군 주둔 시기에는 감방에서 노어를 공부하고, 아들을 소련으로 유학 보내는 등 친소 행적을 보임.
• 6·25 전쟁이 끝난 후에는 영어를 공부하고, 딸을 미국으로 유학 보내는 등 친미 행적을 보임.

↓

이인국의 태도	• 자신의 이익과 생존만을 위해 행동함. • 옳고 그름과 상관없이 기회주의자의 태도를 보임.

↓

창작 의도	• 도덕과 관계없이 자신에게 이로운 쪽으로만 행동하는 사람에 대한 비판 • 기회주의자의 삶에 대한 풍자 • 부와 권력만 좇는 부패한 기득권에 대한 비판

3 이 글의 주인공은 일제 강점기에 사상범의 입원을 거절하고, 대외 관계는 물론 집 안에서도 일본어만 쓰는 등 적극적으로 친일을 하며 살았다. 따라서 도덕을 저버리고 자신의 이익과 안위만을 추구한 이기적인 인물이라고 평가할 수 있다.

오답 풀이

① (가)에서 사상범 환자의 입원을 거절하기로 단안을 내렸다.

② 일제의 관점에서는 모범적인 삶이지만, 모든 사람의 존경을 받을 수 있는 삶은 아니다.

⑤ (가)에서 환자가 경제력이 부족해 보이는 데다가 사상범이라는 이유로 입원을 거절하였다.

3-1 (나)의 '해방 뒤 부득이 써 오는 제 나라 말이 ~ 거리가 먼 것이었다.'를 통해 일제 강점기에는 일본어만 쓰다가 해방 뒤로는 우리말을 쓰고 있음을 알 수 있다.

오답 풀이

① '국어 상용의 가'에서 '국어'는 일본어를 가리킨다. 우리말을 쓰지 않고 일본어를 쓰는 가정에 주는 상을 받을 정도로 적극적으로 친일하였음을 보여 준다.

④ 관선 시의원은 일제가 임명한 시의원이라는 뜻이다. 일제가 임명하는 직책을 갖고 있었다는 것은 이인국이 적극적으로 친일했음을 보여 준다.

• 수난이대(하근찬)

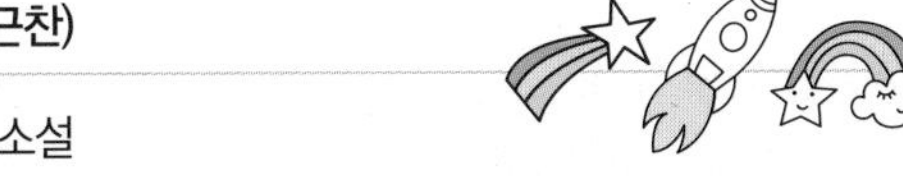

갈래 현대 소설

배경 • 시간: 일제 강점기 ~ 6·25 전쟁 직후
• 공간: 경상도의 어느 시골 마을

주제 민족의 수난과 이를 극복하려는 의지

특징 ① 상징적 소재를 통해 주제 의식을 드러냄.
② 역순행적 구성 방식을 취함.

글의 짜임

발단	6·25 전쟁 직후 아들이 전쟁터에서 돌아온다는 소식을 들은 만도가 마중을 나감.
전개	대합실에서 만도가 일제 강점기에 징용에 끌려가 한쪽 팔을 잃은 과거를 회상함.
위기	만도는 기차에서 내린 아들이 한쪽 다리를 잃은 사실을 알고 분노를 터뜨림.
절정	주막에서 술을 마신 만도가 진수에게 자초지종을 묻고, 아들을 위로함.
결말	만도와 진수가 서로를 의지하며 외나무다리를 건너고 이를 용머리재가 내려다봄.

핵심 포인트 1 **이 소설에 드러난 사회·문화적 배경**

만도의 삶에 드러난 배경	• 일제 강점기에 많은 사람이 강제로 징용에 끌려가 고통을 겪음. • 태평양 전쟁이 터지자 징용에 끌려간 사람들이 죽거나 다친 경우가 많음.
진수의 삶에 드러난 배경	• 6·25 전쟁에 참전한 많은 사람이 죽거나 실종됨. • 6·25 전쟁에 참전하였다가 상이군인이 되어 돌아온 사람이 많음.

핵심 포인트 2 **제목의 의미**

수난이대	아버지와 아들 이대(二代)가 겪은 수난

↓

• 아버지 만도는 일제 강점기에 강제 징용으로 한쪽 팔을 잃음.
• 아들 진수는 6·25 전쟁 때문에 한쪽 다리를 잃음.

↓

우리 민족이 겪은 역사적 비극을 의미함.

핵심 포인트 3 **'외나무다리 건너기'의 의미**

만도	진수
일제 강점기의 피해자	6·25 전쟁의 피해자

↓

한쪽 팔을 잃은 만도와 한쪽 다리를 잃은 진수가 힘을 합쳐 외나무다리를 건넘.

↓

화합과 협력을 통한 수난의 극복
(민족의 수난과 이를 극복하려는 의지)

4 이 글에서 만도와 진수는 일제 강점기와 6·25 전쟁을 겪으며 한쪽 팔과 다리를 잃었지만 힘을 합쳐 외나무다리를 건너고 있다. 고난을 함께 극복하려는 의지를 보여 주고 있으므로 ⑤의 감상이 적절하다.

4-1 '외나무다리'는 만도와 진수 부자가 극복해야 하는 시련, 고난을 의미한다. 이 글은 부자가 서로 협력하여 외나무다리를 건너는 모습을 통해 화합과 협력을 통해 시련을 극복할 수 있음을 보여 주고 있다.

3일 필수 체크 전략 2 56~59쪽

01 ③ 02 ⑤ 03 북벌론의 허구성을 비판하고 있다. 04 ④ 05 ② 06 ④ 07 출세하려면 상황에 순응하여 권력을 따르며 살아야 한다. 08 ②, ⑤ 09 ⓐ: 일제 강점기 ⓑ: 6·25 전쟁 ⓒ: 역사적 비극

01 (가)~(다)에서 허생은 이 대장에게 나라를 위한 세 가지 계책을 제안하지만, 이 대장은 이를 전부 거절하고 있다.

자료실

허생의 세 가지 계책에 담긴 작가의 의도

허생의 계책	작가의 의도
적극적인 인재 등용	불합리한 인재 등용의 현실 비판
조선으로 망명한 명나라 자손 우대	북벌론의 허구성, 기득권을 버리지 않는 지배 계층 비판
청나라와의 활발한 교류	명분과 예법에 얽매인 사대부의 무능함과 허례허식 비판

02 허생의 세 가지 계책을 거절하는 이 대장의 말에서 명분과 예법에 얽매여 실리를 추구하지 않는 사대부의 모습을 발견할 수 있다.

03 이 대장은 북벌론을 주장하는 사대부를 대변하는 인물이다. 그런데 이 대장은 조선에 망명한 명나라 자손들을 돕는 일은 어렵다고 말하고 있다. 이러한 이 대장의 모순된 태도를 통해 작가는 당시 사대부들이 주장하던 북벌론의 허구성을 비판하고 있다.

평가 기준

채점 요소	확인☑
이 대장의 태도에 모순이 있음을 파악하였다.	
작가가 비판하고자 하는 바를 바르게 파악하였다.	
한 문장으로 서술하였다.	

04 (다)에서 '나'는 다리의 철근 끝자락에서 우연히 금반지가 든 헝겊 주머니를 발견하였다. 명선이가 숨겨 둔 금반지를 찾기 위해 몰래 다리로 간 것이 아니다.

오답 풀이

① (나)에서 명선이가 비행기를 두려워한다는 것을 알 수 있다.

② (다)에서 명선이가 다리의 철근 끝자락에 헝겊 주머니에 담아 금반지를 숨겨 두었음을 알 수 있다.

③ (다)에서 '나'가 우연히 금반지를 발견한 것을 볼 때 명선이가 금반지를 숨긴 장소를 '나'에게 말하지 않았음을 알 수 있다.

⑤ (가)에서 아버지와 어머니는 명선이가 금반지를 숨겨 둔 장소를 알아내려 애썼으나 실패했음을 알 수 있다.

05 〈보기〉를 통해 전쟁이 명선이가 죽음을 맞이하게 된 근본적인 원인임을 알 수 있다. 비행기 공습으로 어머니를 잃은 명선이가 비행기 폭음에 놀라 다리에서 떨어져 죽음을 맞이하는 모습을 통해 전쟁의 잔혹성과 비극성을 드러내고 있다.

06 (라)에서 스텐코프는 이인국에게 집에서 통근해도 좋다고 말하고 있다. 따라서 감방에서 풀려난 뒤에 자신의 병원에서 일한 것은 아님을 알 수 있다.

오답 풀이

① (다)에서 이인국이 스텐코프가 소련군 내에서 권력을 가진 인물이라고 생각하였기 때문에 감방에서 풀려나고자 스텐코프의 혹을 수술하려 하였음을 알 수 있다.

③ (라)에서 이인국은 스텐코프의 혹을 수술한 공로로 친일을 한 죗값을 치르지 않고 감방에서 풀려났으므로 일제에 맞섰던 사람들이 허무함을 느꼈을 것이라는 감상은 적절하다.

⑤ (가)에서 이인국은 소련이 사회적으로 영향력을 행사하는 상황이 되자 소련과 가깝게 지내며 아들도 소련에 유학을 보내려고 한다. 이처럼 이인국은 변화하는 상황에 빠르게 대응하며 자신에게 이로운 길을 적극적으로 찾는 인물이다.

07 '그 물속에서 살 방도를 궁리'한다는 것은 상황에 순응하며 잘 살아가는 방법을 고민한다는 것을 뜻한다. 이인국은 그 방법으로 러시아어를 배우는 것, 즉 소련과 가깝게 지내는 것을 택하고 있다. 이를 통해 이인국은 출세하려면 상황에 순응하여 권력을 따르며 살아야 한다는 태도를 지니고 있음을 알 수 있다.

평가 기준

채점 요소	확인☑
㉠에 드러난 이인국의 삶의 태도를 바르게 파악하였다.	
'출세', '권력'이라는 단어를 포함하여 썼다.	
한 문장으로 서술하였다.	

08 만도는 일제 강점기에 징용에 끌려가 한쪽 팔을 잃었고, 진수는 6·25 전쟁에서 한쪽 다리를 잃었다. 이들 부자가 협력하여 외나무다리를 건너는 것은 고난과 시련의 극복

의지를 보여 준다. 따라서 사회·문화적 상황, 인물들의 삶의 태도에 주목하여 감상한 것이다.

09 아버지 만도는 일제 강점기의 피해자이고, 아들 진수는 6·25 전쟁의 피해자이다. 이들 부자가 겪은 수난은 우리 민족이 겪은 역사적 비극을 의미한다.

평가 기준

채점 요소	확인☑
ⓐ: 아버지 만도가 한쪽 팔을 잃은 시기를 바르게 파악하였다.	
ⓑ: 아들 진수가 한쪽 다리를 잃은 시기를 바르게 파악하였다.	
ⓒ: 제목 '수난이대'가 의미하는 바를 우리나라의 역사와 관련지어 바르게 파악하였다.	

누구나 합격 전략 60~61쪽

01 미주 **02** 준우 **03** 생태계가 파괴된 상황 **04** 창작 의도, 깊이, 삶 **05** (1) 허생 (2) 이 대장/이완 대장 (3) 변 부자 **06** ④ **07** ㄴ **08** 두 개

01 작품의 사회·문화적 배경은 작품에 직접적으로 드러날 수도 있고, 직접적으로 드러나지 않으면서 작품 창작의 배경으로 작용할 수도 있다.

02 감상문은 작가 박팽년의 삶을 바탕으로 하여 〈까마귀 눈비 맞아〉를 단종을 향한 변함없는 충성심을 노래한 시조라고 해석하고 있다. 따라서 작가의 삶을 바탕으로 하여 감상하였다는 준우가 바르게 이해하였다.

03 이 시에는 생태계가 파괴되어 가을 들판에서 메뚜기가 사라진 위기 상황이 나타나 있다.

04 작품의 사회·문화적 배경을 파악하며 감상하면 작가의 창작 의도를 파악하는 데 도움이 되고, 작품을 좀 더 깊이 있게 감상할 수 있다. 또한 사회·문화적 배경이 작품에 직접적으로 드러나거나 작품 창작의 배경으로 작용하는 것을 앎으로써 작품의 내용이 우리의 삶과 밀접하게 관련되어 있음을 알 수 있다.

05 (1) 허생은 비범한 풍모를 지닌 가난한 선비로, 지배 계층에 대해 비판적인 태도를 지니고 있다. (2) 이 대장(이완 대장)은 무능한 당시 지배 계층을 대변하는 인물로, 명분과 예법에 얽매여 허생의 세 가지 제안을 모두 거절한다. (3) 변 부자는 부유한 상인 계층에 해당하는 인물로, 허생의 비범함을 꿰뚫어 보고 흔쾌히 만 냥이라는 큰돈을 빌려준다.

06 '피란민', '인민군'과 같은 말을 참고할 때, 이 글에 반영된 사회·문화적 배경이 6·25 전쟁이라는 것을 알 수 있다.

07 스텐코프는 자신의 혹을 수술한 이인국을 처벌 없이 감방에서 풀어 주었다. 친일 행적에 대한 처벌 없이 풀어 준 것은 공과 사를 구분하지 못한 태도이므로, ㄴ이 적절한 감상이다.

08 (1)~(3)은 모두 오늘날의 삶에 비추어 소설을 감상하는 방법으로 적절하다. 따라서 맞힌 문제는 두 개이다.

창의·융합·코딩 전략 1 62~63쪽

01 ⑤ **02** 외로움, 두려움, 그리움, 사랑 **03** 단종, 의지적, 애상적 **04** 제13수로, 부지런하게 생활하고 서로 도울 것을 강조하고 있다.

01 이 시의 화자는 메뚜기가 사라진 가을 들판에서 생태계가 파괴되었다는 불안감을 드러내고 있다. 〈보기〉는 농약 때문에 메뚜기를 보기 어려워졌다는 내용이므로 농약 사용이 생태계에 미치는 영향을 찾아보는 것이 적절하다.

02 이 시는 고향을 떠나 어렵게 살아가며, 가난하기 때문에 외로움, 두려움, 그리움, 사랑과 같은 인간적인 감정을 느낄 여유가 없던 도시 노동자의 힘든 현실을 노래하고 있다.

평가 기준

채점 요소	확인☑
시에 드러난 인간적인 감정들을 모두 찾아 바르게 썼다.	

03 (다)를 참고할 때, (가)의 '임'과 (나)의 '님'은 모두 단종을 가리킨다는 것을 알 수 있다. (가)는 단종을 향한 변함없는 충성의 의지를, (나)는 단종과 이별한 애절한 마음을 노래하고 있다.

평가 기준

채점 요소	확인☑
(가)의 '임'과 (나)의 '님'이 의미하는 인물을 바르게 파악하였다.	
(가)와 (나)에 드러나 있는 화자의 태도나 정서를 바르게 파악하였다.	

04 청유형 표현이 나타난 수는 제13수이다. '가쟈스라', '보쟈스라'가 청유형 표현으로 각각 '가자꾸나', '보자꾸나'라는 뜻이다. 작가는 제13수에서 근면과 상부상조의 자세를 강조하고 있다.

평가 기준

채점 요소	확인☑
청유형 표현이 나타난 수를 바르게 파악하였다.	
작가가 강조하는 바를 바르게 파악하였다.	
주어진 문장 형식에 맞추어 서술하였다.	

창의 • 융합 • 코딩 전략 2 64~65쪽

05 ⑤ **06** ⓐ: 비행기의 폭음 ⓑ: (6·25) 전쟁 **07** ③
08 ①

05 허생은 당시 사대부들이 중요시하던 예법에 따른 의복, 머리 모양 등을 지적함으로써 형식과 예법에 얽매여 문제를 해결하려는 실천 의지를 보이지 않는 사대부들의 무능함과 허례허식을 비판하고 있다.

06 (나)에서 명선이는 비행기의 폭음에 놀라 강으로 떨어져 죽음을 맞이하는데, (가)에서 공습으로 어머니를 잃은 경험 때문에 명선이가 비행기를 두려워한다는 것을 알 수 있다. 따라서 명선이의 죽음의 직접적인 원인은 비행기의 폭음이지만, 근본적인 원인은 전쟁이다.

평가 기준

채점 요소	확인☑
ⓐ: 명선이의 죽음의 직접적인 원인을 바르게 파악하였다.	
ⓑ: 명선이의 죽음의 근본적인 원인을 바르게 파악하였다.	

07 (가)~(나)에는 6·25 전쟁이 끝난 뒤, 미국의 영향력이 커진 남한에서 미국에 잘 보이며 자신의 이익을 도모하는 이인국의 모습이 나타나 있다. 이를 바탕으로 할 때, 문화재 보호에 대한 사회적 공감대가 형성되었다는 내용은 적절하지 않다.

오답 풀이

① 브라운이 우리나라 문화재를 많이 소장하고 있다는 내용에서 이끌어 낼 수 있다.

④, ⑤ 고려청자를 선물로 준비하고 브라운을 방문한 이인국의 모습에서 이끌어 낼 수 있다.

08 한쪽 다리를 잃은 자신의 처지를 비관하는 진수에게 만도는 자신이 한쪽 팔이 없어도 잘 살고 있다고 말하며 진수를 위로한다. 그리고 서로 힘을 합쳐 살아가자는 의지적인 태도를 보이고 있다.

3주 다양한 해석과 감상

1일 개념 돌파 전략 1 68~69쪽

01 해석 02 내적, 외적 03 독자의 지식 04 ㉡ 05 ㉠ 06 비평문 07 ㉠

01 같은 작품이라도 작품을 해석하는 방법이나 독자의 지식, 경험, 가치관 등에 따라 해석이 달라질 수 있다.

02 문학 작품은 작품의 내용이나 형식 등 작품 자체의 내적 요소를 중심으로 해석할 수도 있고, 작품을 둘러싼 시대 상황, 작품을 창작한 작가, 작품이 독자에게 주는 영향 등 외적 요소를 중심으로 해석할 수도 있다.

03 작품의 해석에 영향을 미치는 요소 중 '독자의 지식'은 작품의 내용이나 작가와 관련된 독자의 배경지식을 말한다.

04 작품을 감상할 때에는 주체적인 관점에서 적절한 근거를 들어 작품을 해석하고 평가하는 것이 좋다. 그리고 작품에 관해 하나의 관점이나 해석만 받아들이기보다는 다양한 해석을 비교하며 감상하는 것이 좋다.

05 다양한 해석을 비교하며 작품을 감상하면 다른 사람의 해석을 통해 작품 감상의 폭을 넓힐 수 있다.

06 작품을 감상·해석한 뒤에 적절한 근거를 들어 그 작품의 가치를 평가하는 글을 비평문이라고 한다.

07 비평문을 읽을 때에는 작품 해석의 근거가 적절한지, 작품에 대한 글쓴이의 해석과 평가가 타당한지 평가하며 읽는 것이 좋다.

1일 개념 돌파 전략 2 70~73쪽

01 독자, 해석 02 ⑤ 03 ④ 04 ④ 05 ② 06 ⑤ 07 ③ 08 비평문 09 근거, 해석 10 ②

01 문학 작품은 작품을 해석하는 방법이나 독자의 지식, 경험, 가치관 등에 따라 다양하게 해석될 수 있으므로 다양한 해석을 비교하며 감상하는 것이 좋다.

02 작품을 해석하는 방법은 크게 내재적 관점, 외재적 관점으로 나뉜다. 내재적 관점은 작품의 내용이나 형식 등 작품 내적 요소에 주목하여 해석하는 방법이고, 외재적 관점은 작품을 둘러싼 시대 상황, 작가의 삶, 작품이 독자에게 주는 영향 등 작품 외적 요소에 주목하여 해석하는 방법이다.

03 원우는 시의 내용, 즉 작품 자체의 정보에 주목하여 화자의 상황을 근거로 들어 작품을 해석하고 있다.

04 작품의 내용과 관련된 독자의 경험에 따라 작품에 공감하는 정도가 다를 수 있고, 같은 작품을 다양하게 해석할 수 있다. 독자가 작품의 내용과 관련된 경험이 없다고 해서 작품을 해석할 수 없는 것은 아니다.

05 승아와 준우는 작품을 해석하는 방법과 배경지식의 차이로 작품을 다르게 해석하고 있다. 승아는 시를 시인의 삶과 관련지어 해석하고 있고, 준우는 시가 창작된 시대 상황과 관련지어 해석하고 있다.

06 작품을 감상할 때에는 작품 해석 방법이나 독자의 지식, 경험, 가치관 등에 따라 작품이 다양하게 해석될 수 있음을 알고, 다양한 해석을 비교하며 감상하는 것이 좋다.

07 다양한 해석을 비교하며 작품을 감상하면 다른 사람의 해석을 참고하며 작품 감상의 폭을 넓힐 수 있고 작품을 깊이 있게 이해할 수 있다. 또한 작품을 감상하는 다양한 관점을 이해할 수 있다.

08 비평문은 작품을 감상·해석한 뒤에 적절한 근거를 들어 그 작품의 가치를 평가하는 글이다.

09 비평문을 읽을 때에는 작품 해석의 근거가 적절한지 따져 보고, 작품에 대한 글쓴이의 해석과 평가가 타당한지 판단하며 읽는 것이 좋다.

10 〈보기〉는 시 〈청포도〉에 대한 비평문이다. 비평문에는 작품의 내용에 대한 분석과 함께 작품의 가치에 대한 평가가 담겨 있다.

정답과 해설

2일 필수 체크 전략 1 | 74~77쪽

1 ③　1-1 ⑤　1-2 은쟁반, 하이얀 모시 수건　2 ②
2-1 ④　3 ⑤　3-1 ②　4 ②　4-1 ⑤

• 청포도(이육사)

갈래 현대시
제재 청포도
주제 평화롭고 풍요로운 삶에 대한 소망
특징 ① 상징적 소재를 사용하여 평화롭고 풍요로운 삶에 대한 소망을 그림.
② 푸른색과 흰색의 색채 대비를 통해 화자의 소망을 부각함.

시의 짜임

1연	내 고장에서는 칠월이면 청포도가 익어 감.
2연	청포도 속에 꿈과 소망이 담겨 있음.
3연	흰 돛단배가 오기를 바람.
4연	손님이 청포를 입고 찾아온다고 함.
5연	손님과 함께 청포도를 따 먹고 싶음.
6연	손님이 올 때를 대비하는 정성스러운 마음

핵심 포인트 이 시에 나타난 색채 대비

푸른색	↔	흰색
청포도, 하늘, 푸른 바다, 청포		흰 돛단배, 은쟁반, 하이얀 모시 수건
↓		↓
풍요로움, 희망, 생명력		깨끗함, 정성

1 이 시에서 '청포도'는 풍요로움, 평화, 희망 등을 상징하는 소재로, 암울한 현실과 같은 부정적인 것과는 거리가 멀다.

오답 풀이

①, ④ '청포도', '하늘', '푸른 바다', '청포'의 푸른색과 '흰 돛단배', '은쟁반', '하이얀 모시 수건'의 흰색의 색채 대비를 통해 풍요롭고 평화로운 세계에 대한 화자의 소망을 부각하고 있다.

② 4연을 통해 화자가 '손님'이 찾아오기를 기다리고 있는 상황임을 알 수 있다.

⑤ 5~6연에서 손님을 위해 기꺼이 행동하려는 화자의 헌신적인 태도와 손님에게 귀하고 깨끗한 것을 주고 싶어 하는 마음을 엿볼 수 있다.

1-1 5연 1행에서 '내 그를 맞아 이 포도를 따 먹으면'이라고 하고 있으므로 이 시의 화자는 손님을 맞아 청포도를 함께 따 먹기를 소망하고 있음을 알 수 있다.

1-2 은쟁반과 모시 수건의 흰색은 깨끗한 이미지를 나타낸다. 이는 손님맞이를 위한 정결한 마음가짐과 정성을 의미한다.

• 소망과 믿음의 노래(정호웅)

갈래 비평문
제재 이육사의 시 〈청포도〉
주제 시 〈청포도〉는 조국 독립의 소망과 믿음을 노래한 시이다.
특징 ① 이육사의 삶과 관련지어 시 〈청포도〉를 해석함.
② 시 〈청포도〉를 시상의 흐름에 따라 나누어 해석함.

글의 짜임

처음	시 〈청포도〉 소개
중간 1	이육사의 성장 과정과 독립투사로서의 삶
중간 2	시상의 흐름에 따른 시 〈청포도〉 해석
끝	투쟁의 삶에서 피어난 시 〈청포도〉

핵심 포인트 1 시 〈청포도〉에 대한 글쓴이의 해석

'손님'의 의미	해석의 근거
해방된 조국	시인 이육사의 삶
↓	
주제	시 〈청포도〉는 조국 독립의 소망과 믿음을 노래한 시이다.

핵심 포인트 2 이육사의 성장 과정과 그 영향

성장 과정	→	영향
고향에서 선비 교육을 철저히 받으며 자람.		일제와 맞서 싸우는 독립투사의 삶을 살았음.

핵심 포인트 3 시상의 흐름에 따른 시 〈청포도〉 해석

1~2연	청포도의 특별한 의미
3~4연	화자가 기다리는 손님이 언젠가는 찾아오리라는 믿음
5연	손님을 맞아 벌일 즐거운 잔치를 상상
6연	손님맞이를 위한 준비

2 이 글의 글쓴이는 이육사가 독립투사로서의 삶을 살았음을 근거로 들어 〈청포도〉를 조국 독립의 소망과 믿음을 노래한 시로 해석하고 있다.

2-1 이 글의 글쓴이는 시인의 삶과 관련지어 〈청포도〉를 해석하고 있다. ④도 독립투사였던 시인의 삶과 관련지어 시어의 의미를 해석하고 있다.

3 (마)에서 글쓴이는 〈청포도〉가 조국 독립의 소망과 믿음을 품고 투쟁의 삶을 살았던 이육사의 삶의 과정에서 피어난 꽃이라고 평가하고 있다.

오답 풀이

② (나)에서 4연의 '손님'은 해방된 조국을 상징한다고 해석하고 있다.

③ (다)에서 5연의 잔치를 손님(해방된 조국)을 맞아 벌이는 즐겁고 행복한 잔치로 해석하고 있다.

3-1 (나)에서 글쓴이는 오랜 세월 힘든 싸움을 계속하느라 지쳐 '고달픈 몸'으로 돌아오는 '손님'이 해방된 조국을 상징한다고 해석하고 있다. 따라서 '고달픈 몸'은 조국 해방을 위한 투쟁의 과정에서 겪은 시련과 고난을 의미한다고 볼 수 있다.

4 (가)에서는 시인의 삶과 관련지어 '손님'이 해방된 조국을 상징한다고 해석하고 있고, (나)에서는 시의 내용과 표현을 중심으로 '손님'을 고향을 떠나 고단하게 떠돌며 살아온 사람으로 해석하고 있다.

4-1 작품의 내적 요소를 중심으로 하여 〈청포도〉를 해석한 (나)의 내용을 바탕으로 할 때, 〈청포도〉의 주제는 '풍요롭고 평화로운 세상에 대한 소망'이 적절하다.

2일 필수 체크 전략 2 78~81쪽

01 ④ **02** ④ **03** 명태의 시각적 이미지에 청각적 울림을 더해 주고, 시의 의미를 풍요롭게 해 준다. **04** ⑤ **05** ② **06** 문턱에서 누군가를 기다리며 슬픔(서러움)을 느끼고 있다. **07** ⑤ **08** 암울한 우리 민족의 분신/일본의 억압과 수탈에 고통받는 우리 민족 **09** ③ **10** ⑤ **11** ③

01 ④는 작품의 내적 요소가 아닌 작가의 삶과 관련지어 해석한 내용이다.

자료실

〈멧새 소리〉(백석) 작품 개관

갈래	현대시	제재	명태
주제	타향에서의 비극적인 삶		
특징	은유적 표현을 통해 화자를 명태로 나타냄.		

〈시 읽기의 네 갈래 길〉(정끝별) 작품 개관

갈래	비평문
제재	백석의 시 〈멧새 소리〉
주제	시 〈멧새 소리〉에 관한 다양한 해석
특징	① 시의 내용이나 표현, 시인의 삶, 시대적 배경, 독자의 경험 등을 중심으로 하여 시를 다양하게 해석함. ② 해석을 뒷받침하는 구체적인 근거를 제시함.

02 (나)의 첫 번째 문단을 통해 (가)는 백석의 여러 시 중 드물게 짧고 간결한 시라는 점과 시간적 배경이 겨울의 저물녘이라는 점을 알 수 있다. 또한 ''별이 차갑다'라는 모순되는 감각의 이미지'를 통해 '별은 서러웁게 차갑다'에 역설이 쓰였음을 알 수 있다.

오답 풀이

ㄷ. (나)에서는 (가)에 한 컷의 흑백 사진을 보는 듯 이미지가 탁월하게 나타나 있음을 말하고 있을 뿐, 시인이 한 컷의 흑백 사진을 바탕으로 하여 (가)를 창작했다는 내용은 나타나 있지 않다.

03 (나)의 두 번째 문단에서 (가)의 제목 '멧새 소리'의 효과를 설명하고 있다.

평가 기준

채점 요소	확인☑
(나)를 참고하여 시의 제목 '멧새 소리'의 효과를 바르게 파악하였다.	
한 문장으로 서술하였다.	

04 (가)를 통해 화자의 집 주변에 멧새 소리가 들린다는 것을 알 수 있는데, 이는 화자의 집 주변을 오가는 사람이 없어 적막하다는 것을 의미한다. 화자의 집 주변에서 들리는 멧새 소리가 시끄러워 화자의 집에 오는 사람이 없는 것이라고 보기는 어렵다.

오답 풀이

①은 (가), ②, ③은 (나), ④는 (다)를 통해 알 수 있다.

05 (나)에서는 시인 백석의 삶과 관련지어 명태가 시인 자신의 모습을 나타내는 시어라고 해석하고 있다.

06 '문턱에 꽁꽁 얼어서'는 화자가 문턱에 서서 누군가를 기다리고 있음을 나타내고, '가슴에 길다란 고드름'은 울음을 연상시켜 화자가 기다리는 대상이 오지 않아 슬픔, 서러움 등의 감정을 느끼고 있음을 드러내고 있다.

평가 기준

채점 요소	확인☑
(다)의 내용을 바탕으로 하여 ㉠에 담긴 화자의 정서를 바르게 파악하였다.	
시구에 드러난 화자의 상황을 바르게 파악하였다.	
주어진 문장 형식에 맞추어 서술하였다.	

07 이 시에는 날이 저물 무렵 화자가 처마 끝에 걸린 명태를 바라보며 자신을 명태와 동일시하는 상황이 나타나 있다. 화자가 명태를 말리던 고향의 모습을 떠올리고 있는 것은 아니다.

08 (나)의 첫 번째 문단에서 일제 강점기라는 창작 당시의 시대 상황과 관련지어 '명태'가 암울한 우리 민족의 분신이라고 해석하고 있다.

09 ㉠은 독자가 자신의 경험이나 가치관을 반영하여 문학 작품을 해석할 수 있음을 의미한다. ①, ②, ④, ⑤는 모두 자신의 경험을 바탕으로 하여 시를 해석하고 있지만 ③은 시가 발표된 당시의 시대 상황과 관련지어 시를 해석하고 있다.

10 ⑤는 시를 작품의 내적 요소(㉢)를 중심으로 해석한 내용에 가깝다.

자료실

〈봄은〉(신동엽) 작품 개관

갈래	현대시	제재	겨울, 봄
주제	자주적이고 평화적인 통일에 대한 염원		
특징	① '봄'과 '겨울'의 대립적이고 상징적인 이미지로 시상을 전개함. ② 단정적인 어조로 통일에 대한 화자의 확고한 믿음과 의지를 표현함.		

11 (나)의 글쓴이는 3연의 '겨울'을 분단된 민족으로서 우리가 겪는 괴로움으로 해석하며, 시인은 이 '겨울'이 '바다와 대륙 밖에서' 온 것으로 생각한다고 말하고 있다. '바다와 대륙 밖'은 한반도를 둘러싼 당시 국제 정치의 상황, 미국과 소련의 대립을 의미한다. 즉, 남북 분단으로 겪는 고통이 민족 내부의 분열이 아니라 외세에 의해 비롯되었음을 밝히고 있다.

3일 필수 체크 전략 1 82~85쪽

1 ④　1-1 ②　2 ⑤　2-1 임에 대한 축복　2-2 ④　3 ③　3-1 ⑤　4 작품, 독자　4-1 ④

• 진달래꽃(김소월)

갈래 현대시
제재 진달래꽃, 이별
주제 이별의 정한과 승화
특징 ① 이별의 상황을 가정하여 시상을 전개함.
② 3음보의 민요조 율격과 '-우리다'의 반복을 통해 운율을 형성함.
③ 1연과 4연이 수미상관을 이룸.

시의 짜임

1연	이별의 상황에 대한 체념
2연	떠나는 임에 대한 축복
3연	원망을 뛰어넘은 희생적 사랑
4연	슬픔의 극복과 승화

핵심 포인트 1 시어 '진달래꽃'의 의미

- 임에 대한 사랑을 드러내기 위해 선택한 화자의 분신
- 임에 대한 축복
- 임에 대한 희생과 헌신

핵심 포인트 2 이 시에 나타난 수미상관 구조와 효과

수미상관 구조	1연과 4연에 '나 보기가 역겨워 / 가실 때에는'을 반복함.
↓	
효과	• 운율을 형성함. • 주제를 강조함. • 시에 구조적 안정감을 줌.

1 4연에서 슬픔을 극복하겠다는 의지를 보이고 있지만, 이 시에 명령형의 문장은 나타나 있지 않다.

오답 풀이

① 1, 2, 4연 3행에서 '-우리다'를 반복하여 운율을 형성하고 있다.

② '나 보기가 역겨워 / 가실 때에는'과 같이 이별의 상황을 가정하고 있다.

③ 2연에 '영변', '약산'이라는 실제 지명이 나타나 있다.

⑤ 1연과 4연에서 '나 보기가 역겨워 / 가실 때에는'을 반복하여 수미상관을 이루고 있다.

1-1 '진달래꽃'은 임에 대한 자신의 사랑을 드러내기 위해 선택한 시적 화자의 분신(ㄱ)으로, 임에 대한 화자의 아름답고 강렬한 사랑을 상징한다(ㄴ). 그리고 뿌려 놓은 진달래꽃을 사뿐히 즈려밟고 가라고 말하는 것을 보아 화자의 헌신적이고 희생적인 태도를 드러내는 소재로도 볼 수 있다(ㄹ).

오답 풀이

ㅁ. 이 시가 임과의 이별을 가정하여 시상을 전개하고 있지만 임과의 이별에 따른 화자의 자책이나 후회는 나타나 있지 않다.

• 이별의 상황과 사랑의 진실(이숭원)

갈래 비평문

제재 김소월의 시 〈진달래꽃〉

주제 시 〈진달래꽃〉은 이별의 상황을 가정하여 사랑의 진실을 표현한 시이다.

특징 시어의 의미, 가정의 어법 등에 주목하여 작품을 해석함.

글의 짜임

처음	시 〈진달래꽃〉 해석의 중점 소개
중간 1	약산의 '진달래꽃'과 '사뿐히 즈려밟고'의 의미 해석
중간 2	'죽어도 아니 눈물 흘리우리다'의 의미 해석
중간 3	'가실 때에는'이 가정의 어법으로 쓰인 것에 대한 해석
끝	이별의 상황을 설정하여 화자의 가슴에 있는 사랑의 진실을 표현한 시 〈진달래꽃〉

핵심 포인트 1 **시 〈진달래꽃〉에 대한 글쓴이의 해석**

1연	만약 미래에 내가 싫어서 떠나신다면 말없이 보내드릴 것입니다.
2연	영변 약산의 진달래꽃을 뿌리며 임이 가시는 길을 축복할 것입니다.
3연	진달래꽃을 뿌려 놓은 길을 사뿐하게 밟으며 임이 홀가분하게 떠나기를 바랍니다.
4연	만약 미래에 내가 싫어서 떠나신대도 눈물을 흘리지 않을 것입니다.

↓

주제	이별의 상황을 가정하여 화자의 가슴에 있는 사랑의 진실을 표현한 시이다.

핵심 포인트 2 **글쓴이가 해석한 시 〈진달래꽃〉의 참된 의미**

- 이 시에 제시된 상황은 미래의 시점을 가정한 것이기에 실제 일어나고 있는 일은 아님.
- 현재 화자의 마음은 진실하며 임을 사랑하는 감정이 절실하고, 이러한 상황에서 미래의 행동을 고백한 것이므로 화자의 말은 참일 것임.

↓

이 시의 참된 의미는 떠남이 아니라 만남에 있으며,
사랑의 상실이 아니라 사랑의 결실에 있음.

2 (나)에서 글쓴이는 '즈려밟다'의 사전적 의미를 바탕으로, 시 〈진달래꽃〉의 3연에 진달래꽃을 아주 사뿐히 밟고 홀가분한 마음으로 떠나라는 뜻이 담겨 있다고 해석하고 있다. 사전적 의미와 반대가 아니다.

2-1 (가)에서 글쓴이는 화자가 생각하는 최상의 아름다움인 약산의 진달래꽃을 임이 떠나는 길에 뿌림으로써 임이 가는 길을 아름답게 꾸며 축복하는 것이라고 해석하고 있다.

2-2 (나)에서 글쓴이는 ㉠에 임이 꽃길을 사뿐하게 밟으며 홀가분한 마음으로 떠나라는 뜻이 담겨 있다고 해석하고 있다.

3 (나)에서 글쓴이는 '가실 때에는'이 가정의 어법으로 쓰였다는 점에 주목하여, 화자가 현재 임과 어떤 형태로든 만나고 있으며 임이 떠나는 때가 와도 임을 미워하거나 붙잡지 않고 진달래꽃을 뿌리며 축복할 것임을 말하고 있다고 해석하고 있다.

3-1 (다)의 '요컨대 이 시는 ~ 표현한 것이라 하겠다.'에 글쓴이가 생각하는 〈진달래꽃〉의 주제가 나타나 있다. 글쓴이는 〈진달래꽃〉이 이별의 상황을 가정하여 화자의 가슴에 있는 사랑의 진실을 표현한 시라고 말하고 있다.

• 〈진달래꽃〉 다시 읽기(이어령)

갈래 비평문
제재 김소월의 시 〈진달래꽃〉
주제 시 〈진달래꽃〉은 단순한 이별의 노래가 아니라 이별을 가정하여 사랑의 열정을 노래한 시이다.
특징 작품에 나타난 시제에 주목하여 작품을 해석함.
글의 짜임

처음	비평 대상인 시 〈진달래꽃〉 소개
중간 1	미래 추정형의 시제로 쓰여 다른 이별가와 차별화되는 시 〈진달래꽃〉
중간 2	이별의 가정을 통해 현재의 사랑을 노래한 시 〈진달래꽃〉
끝	사랑의 열정을 나타낸 시 〈진달래꽃〉

핵심 포인트 1 **시 〈진달래꽃〉에 대한 글쓴이의 해석**

• '가실 때에는', '드리우리다'와 같이 미래 추정형으로 쓰여 있음.
• 시 전체의 서술어는 '드리우리다', '뿌리우리다', '가시옵소서', '흘리우리다'로 화자의 의지나 바람을 나타냄.

↓

임은 지금 화자를 역겨워하지도 않으며 떠난 것도 아님. 오히려 그들은 지금 열렬히 사랑을 하고 있는 중임을 알 수 있음.

↓

〈진달래꽃〉은 이별을 가정하여 사랑의 열정을 노래한 시임.

핵심 포인트 2 **시 〈진달래꽃〉이 다른 이별가와 차별화되는 점**

미래 추정형 시제	• 고려 가요 〈가시리〉, 민요 〈아리랑〉 등 이별을 노래한 한국의 시들은 과거형이나 현재형으로 진술되어 있음. • 〈진달래꽃〉은 이별의 시제가 미래 추정형으로 되어 있어 '만약'이라는 가정을 전제로 시상을 전개함.
역설적	• 〈진달래꽃〉은 이별의 상황을 가정하여 시상을 전개함. • 이별을 이별로 노래하거나 사랑을 사랑으로 노래하는 것이 아니라 이별의 슬픔을 바탕으로 사랑을 노래하고 있음.

↓

〈진달래꽃〉은 단순한 이별의 노래가 아님.

4 이 글의 글쓴이는 시에 나타난 시제와 같이 작품 자체를 중심으로 〈진달래꽃〉을 해석하고 있고, 윤서는 자신의 경험, 즉 독자를 중심으로 해석하고 있다.

4-1 이 글의 글쓴이는 작품의 외적 요소를 고려하지 않고 작품 자체를 중심으로 〈진달래꽃〉을 해석하고 있다.

오답 풀이
① (가)를 통해 알 수 있다.
②, ③ (다)를 통해 알 수 있다.
⑤ (나)를 통해 알 수 있다.

3일 필수 체크 전략 2 86~89쪽

01 ④ **02** ⑤ **03** 시인과 관련지어 해석하고 있다./이미지를 중시한 시인의 성향과 관련지어 해석하고 있다. **04** ③ **05** ④ **06** ② **07** ⑤ **08** ③ **09** ④ **10** ② **11** '봄'이 반드시 올 것이라는 화자의 믿음을 드러낸다.

01 이 글은 작품을 감상·해석하고 적절한 근거를 들어 그 작품의 가치를 평가하는 글인 비평문이다. 비평문에는 해석 방법이나 작품을 읽은 사람의 지식, 경험, 가치관 등에 따라 다양한 해석이 담길 수 있다. 따라서 다양한 해석 중에서 가장 널리 알려진 해석만 골라 소개한다는 내용은 적절하지 않다.

자료실

〈바다와 나비〉(김기림) 작품 개관

갈래	현대시
제재	나비, 바다
주제	낭만적 꿈의 좌절과 냉혹한 현실 인식
특징	① 감정을 절제한 객관적 태도가 드러남. ② 색채 대비를 비롯한 시각적 심상이 주로 나타남.

〈나비의 '허리'를 보다〉(정끝별) 작품 개관

갈래	비평문
제재	김기림의 시 〈바다와 나비〉
주제	시 〈바다와 나비〉에 대한 해석과 감상
특징	① 작품의 내적 요소, 작가, 작품을 둘러싼 시대 상황, 독자에게 전달되는 의미 등을 고려하여 작품을 다양하게 해석함. ② 해석을 뒷받침하는 구체적인 근거들을 제시하여 타당성을 높임.

02 (가) 시의 화자는 바다의 수심을 알지 못하는 순진한 나비가 바다를 청무밭으로 착각하여 내려갔다가 현실의 냉혹함에 좌절하는 모습을 감정을 절제한 객관적인 태도로 그리고 있다. 흰나비를 응원하는 내용은 나타나 있지 않다.

오답 풀이
③ 3연의 '새파란 초생달이 시리다'에서 공감각적 심상(시각의 촉각화)이 나타나 있다.

03 (나)에서 글쓴이는 시 〈바다와 나비〉를 쓴 시인 김기림이 이미지를 중시한 모더니스트라는 점에 주목하여 이 시에 흰색과 청색의 색채 대비가 선명하게 이루어지고 있다고 해석하고 있다.

평가 기준

채점 요소	확인☑
(나)에서 작품을 해석한 방법을 바르게 파악하였다.	
주어진 문장 형식에 맞추어 서술하였다.	

04 (나)에서 글쓴이는 시의 표현에 주목하여 '절다'의 의미에 따라 시구를 다양하게 해석할 수 있음을 말하고 있다. ③의 윤서도 시의 표현에 주목하여 종결 어미 '-다'를 통해 화자의 태도를 해석하고 있다.

오답 풀이

①, ⑤는 독자를 중심으로, ②는 시가 발표된 시대 상황에, ④는 시인의 특징에 주목하여 해석하고 있다.

05 (다)에서 글쓴이는 흰나비와 공주 둘 다 험난한 세상의 물정을 모른다는 점, 흰나비의 우아한 날개가 공주가 입은 흰 드레스를 연상시킨다는 점에서 흰나비를 '공주'에 비유한 것으로 해석하고 있다.

06 이 글은 김기림의 시 〈바다와 나비〉에 대한 비평문으로, 시의 표현과 시가 발표된 당시의 시대 상황을 근거로 하여 시를 해석하고 있다. 전문가의 말이나 같은 소재를 다룬 다른 작품, 시인의 성장 과정, 시인의 다른 작품에 대한 내용은 제시되어 있지 않다.

07 ㉤은 시가 발표된 당시의 시대 상황이 근대 혹은 일제 강점기라는 점을 고려하여 나비를 1930년대 식민지 지식인으로 해석하고 있다.

08 (가)는 ⓐ의 '나비 허리'에 대해 해석하고 있고, (나)는 나비와 초승달의 유사성을 바탕으로 ⓐ의 의미를 해석하고 있다. 나비의 허리보다 날개가 더 중요하다는 내용은 나타나 있지 않다.

09 이 시는 '봄'에 상징적 의미를 부여하여, 새로운 시대가 올 것이라는 강한 신념과 소망을 노래하고 있다. 〈보기〉에 나타난 창작 당시의 시대 상황을 고려할 때, 민주주의와 자유에 대한 신념과 소망을 노래한 시로 해석하는 것이 적절하다.

자료실

〈봄〉(이성부) 작품 개관

갈래	현대시	제재	봄
주제	다가올 새로운 시대에 대한 강한 신념과 소망		
특징	① '봄'을 의인화하여 상징적으로 그려 냄. ② 확고한 신념에 찬 어조로 화자의 믿음을 강조함.		

10 이 시의 화자는 '봄'을 간절히 기다리고 있다. 바람은 '다급한 사연'을 듣고 달려가 봄을 흔들어 깨운다는 것을 보아 화자의 간절한 소망을 전달하는 매개체 역할을 하고 있음을 알 수 있다.

11 ⓐ '온다'는 단정적 어조를 드러낸다. 화자는 '너는 온다', '너는 더디게 온다', '마침내 올 것이 온다'와 같이 표현하여 기다리는 봄이 반드시 올 것이라는 화자의 강한 신념을 드러내고 있다.

평가 기준

채점 요소	확인☑
'봄'에 대한 화자의 태도와 관련하여, '온다'라는 표현을 통해 얻을 수 있는 효과를 바르게 파악하였다.	
주어진 문장 형식에 맞추어 서술하였다.	

누구나 합격 전략 90~91쪽

01 (1) 비평문 (2) 다양하게 **02** (1) 비교 (2) 근거 **03** 승아 **04** (1) ㉣ (2) ㉠ (3) ㉢ (4) ㉡ **05** 작품 내적 요소 중심 **06** ㉢ **07** 봄날의 약산 진달래는 김소월이 살던 그 시대 그 지방 사람들이 생각할 수 있는 가장 아름다운 대상이었기 때문이다. **08** 준우 **09** 독자마다 지식, 경험, 가치관 등이 다르기 때문이다./사람마다 작품 해석의 근거가 다르기 때문이다.

01 (1) 작품을 감상·해석하고 적절한 근거를 들어 그 작품의 가치를 평가하는 글을 비평문이라고 한다. (2) 문학 작품은 작품의 해석 방법이나 독자의 지식, 경험, 가치관 등에 따라 다양하게 해석될 수 있다.

02 (1) 작품을 해석할 때에는 하나의 작품이 다양하게 해석될 수 있음을 알고, 근거의 차이에 따른 다양한 해석을 비교하며 감상하는 것이 좋다. (2) 작품을 해석할 때에는 해석을 뒷받침하는 타당한 근거를 들어야 한다.

03 다양한 해석을 비교하며 작품을 감상하면 다른 사람의 해석을 통해 작품 감상의 폭을 넓히고 작품을 감상하는 다양한 관점을 이해할 수 있다. 이를 통해 작품을 좀 더 깊이 있게 이해할 수 있고, 더 나아가 주체적인 관점에서 작품을 감상할 수도 있다.

05 이 글에서는 동사 '절다'의 의미에 주목하여 '어린 날개가 물결에 절어서'라는 시구를 해석하고 있다. 표현을 근거로 하여 해석하였으므로, 작품 내적 요소 중심으로 해석한 것이다.

06 〈청포도〉가 발표된 당시의 시대 상황과 관련지어 '손님'의 의미를 해석하고 있다.

07 글쓴이는 〈진달래꽃〉의 작가 김소월과 관련지어 봄날의 약산 진달래는 김소월이 살던 그 시대 그 지방 사람들이 생각할 수 있는 가장 아름다운 대상이었기 때문에 '진달래꽃'의 의미를 '화자가 생각할 수 있는 최상의 아름다움'이라고 해석하고 있다.

08 글쓴이는 함흥에서 추운 겨울을 보냈던 시인의 처지에 주목하여, 시인이 자신의 쓸쓸한 모습을 '명태'에 빗대어 표현한 것으로 해석하고 있다.

09 같은 문학 작품이라도 작품의 해석 방법이나 독자의 지식, 경험, 가치관 등에 따라 다르게 해석할 수 있다.

창의·융합·코딩 전략 1

92~93쪽

01 ② **02** ④ **03** ④ **04** 임이 진달래꽃을 사뿐하게 밟으며 홀가분한 마음으로 떠나가기를 바람.

01 (나)에서 글쓴이는 (가)가 일본의 억압과 수탈이 심했던 때 창작되었다는 점을 바탕으로 하여 (가)의 '명태'가 우리 민족의 분신이라고 해석하고 있다. 이러한 내용을 고려할 때, (가)에서 명태와 동일시되는 '나'가 기다리는 것은 일본으로부터의 해방, 즉 조국의 광복으로 볼 수 있다.

02 감상문의 글쓴이는 자신의 경험을 바탕으로 하여 '나비'를 도전에 나선 용감한 존재로, '바다'를 시련의 공간이자 도전할 가치가 있는 미지의 세계로 해석하고 있다.

03 글쓴이는 〈진달래꽃〉을 미래의 시제로 이별의 상황을 가정하여 현재의 사랑하는 마음을 노래한 시로 해석하고 있다.

04 글쓴이는 '사뿐히'와 '즈려밟다'의 사전적 의미를 근거로 들어, 3연은 임을 위해 진달래꽃을 뿌려 놓은 아름다운 꽃길을 임이 사뿐하게 밟으며 홀가분한 마음으로 떠나라는 뜻을 담고 있다고 해석하였다.

평가 기준

채점 요소	확인☑
3연에 담긴 화자의 바람을 바르게 파악하였다.	
화자가 바라는 임의 마음과 행동을 바르게 파악하였다.	
주어진 문장 형식에 맞추어 서술하였다.	

창의·융합·코딩 전략 2

94~95쪽

05 ㉠: 화자가 간절히 기다리는 대상 ㉡: 독립운동가로서의 이육사의 삶 **06** ② **07** ⑤ **08** ⑤

05 지호는 시에 나타난 표현을 바탕으로 '손님'을 화자가 간절히 기다리는 대상으로 해석하였고, 준현이는 이육사의 독립운동가로서의 삶을 바탕으로 '손님'을 독립운동을 함께할 애국지사로 해석하였다.

평가 기준

채점 요소	확인☑
㉠에 들어갈 말을 바르게 파악하였다.	
㉡에 들어갈 말을 바르게 파악하였다.	

06 글쓴이는 '청포도'를 마을의 역사, 마을 사람들의 삶과 꿈, 평화로운 세계에 대한 기대와 희망이 담긴 매우 가치 있는 존재라고 해석하고 있다. 따라서 바르게 이해한 것은 ②이다.

07 이 시의 4연에는 미래에 통일이 이루어져 군사적 대립과 긴장이 사라질 것이라는 염원이 드러나 있다. 따라서 ⓐ를 의미하는 시어는 ⓜ이다.

오답 풀이

㉠, ㉢: 외세를 의미한다.
㉡: 우리의 국토를 의미한다.
㉣: 통일을 의미한다.

08 글쓴이는 시가 창작된 당시의 시대 상황을 바탕으로 시어 '봄'이 민주주의를 상징한다고 해석하고 있다.

권말 정리 마무리 전략

신유형·신경향·서술형 전략 98~103쪽

01 ② **02** ㉠: 의미 있는 존재 ㉡: 진정한 아름다움 **03** ⑤ **04** ④ **05** ① **06** 반찬은 풍요롭지만 함께 밥을 먹을 사람이 없음. **07** ③ **08** ④ **09** 경제와 상업을 중요하게 생각하지만, 자신은 사대부로 장사치와 다르다고 생각한다. **10** 5연 **11** ② **12** ③ **13** ① **14** ⑤ **15** 이별하지 않은 상황임을 알 수 있어/어떤 형태로든 만나고 있음을 알 수 있어

01 (가)는 서로의 존재를 인식하고 의미 있는 관계가 되고자 하는 소망을 노래하고 있으므로, 단짝이 된 친구를 떠올린 것이 적절하다. (나)는 상처가 아름답다고 노래하고 있으므로, 울퉁불퉁하게 모양이 변한 발레리나의 발 사진을 떠올린 것이 적절하다.

오답 풀이

- 한솔: (가)의 화자는 누군가 자신의 존재를 인식하여 서로 의미 있는 관계를 맺기를 바라고 있다.
- 진우: (나)의 화자가 어린 매화나무를 보며 안타까움을 느끼는 모습은 나타나 있지 않다.

02 (가)에서 '꽃'은 '의미 있는 존재'를 의미하고, (나)에서 '꽃'은 '진정한 아름다움'을 의미한다. 따라서 ㉠에는 '의미 있는 존재'가, ㉡에는 '진정한 아름다움'이 들어가는 것이 적절하다.

평가 기준

채점 요소	확인☑
㉠: (가)에서 '꽃'이 의미하는 바를 바르게 파악하였다.	
㉡: (나)에서 '꽃'이 의미하는 바를 바르게 파악하였다.	

03 (가)의 ㉠은 "제가 맞아요."라는 뜻에서 한 말이지만, 실제로 신체가 긴 김대호 씨의 특징과 연결 지어 길다는 뜻으로도 해석되어 웃음을 유발하고 있다. 〈보기〉의 ⓐ는 '작은 짐승을 기르는 집'을 뜻하는 '장'을 가구를 뜻하는 '장'으로 사용하여 웃음을 유발하고 있다.

오답 풀이

④ 앞에서 "장 안에서 도포나 꺼내 와요."라고 말한 것을 볼 때, 닭장의 '장'을 '물건을 넣어 두는 가구를 통틀어 이르는 말'의 뜻으로 쓴 것이다.

04 (나)에서 글쓴이는 상상에 빠지기 좋아하고 상식으로부

터 자유로워지려는 사람에게 어처구니없는 실수가 따라다니는 것은 아주 자연스러운 일이라고 하면서, 정신과 마음은 내려놓고 살아야 한다고 말하고 있다. 이를 바탕으로 할 때 ㉡은 상상에 빠지기도 하고 상식으로부터 자유로워지는 순간이 필요하다는 의미로 볼 수 있다.

오답 풀이

①, ② 글쓴이는 실수의 긍정적인 면을 강조하고 있지만, 실수를 자주 하거나 어떤 실수든 너그럽게 용서해야 한다고 말하고 있는 것은 아니다.

05 (가)는 가을 들판의 풍요로움과 적막함을 대비하여 적막한 들판에서 깨달은 생태계의 위기를 노래하고 있고, (나)는 과거와 현재의 밥상 풍경을 대비하여 개인화된 현대 사회의 세태를 비판하고 있다.

오답 풀이

- 진수: (가)에만 해당되는 설명이다. (가)는 쉼표, 줄표, 느낌표, 말줄임표와 같은 문장 부호를 사용하여 화자의 정서를 효과적으로 드러내고 있다.

자료실

〈얼굴 반찬〉(공광규) 작품 개관

갈래	현대시
제재	과거와 현재의 밥상 풍경
주제	개인 중심의 세태에 대한 비판
특징	① 과거와 현재의 밥상 풍경을 대조함. ② 함께 밥을 먹는 식구들을 음식에 비유함.

06 2연에서 화자는 밥상머리에 고기반찬이 가득하지만 함께 밥을 먹을 사람이 없다고 말하고 있다. 이를 통해 반찬이 소박해도 함께 밥을 먹을 사람이 많던 과거와 달리 반찬이 풍요롭지만 함께 밥을 먹을 사람이 없는 현재의 밥상 풍경을 대조적으로 드러내고 있다.

평가 기준

채점 요소	확인☑
2연에 나타난 현재의 밥상 풍경을 바르게 파악하였다.	
빈칸에 들어갈 문장의 형식에 맞추어 서술하였다.	

07 사재기를 하여 이윤을 창출할 수 있을 정도로 나라의 경제 구조가 취약함을 알 수 있다. 또한 연회와 제사 등에 사용하기 위해 비싼 값에도 과일을 사려는, 허례허식에 빠진 양반들의 모습을 짐작할 수 있다.

08 (나)의 "내가 처음 너희들과 ~ 새로이 정하려 하였다."에 백성들의 삶이 경제적으로 윤택해야 백성들의 의식을 바르게 이끌 수 있다는 실학사상이 나타나 있다.

09 허생은 경제와 상업을 중요시하여 당대의 현실을 비판한다. 그러나 한편으로는 재물보다 도를 우위에 두는 사대부로서의 정체성을 지키려 하고 있다. 이러한 정체성 때문에 허생은 자신을 장사치로 여기는 것을 불쾌해한 것이다.

평가 기준

채점 요소	확인☑
경제와 상업에 대한 허생의 인식을 바르게 파악하였다.	
허생이 생각하는 자신의 정체성을 바르게 파악하였다.	
한 문장으로 서술하였다.	

10 5연에서 화자는 손님이 오면 청포도를 따 먹고 싶다고 말하고 있으며, '두 손은 함뿍 적셔도 좋으련'은 촉각적 심상을 활용해 손님을 만나 누리게 될 기쁨을 감각적으로 표현한 시구이다.

11 4연의 '고달픈 몸으로'에서 손님이 몹시 힘들고 지친 상태임을 짐작할 수 있다.

12 〈보기〉는 선비 교육을 받고 성장한 이육사가 독립투사의 삶을 살았다는 내용이므로, 이와 관련지어 시를 이해한 내용으로는 조국 독립의 소망과 믿음을 노래한 작품이라는 ③이 적절하다.

13 (가)는 시 〈진달래꽃〉의 시제는 미래 추정형으로, '만약'이라는 가정을 전제로 시상을 전개하고 있다고 해석하고 있다. 따라서 이별의 상황을 가정해 상상하며 읽는 것이 가장 적절하다.

14 (나)는 시 〈진달래꽃〉을 미래의 이별 상황을 가정하여 현재 임에 대한 화자의 사랑을 표현한 시로 해석하고 있다.

15 (나)의 첫 번째 문단에서는 시 〈진달래꽃〉의 1, 4연의 '가실 때에는'이 가정의 어법으로 쓰였다는 점에 주목하여 임과 화자는 현재 어떤 형태로든 만나고 있다고 해석하고 있다.

평가 기준

채점 요소	확인☑
시에 쓰인 가정의 어법에 주목하여 현재 화자가 처한 상황을 바르게 파악하였다.	
주어진 문장 형식에 맞추어 서술하였다.	

고난도 해결 전략 1회 104~107쪽

01 ③ 02 조화로운 공동체를 이루고 있다./공동체적 삶을 살고 있다. 등 03 ④ 04 ② 05 ② 06 자신이 새끼 거미와 큰 거미를 문밖으로 쓸어 버려 무척 작은 새끼 거미가 가족과 헤어지게 되었다는 생각이 들었기 때문이다. 07 ⑤ 08 ㉠: 상처야말로 더 꽃인 것을. ㉡: 역설 09 ⑤

01 (가)의 화자는 누이의 죽음으로 인한 슬픔을 불교적 믿음으로 극복하고 있다. 〈보기〉의 화자는 임에 대한 원망을 개에게 전가하고 있으며, 포기하여 체념하는 모습은 나타나 있지 않다.

오답 풀이

④ (가)에는 혈육의 죽음에 대한 슬픔이 나타나 있으므로 안타까운 느낌을 준다. (나)에는 기다려도 오지 않는 임에 대한 원망을 개에게 전가하고, 개의 행동을 해학적으로 표현하여 우스꽝스럽고 재미있는 느낌을 준다.

자료실

〈개를 여남은이나 기르되〉 작품 개관

갈래	사설시조	제재	개
주제	임을 그리워하고 기다리는 마음		
특징	의성어와 의태어를 효과적으로 사용하여 얄미운 개가 하는 행동을 해학적, 사실적으로 묘사함.		

02 (나)는 함께 흔들리고 고개를 젓는 나무들의 모습을, 〈보기〉는 각각 서 있는 나무들이 숲을 이루고 있음을 노래하고 있다. 이를 바탕으로 할 때 (나)와 〈보기〉의 '나무'는 공통적으로 조화로운 공동체로서의 숲을 이루고 있다.

평가 기준

채점 요소	확인☑
(나)와 〈보기〉의 '나무'에 공통적으로 나타나 있는 특징을 바르게 파악하였다.	
한 문장으로 서술하였다.	

자료실

〈숲〉(정희성) 작품 개관

갈래	현대시	제재	숲
주제	공동체적 삶을 향한 소망		
특징	① 대화 형식을 통해 내용을 친근하게 전달함. ② 자연과 인간을 대비하여 소외된 현대인의 모습을 나타냄.		

03 (가)와 (나) 모두 평범하지만 자신의 자리에서 일상생활을 살아가고 있는 사람들의 모습을 그리고 있으며, 이들의 삶에서 가치를 이끌어 내고 있다.

자료실

〈나를 멈추게 하는 것들〉(반칠환) 작품 개관

갈래	현대시
제재	나를 멈추게 하는 것들
주제	꿋꿋이 살아가는 평범한 대상들이 주는 삶의 위안
특징	① 일상의 평범하고 사소한 대상들이 지닌 가치에 대한 깨달음이 드러남. ② 유사한 문장 구조의 반복을 통해 주제 의식을 효과적으로 강조함. ③ 주로 시각적 심상을 활용하여 심미적 인식을 드러냄.

04 김밥 아줌마는 묵묵히 김밥을 만드는 일에만 집중한다. 이러한 모습에는 '장인 정신'이라는 말이 어울린다. 빵떡모자 아저씨는 자신이 파는 야채와 과일에 자부심을 가지고 있으며, 자신이 파는 물건에 관한 정보를 손님에게 자세히 설명한다. 따라서 ㉠에는 '묵묵하고', ㉡에는 '자부심', ㉢에는 '장인 정신'이 들어가는 것이 적절하다.

05 (가)는 화자 '나'가 내용을 전달하고 있으나, (나)는 이야기 밖의 서술자가 내용을 전달하고 있다.

오답 풀이

① (가)에는 거미 가족이 흩어지게 된 상황이, (나)에는 아들과 어머니가 떨어지게 된 상황이 나타나 있다.
④ (가)에는 흩어진 거미 가족에 대한 화자의 심리가, (나)에는 고향을 떠난 아들에 대한 어머니의 심리가 나타나 있다.
⑤ (가)에는 의인화된 대상인 '거미'가 나타나 있고, (나)에는 아들을 상징하는 소재인 '연'이 나타나 있다.

06 새끼 거미와 큰 거미를 문밖으로 쓸어 버린 화자는 무척 작은 새끼 거미를 발견하고 자신의 행동 때문에 거미 가족이 헤어지게 되었다고 생각하여 가슴이 메이는 듯한 것이다.

평가 기준

채점 요소	확인☑
화자가 ㉠ 이전에 새끼 거미와 큰 거미를 문밖으로 쓸어 버렸음을 파악하였다.	
화자가 ㉠처럼 느낀 까닭을 바르게 파악하였다.	
주어진 문장 형식에 맞추어 서술하였다.	

07 (나)에서 어머니는 아들이 떠난 것을 알고 원망하거나 쫓아 나서지 않고 현실을 받아들이며 그저 아들이 건강하기를 바라고 있다.

오답 풀이

① 마지막에 어머니가 아들의 안녕을 기원하고 있으므로 적절하다.

④ 한숨을 삼키며 허망스럽게 중얼거리는 어머니의 모습을 통해 어머니가 아들이 떠나서 서글픔을 느낀다는 것을 짐작할 수 있다.

08 (가)는 고목의 상처가 어린 매화나무의 꽃보다 더 아름답다는 깨달음을 노래하고 있다. 이를 '상처야말로 더 꽃인 것을.'이라는 역설적 표현으로 드러내고 있다.

평가 기준

채점 요소	확인☑
㉠: 시인의 심미적 인식이 나타나 있는 시구를 바르게 파악하였다.	
㉡: 시구에 사용된 표현 방법을 바르게 파악하였다.	

09 (나)에서 '강마에'의 세 번째 대사에 '옅은 미소로'라는 지문이 있으므로 '강마에'를 연기하는 배우에게 점점 표정이 굳어지는 연기를 하도록 부탁하는 것은 적절하지 않다.

오답 풀이

① '어디선가 새 지저귀는 소리, 시냇물 소리가 들리기 시작하는 듯하다.'라는 지문이 있으므로 적절하다.

② '따로 놀지 않고 하나로 모이는 듯한'이라는 지문이 있으므로 적절하다.

③ '강마에'의 두 번째 대사에 '나뭇가지 사이를 파고드는 따스한 햇볕도 느껴집니다…….'가 있으므로 적절하다.

④ '각자 악기 챙겨 드는 단원들.'이라는 지문이 있으므로 적절하다.

자료실

〈베토벤 바이러스〉(홍진아·홍자람) 작품 개관

갈래	드라마 대본
배경	• 시간: 현대 • 공간: 석란시(가상의 도시)
제재	평범한 사람들이 모여 만든 오케스트라
주제	꿈을 간직한 채 살아가던 사람들이 꿈을 향해 가는 과정
특징	① 말이나 행동을 통해 인물의 성격을 드러냄. ② 인물의 말하기 방식을 통해 갈등이 드러나거나 문제가 해결됨.

고난도 해결 전략 2회

108~111쪽

01 ④ **02** ③ **03** ② **04** ④ **05** 시집살이의 괴로움을 한탄하면서도 체념적 태도를 보이고 있다. **06** ② **07** ③ **08** 현재에서 과거로 가는 역순행적 구성이 나타나 있다. **09** ⑤ **10** ④

01 공간의 이동에 따른 화자의 정서가 드러나는 시는 (나)이다. (나)의 화자는 빈 마을을 지나다가 빨래가 널려 있는 집을 발견하고 반가움을 느끼고 있다. (가)에는 공간의 이동이 뚜렷하게 드러나지 않는다.

오답 풀이

① (나)의 5행에서 '빨래'를 의인화하여 농촌에 살고 있는 사람들을 발견한 반가움을 표현하고 있다.

③ (가)의 1, 4, 8, 16행과 (나)의 12행에 설의법이 나타나 있다.

⑤ (가)의 '두 점을 치는 소리', '방범대원의 호각 소리', '육중한 기계 굴러가는 소리'에서 1970~1980년대 사회적 상황을 짐작할 수 있고, (나)의 '이 마을도 비었습니다', '폐교된 분교를 ~ 추웠습니다'에서 산업화·도시화로 농촌 인구가 줄어드는 사회적 상황을 짐작할 수 있다.

자료실

〈빨래꽃〉(유안진) 작품 개관

갈래	현대시	제재	빨래
주제	시골 마을에 널려 있는 빨래에서 느낀 생기와 반가움		
특징	① 공간의 이동에 따른 화자의 정서 변화가 드러남. ② 대조적 시어(추웠습니다 ↔ 따뜻했습니다)를 사용하여 화자의 심정 변화를 드러냄. ③ 산업화·도시화로 농촌 인구가 줄어든 현실을 안타까워하면서 인간적인 정을 그리워하고 있음.		

02 (가)의 화자는 산업화 시기에 고향을 떠나 도시에서 살아가는 노동자이고, (나)의 마을은 산업화·도시화로 사람들이 떠나 빈 시골 마을이므로 ③의 감상이 적절하다.

오답 풀이

① 현재 (가)의 화자가 있는 공간은 도시이며, (나)의 화자가 도시를 그리워하는 모습은 나타나 있지 않다.

② (가)의 화자는 어머니와 고향을 그리워하고 있으므로, 인간적인 정을 그리워한다고 볼 수 있다.

④ (가)의 '기계 굴러가는 소리'는 고되고 삭막한 느낌을 주고, (나)의 '개 짖는 소리'는 정겹고 따뜻한 느낌을 준다.

03 이 노래는 시집살이의 괴로움을 해학적으로 표현하고 있으므로, 고요하고 낭만적인 분위기가 나타나 있다는 설명은 적절하지 않다.

오답 풀이

① 이 노래는 '형님 온다∨형님∨온다∨분고개로∨형님 온다'와 같이 4음보가 반복되어 운율을 형성하고 있다.
③ '시집살이 개집살이'는 발음의 유사성을 이용한 언어유희로, 시집살이의 괴로움을 표현하고 있다.
④ '시아버니 호랑새요 ~ 남편 하나 미련새요.'에서 시집 식구들을 새에 비유하여 각자의 특성을 드러내고 있다.
⑤ 이 노래는 동생의 물음과 사촌 형님의 대답으로 이루어진 대화 형식으로 구성되어 있다.

04 이 노래에는 봉건적 가족 관계 속에서 겪는 서민 여성의 어려움과 괴로움이 나타나 있다. 며느리가 고된 가사 노동을 한다는 내용은 있지만, 사회 활동도 담당했다는 내용은 없다.

05 ㉠ '사촌 형님'은 시집살이의 괴로움을 드러내며 자신의 신세를 한탄하지만, 자식들을 보는 것으로 위로받으며 고된 시집살이를 체념해 순응하고 있다.

평가 기준

채점 요소	확인☑
시집살이에 관한 ㉠의 태도를 바르게 파악하였다.	
<보기>에서 '한탄', '체념적'을 바르게 골랐다.	
한 문장으로 서술하였다.	

06 (가)와 (나)에 나타난 사회·문화적 배경은 일제 강점기이다. (가)의 '황국 신민'은 일제 강점기에, 천황이 다스리는 나라의 신하 된 백성이라 하여 일본이 자국민을 이르던 말이고, '징용'은 일제 강점기에, 일본 제국주의자들이 조선 사람을 강제로 동원하여 부리던 일이다.

07 (가)의 ㉠ '그'는 일제를 따르며 기회주의적으로 처신하고 있다. 한편 (나)의 ㉡ '만도'는 징용에 끌려가서 다이너마이트 폭발 사고로 한쪽 팔을 잃었으므로 희생당한 것이다.

08 (나)에서 만도는 징용에 끌려갔던 과거를 회상하고 있다. ⓐ 뒤에 이어지는 내용은 만도가 징용에 끌려가서 한쪽 팔을 잃게 된 과거의 이야기이다.

평가 기준

채점 요소	확인☑
만도가 과거를 회상하고 있음을 바르게 파악하였다.	
주어진 문장 형식에 맞추어 서술하였다.	

09 (다)에서 산업화가 이루어진 도시에서는 구시대적 삶의 수단인 노새로는 돈을 벌기 어려웠음을 알 수 있다. 따라서 노새를 여러 마리 부리면 큰돈을 벌 수 있었다는 내용은 적절하지 않다.

오답 풀이

① (가)에 그날그날 벌어먹고 사는 사람들이 많았다는 내용에서 알 수 있다.
② (가)에 빈터에 집터가 다져지고, 문화 주택이 들어서더니 제법 그럴듯한 동네 꼴이 잡혀 갔다는 내용에서 알 수 있다.
③ (나)에 노새나 말이나 삼륜차 때문에 일감이 줄어든다는 내용에서 알 수 있다.
④ (나)에 아버지가 시골에서 서울로 올라왔다는 내용에서 알 수 있다.

자료실

〈노새 두 마리〉(최일남) 작품 개관

갈래	현대 소설
배경	• 시간: 1970년대 • 공간: 서울의 가난한 변두리 동네
주제	급변하는 시대 상황에 적응하지 못한 도시 빈민의 힘겨운 삶
특징	① 어린 '나'의 시선으로 아버지의 삶을 객관화하여 보여 줌. ② 아버지를 '노새'에 비유하여 아버지의 고단하고 힘겨운 삶을 효과적으로 드러냄. ③ 1970년대 산업화·도시화로 급변하는 사회·문화적 상황이 나타남.

10 (다)에서 아버지가 자신이 노새가 되겠다고 말하는 것은 노새가 하던 역할까지 맡아서 일하여 가족의 생계를 책임지겠다는 의미이다. 가족을 위해 헌신하는 가장의 책임감을 엿볼 수 있는데, 이는 오늘날에도 변하지 않는 보편적인 가치이다.

고난도 해결 전략 3회 112~115쪽

01 ③ 02 ⓐ: 증기 방앗간 ⓑ: 풍차 방앗간 03 ③ 04 ④ 05 ② 06 눈앞의 쾌락보다 자유와 아름다움을 추구하는 삶이 가치 있다. 07 ④ 08 (나)에서는 '나'를 열등한 존재로 해석하고, (다)에서는 '나'를 강인한 존재로 해석하고 있다.

01 ㉠은 작가 알퐁스 도데의 고향이 프로방스 지방이라는 점과 관련지어 코르니유 영감을 돕는 마을 사람들의 행동을 프로방스 주민들의 순수하고 인간적인 면모가 담긴 것으로 해석하였다. ㉡은 작품의 창작된 시대 상황과 관련지어 코르니유 영감이 어떤 인물을 상징하는지 해석하였다.

자료실

〈코르니유 영감의 비밀〉(알퐁스 도데) 작품 개관

갈래	현대 소설
제재	코르니유 영감의 풍차 방앗간
배경	• 시간: 산업 혁명 시기 • 공간: 프랑스의 프로방스 지방
주제	시대의 변화 속에서 전통을 지키려고 하는 코르니유 영감의 집념
특징	① 피리 연주자가 물레방앗간 주인에게 이야기를 들려주는 액자식 구성을 취함. ② 극적인 반전을 통해 주제를 효과적으로 드러냄.

02 풍차 방앗간은 자연의 바람으로 곡물을 가루로 만들던 곳으로 전통적인 삶의 방식을 상징한다. 증기 방앗간은 산업 혁명 시기에 등장하여 연료를 사용해 곡물을 가루로 만들던 곳으로 근대화된 기계 문명을 상징한다.

평가 기준

채점 요소	확인☑
ⓐ: 근대화된 기계 문명을 상징하는 소재를 바르게 파악하였다.	
ⓑ: 전통적인 삶의 방식을 상징하는 소재를 바르게 파악하였다.	

03 (나)는 (가)에 대한 비평문이다. 세 번째 문단에서 멧새 소리가 들린다는 것은 화자의 집 주변에 인적이나 인기척이 드물어 마당이 비어 있기 때문이라고 해석한 점을 고려할 때, 가족들이 마당에 모여 있는 모습은 영상 시를 만들 때 필요한 장면으로 적절하지 않다.

04 (나)의 세 번째 문단에서 화자의 적막한 기다림의 시간에 멧새 소리마저 없다면 그 집이 얼마나 쓸쓸하겠냐며, 안과 밖을 이어 주는 공간을 의미하는 '문턱'과 함께 멧새 소리가 화자와 외부의 소통 가능성을 열어 주는 역할을 한다고 해석하고 있다.

05 이 글에서 짧은 삶을 힘들게 살기보다 한나절이나마 편하게 지내고자 끈끈이 띠에 붙어 있다 죽음을 맞이한 하루살이는 ㉠을, 자유와 아름다움을 추구하기 위해 불 속에 몸을 던진 불나방은 ㉡을, 다가오는 죽음을 모른 채 끈끈이 띠에 붙어 아교풀만 빨아 먹은 파리는 ㉢을 상징한다.

자료실

〈불나방과 하루살이〉(김소진) 작품 개관

갈래	현대 소설, 우화 소설
제재	불나방, 하루살이, 파리
주제	눈앞의 욕망보다 자유와 아름다움을 추구하는 삶의 가치
특징	① 우화적 구조를 통해 교훈을 전달함. ② 곤충의 습성을 바탕으로 등장인물들의 삶의 방식을 설정함. ③ 추구하는 가치가 다른 등장인물들을 통해 어떤 삶이 더 가치 있는지를 생각해 보게 함.

06 이 글에서 불나방은 불에 타 죽을 것을 알면서도 촛불을 향해 뛰어든다. 불나방은 눈앞의 쾌락보다 자유와 아름다움을 추구하는 것인데, 작가는 이러한 불나방의 삶이 가치 있다고 긍정적으로 바라보고 있다.

평가 기준

채점 요소	확인☑
불나방이 추구하는 삶을 바르게 파악하였다.	
'쾌락', '자유', '아름다움'이라는 단어를 포함하였다.	
30자 내외의 한 문장으로 서술하였다.	

07 (가)의 '당신'은 화자 '나'가 희생하고 헌신하며 기다리는 대상이다. 그리고 〈보기〉의 약력에는 (가)를 쓴 시인이 승려이자 독립운동가로서의 삶을 살았음이 나타나 있다. 따라서 시인이 독립운동에 참여하였음을 고려할 때 '나'를 독립운동가로, '당신'을 조국의 광복으로 해석할 수 있으며, '당신'을 일제의 탄압으로 해석하는 것은 적절하지 않다.

오답 풀이

①, ③ 시인이 승려였다는 점을 고려할 때 '나'를 인내심

을 가지고 불교적 진리를 탐구하는 승려로, '당신'을 불교적 진리로 해석할 수 있다.
⑤ (가)에서 '나'는 '당신'이 다시 올 것을 확신하며 기다리고 있는데, 시인이 독립운동에 참여하였음을 고려하면 광복에 관한 믿음을 노래한 시라고 해석할 수 있다.

자료실

〈나룻배와 행인〉(한용운) 작품 개관

갈래	현대시
제재	나룻배, 행인
주제	희생과 믿음을 통한 진정한 사랑의 실천 의지
특징	① 화자가 자신을 '나룻배'에 비유하여 임에 대한 자신의 마음을 드러내고 있음. ② 수미상관의 구조를 취하여 시에 안정감을 부여하며, '나'와 '당신'의 관계를 강조함.

08 (나)에서는 '나'가 '당신'을 맹목적으로 기다리며 순종하기 때문에 '나'를 '당신'에 비해 상대적으로 열등한 존재로 해석하고 있다. (다)에서는 '당신'을 사랑하고 헌신하는 '나'를 사랑의 힘으로 어떤 역경도 이겨 낼 수 있는 강인한 존재로 해석하고 있다.

평가 기준

채점 요소	확인☑
'나'에 대한 (나)와 (다)의 해석을 바르게 파악하였다.	
주어진 문장 형식에 맞추어 서술하였다.	

memo

어휘력을 길러 보자!

필수 어휘 체크 전략

필수 어휘 체크 전략

1주 문학의 아름다움

❶ [ㄱㅂ]하다

형용사 ① 인정이 없고 삭막하다. ② 땅이 거칠고 기름지지 아니하다. ③ 돈 따위를 지나치게 아껴 넉넉하지 않다.

예 세상인심이 이렇게 각박해서야 되겠나.

규명

명사 어떤 ❷[ㅅㅅ]을 자세히 따져서 바로 밝힘.

예 우리는 이 사건의 진상 규명을 요구할 것이다.

굴대

명사 수레바퀴의 한가운데에 뚫린 구멍에 끼우는 긴 나무 ❸[ㅁㄷ]나 쇠막대.

예 농부는 수레의 굴대를 전부 새것으로 바꾸기로 하였다.

❹ [ㄴㅊ]

부사 ① 어떤 일 끝에 더 나아가. ② 줄곧 한결같이.

예 편의점에 가는 김에 내처 지하철역까지 바래다줄게.

❺ [ㄴㅅ]

명사 산등성이를 따라 죽 이어진 선.

예 능선을 따라 울긋불긋 봄꽃이 만발했다.

당하다

형용사 사리에 마땅하거나 ❻[ㄱㄴ]하다.

예 지금 날씨에 행사를 계속 진행하는 것은 당치 않은 일이다.

도지다

동사 ① 나아지거나 나았던 ❼[ㅂ]이 도로 심해지다. ② 가라앉았던 노여움이 다시 생기다. ③ 없어졌던 것이 되살아나거나 다시 퍼지다.

예 감기가 도졌는지 다시 기침이 난다.

답 ❶ 각박 ❷ 사실 ❸ 막대 ❹ 내처 ❺ 능선 ❻ 가능 ❼ 병

❶ ㄷㅎㅈ

명사 사람이 많이 살고 상공업이 발달한 번잡한 지역.

예 부모는 도회지 가서 돈 벌어 온다는 자식의 안부를 기다리고 있었다.

둥치

명사 큰 나무의 ❷ ㅁㄷ .

예 목수는 나무를 둥치까지 베어서 뗏목을 만들었다.

❸ ㄸㄹㄸㄹ 하다

형용사 조금도 흐리지 않고 아주 밝고 똑똑하다.

예 묻는 말에 막힘없이 대답하는 민채가 또랑또랑해 보였다.

보시

명사 ❹ ㅈㅂㅅ 으로 남에게 재물이나 불법을 베풂.

예 수재민에게 생활용품을 보내는 것으로 보시를 하였다.

부적

명사 잡귀를 쫓고 ❺ ㅈㅇ 을 물리치기 위하여 붉은색으로 글씨를 쓰거나 그림을 그려 몸에 지니거나 집에 붙이는 종이.

예 뱃사람들은 항해하는 동안 화를 입지 않게 해 달라는 뜻으로 대개 부적을 지니고 다녔다.

❻ ㅂㅈㄱㅅ

명사 헤아릴 수가 없을 만큼 많음. 또는 그렇게 많은 수효.

예 아침에 내린 폭설로 학교에 지각한 학생이 부지기수로 많았다.

빵떡모자

명사 차양이 없이 동글납작하게 생긴 ❼ ㅁㅈ .

예 빵떡모자를 쓴 유치원 아이들이 재잘거리면서 놀고 있다.

답 ❶ 도회지 ❷ 밑동 ❸ 또랑또랑 ❹ 자비심 ❺ 재앙 ❻ 부지기수 ❼ 모자

필수 어휘 체크 전략

사군자

명사 동양화에서, ❶ ㅁㅎ · 난초 · 국화 · 대나무를 그린 그림. 또는 그 소재. 고결함을 상징으로 하는 문인화의 대표적 소재이다.

예 고풍스러운 사군자 병풍은 우리 집안의 가보이다.

❷ ㅅㄱㅅㄱ하다

형용사 ① 생김새나 성품이 상냥하고 시원스럽다. ② 사과나 배 따위를 씹는 것과 같이 매우 보드랍고 연하다.

예 민규는 성격이 사근사근해서 처음 보는 사람도 호감을 가지게 한다.

성호

명사 거룩한 표라는 뜻으로, 신자가 손으로 가슴에 긋는 ❸ ㅅㅈㄱ 를 이르는 말.

예 준서는 쓰러지신 할머니의 쾌유를 빌며 가슴에 성호를 긋고 간절히 기도하였다.

❹ ㅅㅅ

명사 ① 사람이 살고 있는 모든 사회를 통틀어 이르는 말. ② 세상의 일반적인 풍속. ③ 불가에서 일반 사회를 이르는 말.

예 절 안에 이렇게 빗이 있다는 건 누군가 세속에서 가져왔다는 의미지.

소신

명사 굳게 믿고 있는 바. 또는 ❺ ㅅㄱ 하는 바.

예 원우는 자신의 소신을 굽히지 않았다.

❻ ㅅㅁㅈ

관형사 명사 아름다움을 살펴 찾으려는. 또는 그런 것.

예 사람마다 심미적 기준은 다르다.

양지바르다

형용사 땅이 ❼ ㅂ 을 잘 받게 되어 있다.

예 부모님께서 양지바른 언덕에 앉아 편안하게 쉬고 계셨다.

답 ❶ 매화 ❷ 사근사근 ❸ 십자가 ❹ 세속 ❺ 생각 ❻ 심미적 ❼ 볕

❶ [ㅇㄹ]

명사 연줄, 낚싯줄 따위를 감는 데 쓰는 기구.

예 승아는 얼레의 실을 풀며 연을 하늘 높이 띄워 올렸다.

❷ [ㅇㄷㅋㄴ]

부사 넋이 나간 듯이 가만히 한자리에 서 있거나 앉아 있는 모양.

예 연재는 먼 산만 우두커니 바라보고 있었다.

유순하다

형용사 성질이나 ❸ [ㅌㄷ], 표정 따위가 부드럽고 순하다.

예 우리 집 개는 성격이 유순해서 처음 보는 사람하고도 금방 친해진다.

의례적

관형사 명사 ① 의례에 맞는. 또는 그런 것. ② 형식이나 ❹ [ㄱㅅ]만을 갖춘. 또는 그런 것.

예 나는 진심이 담기지 않은 의례적 인사를 받았다.

❺ [ㅇㅇ]하다

형용사 의지가 굳세어서 끄떡없다.

예 미주는 불안하고 초조했지만 의연한 태도를 보이려고 노력하였다.

❻ [ㅇㄹ]

명사 ① 논이나 밭을 갈아 골을 타서 두두룩하게 흙을 쌓아 만든 곳. ② 갈아 놓은 밭의 한 두둑과 한 고랑을 아울러 이르는 말. ③ 물결처럼 줄줄이 오목하고 볼록하게 이루는 모양을 이르는 말. 또는 이런 모양에서 볼록한 줄을 오목한 줄에 상대하여 이르는 말.

예 농부들은 이랑 끄트머리에 둘러앉아 점심을 먹으며 잠시 밭일을 쉬었다.

이변

명사 예상하지 못한 사태나 ❼ [ㄱㅇ]한 변고.

예 이번 시합에서는 많은 이변이 속출하였다.

답 ❶ 얼레 ❷ 우두커니 ❸ 태도 ❹ 격식 ❺ 의연 ❻ 이랑 ❼ 괴이

필수 어휘 체크 전략

인식

명사 사물을 ❶ ㅂㅂ 하고 판단하여 앎.

예 새로운 유행을 만들려면 기존의 사고방식에서 벗어난 독특한 인식이 필요하다.

일가견

명사 어떤 문제에 대하여 독자적인 경지나 체계를 이룬 ❷ ㄱㅎ .

예 삼십 년 동안 교직에 종사해 온 이모는 교육에 있어서 일가견을 갖고 계신다.

잔광

명사 ① 해가 질 무렵의 약한 ❸ ㅎㅂ . ② 외부의 에너지 공급이 중단된 뒤에도 방출되는 빛.

예 잔광이 문틈 사이로 들어와 어두운 방을 희미하게 밝혀 주었다.

잔영

명사 희미하게 남은 ❹ ㄱㄹㅈ 나 모습.

예 어젯밤 꾸었던 꿈의 잔영이 좀처럼 눈앞에서 사라지지 않는다.

❺ ㅈㄷ 하다

형용사 ① 성질이나 행동이 검질기게 끈기가 있다. ② 잘 끊어지지 아니할 정도로 눅진하고 차지다.

예 그렇게 조바심 내지 말고 진득하게 앉아서 기다리는 것이 어때?

진물

명사 부스럼이나 ❻ ㅅㅊ 따위에서 흐르는 물.

예 상처에서 진물이 나고 통증도 더 심해졌다.

하고하다

형용사 많고 ❼ ㅁㄷ .

예 하고한 날 그렇게 방에 누워만 있지 말고 같이 밖에 나가자.

답 ❶ 분별 ❷ 견해 ❸ 햇빛 ❹ 그림자 ❺ 진득 ❻ 상처 ❼ 많다

하자

명사 옥의 얼룩진 흔적이라는 뜻으로, '❶ [ㅎ]'을 이르는 말.

예 물건에 하자가 있을 경우에는 즉시 교환해 드리겠습니다

한데

명사 사방, 상하를 덮거나 가리지 아니한 곳. 곧 집채의 ❷ [ㅂㄲ]을 이른다.

예 몸도 안 좋은데 한데 너무 오래 있지 마라.

❸ [ㅎㅅ]

명사 이리저리 돌아다니며 물건을 파는 일. 또는 그런 일을 하는 사람.

예 우리 동네에는 아파트가 많아서 채소나 과일을 파는 행상이 자주 온다.

❹ [ㅎㅁ]스럽다

형용사 어이없고 허무한 데가 있다.

예 찬우는 자신의 처지가 허망스럽게 느껴졌다.

훈장

명사 나라와 사회에 크게 ❺ [ㄱㅎ]한 사람에게 나라에서 주는, 가슴이나 모자 등에 다는 물건.

예 올림픽에서 좋은 성적을 거둔 축구팀 전원은 훈장을 받았다.

❻ [ㅎㅈ]

명사 넓은 천을 여러 폭으로 이어서 주위를 빙 둘러치는 막.

예 결혼식장을 온통 백색 휘장을 늘어뜨려 장식해 놓았다.

희부옇다

형용사 ❼ [ㅎㄲㅁㄹ]하게 부옇다.

예 안개가 희부옇게 껴서 시야가 흐릿하게 보인다.

답 ❶흠 ❷바깥 ❸행상 ❹허망 ❺공헌 ❻휘장 ❼희끄무레

필수 어휘 테스트

01 다음 단어와 뜻을 바르게 연결하시오.

(1) 굴대 •
(2) 얼레 •
(3) 휘장 •

• ㉠ 연줄, 낚싯줄 따위를 감는 데 쓰는 기구.
• ㉡ 넓은 천을 여러 폭으로 이어서 주위를 빙 둘러치는 막.
• ㉢ 수레바퀴의 한가운데에 뚫린 구멍에 끼우는 긴 나무 막대나 쇠막대.

02 다음 설명에 해당하는 단어를 쓰시오.

동양화에서, 매화·난초·국화·대나무를 그린 그림. 또는 그 소재. 고결함을 상징으로 하는 문인화의 대표적 소재이다.

03 괄호 안에서 문맥상 알맞은 단어를 고르시오.

(1) 대회에서 우승 후보들이 모두 떨어지는 (이변/일상)이 일어났다.
(2) 미식가인 민규는 요리에 대해서만큼은 (선입견/일가견)이 있다.

04 다음 문장의 빈칸에 공통으로 들어갈 알맞은 단어를 〈보기〉에서 고르시오.

• 이번에 새로 입사한 직원은 전화를 받는 태도가 꽤나 (   ).
• 할머니께서 담가서 주신 동치미는 맛이 시원하고 무가 (   ).

보기

또랑또랑하다　　사근사근하다　　한들한들하다

05 괄호 안에서 맞춤법에 맞는 표기를 고르시오.

(1) 승아는 바닷가에서 한참을 장승처럼 (우두커니/우둑허니) 서 있었다.
(2) 어르신은 제대로 된 가게도 없이 (한대/한데)에서 물건을 팔고 계셨다.

>> 정답과 해설 66쪽

06 다음 단어와 뜻을 바르게 연결하시오.

(1) 능선 •	• ㉠ 이리저리 돌아다니며 물건을 파는 일. 또는 그런 일을 하는 사람.
(2) 도회지 •	• ㉡ 사람이 많이 살고 상공업이 발달한 번잡한 지역.
(3) 행상 •	• ㉢ 산등성이를 따라 죽 이어진 선.

07 다음 대화의 괄호 안에서 문맥상 알맞은 단어를 고르시오.

> **민채:** 다음 주에 있을 행사와 관련하여 학생들의 의견은 어때?
> **은호:** 이런 형식적이고 (의례적/창의적)인 행사를 굳이 해야만 하냐고 부정적인 의견을 드러낸 학생들이 (극소수/부지기수)로 많아.

08 다음 문장의 밑줄 친 말과 바꿔 쓸 수 있는 말로 적절한 것은?

> <u>많고 많은</u> 날을 이렇게 무료하게 보낼 수는 없다.

① 당한　② 세밀한　③ 졸렬한
④ 하고한　⑤ 희소한

09 다음 문장의 빈칸에 들어갈 알맞은 말을 〈보기〉에서 고르시오.

> 보기
> 유순한　　의연한　　허망스러운

(1) 내가 괜찮다고 (　　　　) 척을 해도 친구들은 나를 위로해 줬다.
(2) 그동안 고생한 것이 의미 없는 일이 되어서 (　　　　) 느낌이 들었다.

10 다음 설명에 해당하는 단어를 쓰시오.

> 옥의 얼룩진 흔적이라는 뜻으로, '흠'을 이르는 말.

필수 어휘 체크 전략

2주 작품의 사회·문화적 배경

거푸

부사 잇따라 ❶ ㄱㄷ .

예 전반전에서 우리 팀은 상대 팀에게 거푸 3점을 내주었다.

고의춤

명사 고의나 ❷ ㅂㅈ 의 허리를 접어서 여민 사이.

예 할머니는 고의춤 속에 손을 넣어 돈주머니를 꺼내셨다.

귀띔

명사 상대편이 ❸ ㄴㅊ 로 알아차릴 수 있도록 미리 슬그머니 일깨워 줌.

예 원우는 예상 질문에 대해 귀띔을 받은 덕분에 막힘없이 대답을 할 수 있었다.

❹ ㄷㅍ

명사 한 달이 조금 넘는 기간.

예 그 물건을 잃어버린 지도 벌써 달포가 넘은 듯하다.

❺ ㄷㅁㄷㅁ하다

형용사 ① 사람을 대하는 태도가 친밀감이 없이 예사롭다. ② 성질이 꼼꼼하지 않아 행동이 신중하거나 조심스럽지 아니하다.

예 두 사람의 시선은 서로 전혀 모르는 사이처럼 데면데면하다.

❻ ㄷㄸ하다

형용사 ① 코 따위가 오뚝 솟다. ② 오뚝 쳐들다.

예 미주는 코가 아주 되똑하다.

뒤룩뒤룩

부사 크고 둥그런 ❼ ㄴㅇ 이 자꾸 힘 있게 움직이는 모양.

예 회장은 눈동자를 뒤룩뒤룩 굴리며 열변을 토하였다.

답 ❶ 거듭 ❷ 바지 ❸ 눈치 ❹ 달포 ❺ 데면데면 ❻ 되똑 ❼ 눈알

❶ ㄷㄷ 같이

부사 잠시도 늦추지 아니하게.

예 친구가 입원했다는 연락을 받자마자 우리는 득달같이 병원으로 달려갔다.

뚝뚝하다

형용사 ① 바탕이 거세고 단단하다. ② 말이나 행동, ❷ ㅍㅈ 따위가 부드럽고 상냥스러운 면이 없어 정답지가 않다.

예 사이가 어색한 두 사람은 말없이 뚝뚝하게 인사를 나눴다.

❸ ㄸㄴㄱ

명사 ① 일정한 거처가 없이 떠돌아다니는 사람. ② 어쩌다가 간혹 하는 일.

예 그렇게 여기저기를 떠돌아다니면 뜨내기 생활을 벗어나지 못해.

밀정

명사 남몰래 ❹ ㅅㅈ 을 살핌. 또는 그런 사람.

예 장군은 적진에 밀정을 보냈다.

❺ ㅂㄷㅂㄷ

부사 ① 억지를 쓰며 자꾸 우기거나 조르는 모양. ② 악착스럽게 애쓰는 모양.

예 지수는 일등을 하기 위해 바득바득 기를 쓰며 매일 공부를 했다.

번연히

부사 번히. 어떤 일의 결과나 상태 따위가 훤하게 들여다보이듯이 ❻ ㅂㅁ 하게.

예 그 말이 농담인 줄 번연히 알면서도 화가 났다.

부랴사랴

부사 매우 ❼ ㅂㅅ 하고 급하게 서두르는 모양.

예 좋아하는 가수가 버스킹 공연을 한다는 말을 듣고 부랴사랴 밖으로 나갔다.

답 ❶득달 ❷표정 ❸뜨내기 ❹사정 ❺바득바득 ❻분명 ❼부산

필수 어휘 체크 전략

빤들거리다

동사 별로 하는 일 없이 ❶ ㄱㅇㄹ 을 피우며 얄밉고 뻔뻔스럽게 놀기만 하다.

예 매사에 성실치 못하고 빤들거리는 사람과는 멀리하는 것이 좋다.

❷ ㅅㄱㅊㄹ

명사 인재를 맞아들이기 위하여 참을성 있게 노력함. 중국 삼국 시대에, 촉한의 유비가 난양(南陽)에 은거하고 있던 제갈량의 초옥으로 세 번이나 찾아갔다는 데서 유래한다.

예 배우는 감독의 삼고초려에 결국 그 영화에 출연하기로 결정하였다.

❸ ㅅㅁ 스럽다

형용사 몹시 짓궂은 데가 있다.

예 준서의 말은 종종 시망스러워서 듣는 사람이 당황하는 때가 있다.

❹ ㅅㅈㅅㅈ

부사 힘들이지 아니하고 느릿느릿 행동하거나 말하는 모양.

예 윤서는 대답하기 귀찮은 듯 시적시적 말한다.

애당초

명사 일의 맨 ❺ ㅊㅇ 이라는 뜻으로, '당초'를 강조하여 이르는 말.

예 그런 일은 애당초에 거절해야 했다.

야광명월

명사 밤에 밝게 빛나는 ❻ ㄷ . 또는 밤에도 빛나는 구슬인 야광주와 명월주.

예 야광명월이 아름답다.

야멸차다

형용사 ① 자기만 생각하고 남의 사정을 돌볼 마음이 거의 없다. ② ❼ ㅌㄷ 가 차고 야무지다.

예 우리를 잠시 봤을 뿐 선우는 야멸찬 표정을 하고 돌아섰다.

답 ❶ 게으름 ❷ 삼고초려 ❸ 시망 ❹ 시적시적 ❺ 처음 ❻ 달 ❼ 태도

어깻죽지

명사 어깨에 ❶ [ㅍ]이 붙은 부분.

예 홈런을 맞은 투수는 어깻죽지가 처져 벤치로 들어왔다.

❷ [ㅇㅁㅈㅁ]

부사 ① 작고 또렷한 것들이 고르지 않게 많이 벌여 있는 모양. ② 귀엽고 엇비슷한 아이들이 많이 있는 모양.

예 설익은 대추가 올망졸망 달려 있다.

옷섶

명사 저고리나 두루마기 따위의 ❸ [ㄱ] 아래쪽에 달린 길쭉한 헝겊.

예 어르신은 옷섶을 여미셨다.

우격다짐

명사 억지로 우겨서 남을 ❹ [ㄱㅂ]시킴. 또는 그런 행위.

예 우격다짐을 벌이지 말고 주장을 상대방에게 조리 있게 전달해야지.

❺ [ㅇㅅ]하다

형용사 더욱 심하다.

예 가뭄 끝에 찾아든 갑작스러운 한파 때문에 백성들의 생활고는 우심하였다.

❻ [ㅇㅅ]깊다

형용사 ① 생각이나 뜻이 크고 넓다. ② 사물이 되바라지지 아니하고 깊숙하다.

예 언니는 어딘지 웅숭깊은 데가 있어서 주변에 친구가 많다고 한다.

의관

명사 ① 남자의 웃옷과 갓이라는 뜻으로, 남자가 정식으로 갖추어 입는 ❼ [ㅇㅊㄹ]을 이르는 말. ② 문물이 열리고 예의가 바른 풍속.

예 할아버지께서는 중요한 모임 때마다 단정한 의관을 갖추셨다.

답 ❶ 팔 ❷ 올망졸망 ❸ 깃 ❹ 굴복 ❺ 우심 ❻ 웅숭 ❼ 옷차림

일도양단하다

동사 ① 칼로 무엇을 대번에 쳐서 두 도막을 내다. ② 어떤 일을 ❶ ㅁㅁ 거리지 아니하고 선뜻 결정하다.

예 모든 문제를 일도양단하여 명쾌하게 해결하기는 쉽지 않다.

❷ ㅇㅍㄷㅅ

명사 한 조각의 붉은 마음이라는 뜻으로, 진심에서 우러나오는 변치 아니하는 마음을 이르는 말.

예 신하는 임금을 일편단심으로 섬겨야 한다.

잰걸음

명사 보폭이 짧고 빠른 ❸ ㄱㅇ.

예 은호는 홱 돌아서서 잰걸음으로 비탈길을 내려갔다.

❹ ㅈㅁ 하다

형용사 ① 고요하고 쓸쓸하다. ② 의지할 데 없이 외롭다.

예 밤이 되자 시장에 손님들의 발길이 끊겨 적막하였다.

중언부언하다

동사 이미 한 말을 자꾸 ❺ ㄷㅍㅇ 하다.

예 밑도 끝도 없는 말을 자꾸 중언부언하다.

❻ ㅈㅂ 없이

부사 그보다 못하거나 다를 것이 없이.

예 우리는 서로 친형제나 진배없이 친하게 지냈다.

천신만고

명사 천 가지 매운 것과 만 가지 쓴 것이라는 뜻으로, 온갖 어려운 ❼ ㄱㅂ 를 다 겪으며 심하게 고생함을 이르는 말.

예 연구원은 수천 번의 시도 끝에 천신만고로 실험에 성공하였다.

답 ❶ 머뭇 ❷ 일편단심 ❸ 걸음 ❹ 적막 ❺ 되풀이 ❻ 진배 ❼ 고비

천정부지

명사 천장을 알지 못한다는 뜻으로, ❶ [ㅁㄱ] 따위가 한없이 오르기만 함을 비유적으로 이르는 말.

예 명절을 앞두고 과일값이 천정부지로 올랐다.

❷ [ㅍㅂㅂㅅ]

명사 사방으로 날아 흩어짐.

예 날리던 연이 전봇대에 부딪쳐 풍비박산이 되었다.

해뜩해뜩

부사 ① 몸을 갑자기 뒤로 잦히며 자꾸 자빠지는 모양. ② 갑자기 ❸ [ㅇㄱ]을 돌리며 자꾸 살짝살짝 돌아보는 모양.

예 아이들은 아쉬운지 해뜩해뜩 뒤돌아보며 놀이공원을 나섰다.

❹ [ㅎㅎ]하다

형용사 ① 배 속이 빈 듯한 느낌이 있다. ② 채워지지 아니한 허전한 느낌이 있다.

예 속이 헛헛했는데 밥을 먹으니 제대로 속이 찬 것같이 든든하다.

❺ [ㅎㅎㄷㅅ]

명사 마음을 기대거나 도움을 받을 곳이 없는 외로운 몸.

예 선생은 그 섬에 혈혈단신으로 있으며 아이들을 가르쳤다.

호걸

명사 지혜와 ❻ [ㅇㄱ]가 뛰어나고 굳세고 큰 뜻을 품은 사람.

예 나는 호걸들의 모험담과 우정을 그린 역사 무협 소설을 자주 읽는다.

❼ [ㅎㅈ]하다

형용사 ① 외딴 곳에 있어 고요하다. ② 거추장스럽지 않고 홀가분하거나 쓸쓸하고 외롭다.

예 들판에는 사람도 동물도 없어 매우 호젓하였다.

답 ❶ 물가 ❷ 풍비박산 ❸ 얼굴 ❹ 헛헛 ❺ 혈혈단신 ❻ 용기 ❼ 호젓

필수 어휘 테스트

01 다음 단어와 뜻을 바르게 연결하시오.

(1) 뜨내기 •
(2) 밀정 •
(3) 호걸 •

• ㉠ 남몰래 사정을 살피는 사람.
• ㉡ 일정한 거처가 없이 떠돌아다니는 사람.
• ㉢ 지혜와 용기가 뛰어나고 굳세고 큰 뜻을 품은 사람.

02 다음 설명에 해당하는 단어를 쓰시오.

한 조각의 붉은 마음이라는 뜻으로, 진심에서 우러나오는 변치 아니하는 마음을 이르는 말.

03 괄호 안에서 맞춤법에 맞는 표기를 고르시오.

(1) 오늘이 민규 생일이라고 (귀뜸/귀띔)을 해 줘서 선물을 준비할 수 있었다.
(2) 시험을 보고 온 동생의 (어깨죽지/어깻죽지)가 축 처져 있다.

04 다음 문장의 빈칸에 들어갈 알맞은 단어를 〈보기〉에서 고르시오.

보기

우격다짐 천신만고 풍비박산 혈혈단신

(1) 우리 팀은 초반에 큰 점수 차로 뒤졌지만 (　　　　) 끝에 승리하였다.
(2) 박 선생은 10년 동안 이 섬에 (　　　　)(으)로 있으며 아이들을 가르쳤다.

05 다음 문장의 빈칸에 공통으로 들어갈 알맞은 단어를 〈보기〉에서 고르시오.

• 점심을 먹은 지 얼마 지나지 않았는데 왠지 속이 (　　　　).
• 가을이 되어서 그런지 괜스레 마음이 (　　　　).

보기

미심쩍다 적막하다 헛헛하다

>> 정답과 해설 67쪽

06 다음 단어와 뜻을 바르게 연결하시오.

(1) 거푸 •
(2) 득달같이 •
(3) 부랴사랴 •

• ㉠ 매우 부산하고 급하게 서두르는 모양.
• ㉡ 잠시도 늦추지 아니하게.
• ㉢ 잇따라 거듭.

07 다음 대화의 괄호 안에서 문맥상 알맞은 말을 고르시오.

> **지민**: 혜수가 회장감이라고 계속 (일도양단하지/중언부언하지) 않아도 나도 알아.
> **한솔**: 진중하고 (빤들거려서/웅숭깊어서) 정말 적합한 후보라고 생각하거든.

08 다음 문장의 밑줄 친 말과 바꿔 쓸 수 있는 단어로 적절한 것은?

> 승아는 급할 것 없다고 말하며 <u>느릿느릿</u> 걸었다.

① 뒤룩뒤룩 ② 바득바득 ③ 시적시적
④ 올망졸망 ⑤ 해뜩해뜩

09 다음 문장의 빈칸에 들어갈 알맞은 단어를 〈보기〉에서 고르시오.

> 보기
> 데면데면하다 되똑하다 야멸차다

(1) 학생들은 오다가다 만나 우연히 합석한 것처럼 (   ).
(2) 다른 사람의 잘못을 쏘아붙이는 말투가 아주 매섭고 (   ).

10 다음 설명에 해당하는 단어를 쓰시오.

> • 인재를 맞아들이기 위하여 참을성 있게 노력함.
> • 중국 삼국 시대에, 촉한의 유비가 난양(南陽)에 은거하고 있던 제갈량의 초옥으로 세 번이나 찾아갔다는 데서 유래함.

필수 어휘 체크 전략

3주 다양한 해석과 감상

가정

명사 ① 사실이 아니거나 사실인지 아닌지 분명하지 않은 것을 ❶ [ㅇㅅ]로 받아들임. ② 논리나 수학에서 어떤 논리를 증명하기 위한 근거로 임시의 조건을 둠. 또는 그 조건.

예 지금 우리가 말하는 내용은 어디까지나 가정에 불과하다.

강토

명사 나라의 경계 안에 있는 ❷ [ㄸ].

예 조상 대대로 물려받은 강토를 훌륭히 가꿔야 한다.

❸ [ㄱㅇㄴ]

부사 한겨울 동안 계속해서.

예 봄이 되면서 겨우내 꽁꽁 얼었던 땅이 녹기 시작하였다.

❹ [ㄱㅇㅇ]

명사 오랫동안 습관적으로 자주 쓰이면서 특별한 의미로 굳어진 말.

예 외국어의 관용어를 곧이곧대로 해석해서는 의미를 제대로 파악할 수 없다.

고달프다

형용사 몸이나 ❺ [ㅊㅈ]가 몹시 고단하다.

예 종일 땡볕에서 일하기가 고달프지 않으세요?

대학자

명사 학식이 아주 뛰어나고 학문적 ❻ [ㅇㅈ]이 많은 학자.

예 뛰어난 학식을 지닌 어르신은 자신의 자녀들도 대학자로 키워 냈다.

❼ [ㄷㅁㄷ]

형용사 아주 맑다.

예 가을 하늘이 드맑다.

답 ❶ 임시 ❷ 땅 ❸ 겨우내 ❹ 관용어 ❺ 처지 ❻ 업적 ❼ 드맑다

망국민

명사 망하여 없어진 나라의 ❶ ㅂㅅ.

예 이 작품에는 망국민의 설움이 잘 표현되어 있다.

맵다

형용사 ① 고추나 겨자와 같이 맛이 알알하다. ② ❷ ㅅㅁ 가 사납고 독하다. ③ 날씨가 몹시 춥다. ④ 연기 따위가 눈이나 코를 아리게 하다. ⑤ 결기가 있고 야무지다.

예 현우는 추위를 많이 타서 날씨가 매울 때는 외출을 되도록 삼간다.

묘미

명사 어느 것에서만 느낄 수 있는 특별한 ❸ ㅈㅁ.

예 야구의 묘미는 경기가 끝나기 전까진 승부를 예측할 수 없다는 것이다.

❹ ㅂㅌㅈ

관형사 명사 남을 배척하는. 또는 그런 것.

예 〈로미오와 줄리엣〉은 배타적으로 지내던 두 집안 남녀의 비극적인 사랑 이야기이다.

비평

명사 옳고 그름, 아름다움과 추함 등을 분석하여 사물의 ❺ ㄱㅊ 를 논함.

예 이 영화는 어려운 소재를 대중이 이해하기 쉽게 풀어내었다는 비평을 받았다.

❻ ㅅㅇㄱ

명사 어떤 대상에 대하여 이미 마음속에 가지고 있는 고정적인 관념이나 관점.

예 모든 선입견을 버리고 상대방을 대해야 한다.

아름

명사 두 팔을 둥글게 모아서 만든 ❼ ㄷㄹ.

예 어머니는 아이들을 아름 속으로 껴안았다.

답 ❶ 백성 ❷ 성미 ❸ 재미 ❹ 배타적 ❺ 가치 ❻ 선입견 ❼ 둘레

필수 어휘 체크 전략

❶ ㅇㅇㅇ

부사 한 알 한 알마다.

예 밭에서 캐낸 감자가 알알이 실하다.

역경

명사 일이 순조롭지 않아 매우 어렵게 된 처지나 ❷ ㅎㄱ .

예 그 선수는 다리를 다쳤지만 그러한 역경을 딛고 일어나 국가 대표가 되었다.

❸ ㅇㅋㄷ

부사 ① 중요한 점을 말하자면. ② 여러 말 할 것 없이.

예 요컨대 내 말은 차를 조심하라는 거야.

움트다

동사 ① 초목 따위의 싹이 새로 돋아 나오기 시작하다. ② 기운이나 ❹ ㅅㄱ 따위가 새로이 일어나다.

예 추운 겨울이 지나자 나뭇가지의 열매가 떨어진 곳마다 새싹이 파릇파릇하게 움튼다.

❺ ㅇㅅ

명사 겉으로만 착한 체함. 또는 그런 짓이나 일.

예 이 고전 소설은 양반들의 위선을 풍자하고 있다.

유용성

명사 쓸모가 있는 ❻ ㅅㅈ .

예 점원은 손님에게 제품의 유용성을 설명하느라 정신이 없었다.

인적

명사 사람의 ❼ ㅂㅈㅊ . 또는 사람의 왕래.

예 유동 인구가 많은 도심도 밤이 되니 거리에 인적이 드물었다.

답 ❶ 알알이 ❷ 환경 ❸ 요컨대 ❹ 생각 ❺ 위선 ❻ 성질 ❼ 발자취

장담하다

동사 확신을 가지고 아주 ❶ ㅈㅅ 있게 말하다.

예 미주는 우리 반의 승리를 장담하고 있어.

저항성

명사 ① 어떤 ❷ ㅎ 이나 조건에 굽히지 아니하고 거역하거나 버티는 성질. ② 생체가 자기에게 유해한 상황으로부터 자신을 지키려고 하는 성질. ③ 수용자가 어떠한 설득 커뮤니케이션 메시지도 잘 받아들이지 아니하려는 성향.

예 과거 우리 학교는 일제에 대한 저항성이 두드러져 독립운동에 참여한 학생이 많았다고 한다.

절다

동사 ① 푸성귀나 생선 따위에 ❸ ㅅㄱㄱ 나 식초, 설탕 따위가 배어들다. ② 땀이나 기름 따위의 더러운 물질이 묻거나 끼어 찌들다. ③ 사람이 술이나 독한 기운에 의하여 영향을 받게 되다.

예 이 배추는 소금에 너무 절어서 이대로 음식을 하면 너무 짤 것 같다.

정경

명사 ① 정서를 자아내는 흥취와 ❹ ㄱㅊ . ② 사람이 처하여 있는 모습이나 형편.

예 시인은 호수의 아름다운 정경을 시조로 읊었다.

❺ ㅈㅊ

명사 어떤 사물이나 장소가 불러일으키는 감정이나 기분, 분위기.

예 길옆에 늘어선 야자수들은 이국적인 정취를 자아냈다.

제겨디디다

동사 발끝이나 ❻ ㅂㄷㄲㅊ 만으로 땅을 디디다.

예 광수는 발을 앞으로 제겨디디며 조심히 방으로 들어갔다.

❼ ㅈㄷ 하다

동사 주동적인 처지가 되어 이끌다.

예 최근 서비스 요금 인상이 물가 상승을 주도하고 있다.

답 ❶ 자신 ❷ 힘 ❸ 소금기 ❹ 경치 ❺ 정취 ❻ 발뒤꿈치 ❼ 주도

필수 어휘 체크 전략

주저리주저리

부사 ① 너저분한 ❶ [ㅁㄱ]이 어지럽게 많이 매달려 있는 모양. ② 너저분하게 이것저것 끊임없이 이야기하는 모양.

예 벽에 사진과 엽서가 주저리주저리 달려 있다.

❷ [ㅈㅇ]

명사 지진의 진원(震源) 바로 위에 있는 지점.

예 지표에서 진앙의 위치를 확인하면 지진이 발생한 진원을 찾을 수 있다.

진의

명사 속에 품고 있는 ❸ [ㅊㄸ]. 또는 진짜 의도.

예 은비의 말은 모호하여 진의를 파악하기 어려웠다.

❹ [ㅈㅇ]되다

동사 한데 모아져서 요약되다.

예 이 제품에는 새로운 기술이 집약되어 있다.

충만하다

형용사 한껏 차서 ❺ [ㄱㄷ]하다.

예 지금 나의 마음은 행복으로 충만하다.

❻ [ㅌㅈ]하다

동사 ① 일정한 방침이나 목적에 따라 행위를 제한하거나 제약하다. ② 권력으로 언론 · 경제 활동 따위에 제한을 가하다.

예 시민들은 언론을 통제하는 조치를 만들어 언론을 장악해 나가는 정권에 맞섰다.

파리하다

형용사 몸이 마르고 ❼ [ㄴㅂ]이나 살색이 핏기가 전혀 없다.

예 요즘 기운이 없어서 그런지 예나의 얼굴이 파리하다.

답 ❶ 물건 ❷ 진앙 ❸ 참뜻 ❹ 집약 ❺ 가득 ❻ 통제 ❼ 낯빛

포말

명사 물이 다른 물이나 물체에 부딪쳐서 생기는 ❶ ㄱㅍ.

예 우리는 광장 한가운데의 분수에서 떨어지는 포말을 바라보았다.

❷ ㅍㅅ 하다

형용사 넉넉하고 많다.

예 올해는 농사가 잘되어서 곡식이 풍성하다.

필연성

명사 어떤 일의 ❸ ㄱㄱ 나 사물의 관계가 반드시 그렇게 될 수밖에 없는 요소나 성질.

예 이번 사고는 안전 불감증에 따른 필연성으로 봐야 한다.

❹ ㅎㅃ

부사 '함빡'의 북한어. 물이 쪽 내배도록 젖은 모양.

예 갑자기 내린 비에 옷이 함뿍 젖었다.

현란하다

형용사 ① 눈이 부시도록 찬란하다. ② 시나 글 따위에 아름다운 수식이 많아서 ❺ ㅁㅊ 가 화려하다.

예 공연이 벌어지고 있는 무대 위는 현란한 조명으로 번쩍번쩍하였다.

❻ ㅎㅇㅎㅅ

명사 좋은 옷을 입고 좋은 음식을 먹음.

예 부자는 호의호식을 누리며 남부러울 것 없이 살았다.

❼ ㅎㅎㅊㄹ 하다

형용사 ① 광채가 나서 눈부시게 번쩍이다. ② 행동이 온당하지 못하고 못된 꾀가 많아서 야단스럽기만 하고 믿을 수 없다.

예 상점들의 휘황찬란한 네온사인 때문에 밤인데도 거리가 대낮같이 밝았다.

답 ❶ 거품 ❷ 풍성 ❸ 결과 ❹ 함뿍 ❺ 문체 ❻ 호의호식 ❼ 휘황찬란

필수 어휘 테스트

01 다음 단어와 뜻을 바르게 연결하시오.

(1) 강토 •   • ㉠ 물이 다른 물이나 물체에 부딪쳐서 생기는 거품.

(2) 진앙 •   • ㉡ 지진의 진원 바로 위에 있는 지점.

(3) 포말 •   • ㉢ 나라의 경계 안에 있는 땅.

02 다음 설명에 해당하는 단어를 쓰시오.

- 오랫동안 습관적으로 자주 쓰이면서 특별한 의미로 굳어진 말.
- '발이 넓다', '손을 떼다' 등이 이에 해당함.

03 괄호 안에서 맞춤법에 맞는 표기를 고르시오.

(1) 봄이 되어 우리는 (겨울내/겨우내) 입었던 외투를 모두 세탁소에 맡겼다.

(2) 지호는 신이 난 채로 방에 들어와서 (주저리주저리/주절이주절이) 떠들었다.

04 다음 문장의 빈칸에 공통으로 들어갈 알맞은 단어를 〈보기〉에서 고르시오.

- 이렇게 옷을 껴입지 않으면 안 될 정도로 날씨가 정말 (   ).
- 아궁이에서 나오는 연기 때문에 눈이 (   ).

보기

고달프다   드맑다   맵다

05 다음 문장의 밑줄 친 말과 바꿔 쓸 수 있는 말로 적절한 것은?

우리 팀 선수들이 의욕이 가득해서 승리가 기대된다.

① 가만해서   ② 교만해서   ③ 산만해서

④ 원만해서   ⑤ 충만해서

>> 정답과 해설 68쪽

06 다음 단어와 뜻을 바르게 연결하시오.

(1) 묘미 •
(2) 인적 •
(3) 정취 •

• ㉠ 사람의 발자취. 또는 사람의 왕래.
• ㉡ 어느 것에서만 느낄 수 있는 특별한 재미.
• ㉢ 어떤 사물이나 장소가 불러일으키는 감정이나 기분, 분위기.

07 괄호 안에서 문맥상 알맞은 단어를 고르시오.

(1) 자신과 의견이 다른 사람들에게 (배타적/이타적) 정서를 갖는 태도는 옳지 않다.
(2) 현서의 말은 들을수록 일을 하자는 것인지 말자는 것인지 (위선/진의)을/를 알 수 없다.

08 다음 문장의 빈칸에 공통으로 들어갈 알맞은 말을 〈보기〉에서 고르시오.

• 화단의 흙이 조금씩 갈라지더니 이내 새싹이 (　　　　).
• 늘 티격태격하던 두 사람 사이에 어느 순간부터 사랑이 (　　　　).

보기
움텄다　　파리했다　　휘황찬란했다

09 다음 문장의 빈칸에 들어갈 알맞은 말을 〈보기〉에서 고르시오.

보기
장담하는　　주도하는　　집약되는

(1) 시간이 흘러 분분하던 의견이 두 갈래로 (　　　　) 듯했다.
(2) 우리가 모이면 거의 모든 대화는 선우가 (　　　　) 편이다.

10 다음 뜻풀이에 해당하는 단어를 쓰시오.

• 중요한 점을 말하자면.
• 여러 말 할 것 없이.

필수 어휘 체크 전략

정답과 해설

1주 문학의 아름다움

필수 어휘 테스트 48~49쪽

01 (1) ㉢ (2) ㉠ (3) ㉡ 02 사군자 03 (1) 이변 (2) 일가견 04 사근사근하다 05 (1) 우두커니 (2) 한데 06 (1) ㉢ (2) ㉡ (3) ㉠ 07 의례적, 부지기수 08 ④ 09 (1) 의연한 (2) 허망스러운 10 하자

01 (1) '굴대'는 '수레바퀴의 한가운데에 뚫린 구멍에 끼우는 긴 나무 막대나 쇠막대.'를 뜻한다.
(2) '얼레'는 '연줄, 낚싯줄 따위를 감는 데 쓰는 기구.'를 뜻한다.
(3) '휘장'은 '넓은 천을 여러 폭으로 이어서 주위를 빙 둘러치는 막.'을 뜻한다.

02 '동양화에서, 매화·난초·국화·대나무를 그린 그림. 또는 그 소재.'를 뜻하는 단어는 '사군자'이다.

03 (1) '예상하지 못한 사태나 괴이한 변고.'를 뜻하는 '이변'이 적절하다.
(2) '어떤 문제에 대하여 독자적인 경지나 체계를 이룬 견해.'를 뜻하는 '일가견'이 적절하다.

오답 풀이
- 일상: 날마다 반복되는 생활.
- 선입견: 어떤 대상에 대하여 이미 마음속에 가지고 있는 고정적인 관념이나 관점.

04 빈칸에는 '생김새나 성품이 상냥하고 시원스럽다.' 또는 '사과나 배 따위를 씹는 것과 같이 매우 보드랍고 연하다.'를 뜻하는 '사근사근하다'가 공통으로 들어가는 것이 적절하다.

오답 풀이
- 또랑또랑하다: 조금도 흐리지 않고 아주 밝고 똑똑하다.
- 한들한들하다: 가볍게 자꾸 이리저리 흔들리다. 또는 그렇게 되게 하다.

05 (1) '넋이 나간 듯이 가만히 한자리에 서 있거나 앉아 있는 모양.'을 뜻하는 단어의 올바른 표기는 '우두커니'이다.
(2) '사방, 상하를 덮거나 가리지 아니한 곳.'을 뜻하는 단어의 올바른 표기는 '한데'이다.

06 (1) '능선'은 '산등성이를 따라 죽 이어진 선.'을 뜻한다.
(2) '도회지'는 '사람이 많이 살고 상공업이 발달한 번잡한 지역.'을 뜻한다.
(3) '행상'은 '이리저리 돌아다니며 물건을 파는 일. 또는 그런 일을 하는 사람.'을 뜻한다.

07 '의례적'은 '형식이나 격식만을 갖춘. 또는 그런 것.'을 뜻하고, '부지기수'는 '헤아릴 수가 없을 만큼 많음. 또는 그렇게 많은 수효.'를 뜻한다.

오답 풀이
- 창의적: 창의성을 띠거나 가진. 또는 그런 것.
- 극소수: 아주 적은 수효.

08 밑줄 친 말과 바꿔 쓸 수 있는 말로는 '많고 많다.'를 뜻하는 '하고하다', 즉 '하고한'이 적절하다.

오답 풀이
- 당하다: 사리에 마땅하거나 가능하다.
- 세밀하다: 자세하고 꼼꼼하다.
- 졸렬하다: 마음이 너그럽지 못하고 생각이 좁으며 서투르다.
- 희소하다: 매우 드물고 적다.

09 (1) 빈칸에는 '의지가 굳세어서 끄떡없다.'를 뜻하는 '의연하다', 즉 '의연한'이 적절하다.
(2) 빈칸에는 '어이없고 허무한 데가 있다.'를 뜻하는 '허망스럽다', 즉 '허망스러운'이 적절하다.

오답 풀이
- 유순하다: 성질이나 태도, 표정 따위가 부드럽고 순하다.

10 옥의 얼룩진 흔적이라는 뜻으로, '흠'을 이르는 말은 '하자'이다.

2주 작품의 사회·문화적 배경

필수 어휘 테스트 56~57쪽

01 (1) ㉡ (2) ㉠ (3) ㉢ 02 일편단심 03 (1) 귀띔 (2) 어깻죽지 04 (1) 천신만고 (2) 혈혈단신 05 헛헛하다 06 (1) ㉢ (2) ㉡ (3) ㉠ 07 중언부언하지, 웅숭깊어서 08 ③ 09 (1) 데면데면하다 (2) 야멸차다 10 삼고초려

01 (1) '뜨내기'는 '일정한 거처가 없이 떠돌아다니는 사람.'을 뜻한다.
(2) '밀정'은 '남몰래 사정을 살피는 사람.'을 뜻한다.
(3) '호걸'은 '지혜와 용기가 뛰어나고 굳세고 큰 뜻을 품은 사람.'을 뜻한다.

02 '한 조각의 붉은 마음이라는 뜻으로, 진심에서 우러나오는 변치 아니하는 마음을 이르는 말.'은 '일편단심'이다.

03 (1) '상대편이 눈치로 알아차릴 수 있도록 미리 슬그머니 일깨워 줌.'을 뜻하는 단어의 올바른 표기는 '귀띔'이다.
(2) '어깨에 팔이 붙은 부분.'을 뜻하는 단어의 올바른 표기는 '어깻죽지'이다.

04 (1) 빈칸에는 '온갖 어려운 고비를 다 겪으며 심하게 고생함을 이르는 말.'을 뜻하는 '천신만고'가 적절하다.
(2) 빈칸에는 '마음을 기대거나 도움을 받을 곳이 없는 외로운 몸.'을 뜻하는 '혈혈단신'이 적절하다.

오답 풀이
- 우격다짐: 억지로 우겨서 남을 굴복시킴. 또는 그런 행위.
- 풍비박산: 사방으로 날아 흩어짐.

05 빈칸에는 '배 속이 빈 듯한 느낌이 있다.' 또는 '채워지지 아니한 허전한 느낌이 있다.'를 뜻하는 '헛헛하다'가 공통으로 들어가는 것이 적절하다.

오답 풀이
- 미심쩍다: 분명하지 못하여 마음이 놓이지 않는 데가 있다.
- 적막하다: ① 고요하고 쓸쓸하다. ② 의지할 데 없이 외롭다.

06 (1) '거푸'는 '잇따라 거듭.'을 뜻한다.
(2) '득달같이'는 '잠시도 늦추지 아니하게.'를 뜻한다.
(3) '부랴사랴'는 '매우 부산하고 급하게 서두르는 모양.'을 뜻한다.

07 '중언부언하다'는 '이미 한 말을 자꾸 되풀이하다.'를 뜻하고, '웅숭깊다'는 사람에게 사용하면 '생각이나 뜻이 크고 넓다.'를 뜻한다.

오답 풀이
- 일도양단하다: ① 칼로 무엇을 대번에 쳐서 두 도막을 내다. ② 어떤 일을 머뭇거리지 아니하고 선뜻 결정하다.
- 빤들거리다: 별로 하는 일 없이 게으름을 피우며 얄밉고 빤빤스럽게 놀기만 하다.

08 밑줄 친 말과 바꿔 쓸 수 있는 단어로는 '힘들이지 아니하고 느릿느릿 행동하거나 말하는 모양.'을 뜻하는 '시적시적'이 적절하다.

오답 풀이
- 뒤룩뒤룩: 크고 둥그런 눈알이 자꾸 힘 있게 움직이는 모양.
- 바득바득: ① 억지를 쓰며 자꾸 우기거나 조르는 모양. ② 악착스럽게 애쓰는 모양.
- 올망졸망: ① 작고 또렷한 것들이 고르지 않게 많이 벌여 있는 모양. ② 귀엽고 엇비슷한 아이들이 많이 있는 모양.
- 해뜩해뜩: ① 몸을 갑자기 뒤로 잦히며 자꾸 자빠지는 모양. ② 갑자기 얼굴을 돌리며 자꾸 살짝살짝 돌아보는 모양.

09 (1) 빈칸에는 '사람을 대하는 태도가 친밀감이 없이 예사롭다.'를 뜻하는 '데면데면하다'가 적절하다.
(2) 빈칸에는 '태도가 차고 야무지다.'를 뜻하는 '야멸차다'가 적절하다.

오답 풀이
- 되똑하다: ① 코 따위가 오뚝 솟다. ② 오뚝 쳐들다.

10 유비가 제갈량을 세 번이나 찾아갔다는 데서 유래한 말로, '인재를 맞아들이기 위하여 참을성 있게 노력함.'을 뜻하는 단어는 '삼고초려'이다.

3주 다양한 해석과 감상

필수 어휘 테스트 64~65쪽

01 (1) ㉢ (2) ㉡ (3) ㉠ 02 관용어 03 (1) 겨우내 (2) 주저리주저리 04 맵다 05 ⑤ 06 (1) ㉡ (2) ㉠ (3) ㉢ 07 (1) 배타적 (2) 진의 08 움텄다 09 (1) 집약되는 (2) 주도하는 10 요컨대

01 (1) '강토'는 '나라의 경계 안에 있는 땅.'을 뜻한다.
(2) '진앙'은 '지진의 진원 바로 위에 있는 지점.'을 뜻한다.
(3) '포말'은 '물이 다른 물이나 물체에 부딪쳐서 생기는 거품.'을 뜻한다.

02 '오랫동안 습관적으로 자주 쓰이면서 특별한 의미로 굳어진 말.'은 '관용어'이다.

03 (1) '한겨울 동안 계속해서.'를 뜻하는 단어의 올바른 표기는 '겨우내'이다.
(2) '너저분하게 이것저것 끊임없이 이야기하는 모양.'을 뜻하는 단어의 올바른 표기는 '주저리주저리'이다.

04 빈칸에는 '날씨가 몹시 춥다.' 또는 '연기 따위가 눈이나 코를 아리게 하다.'를 뜻하는 '맵다'가 공통으로 들어가는 것이 적절하다.

오답 풀이
- 고달프다: 몸이나 처지가 몹시 고단하다.
- 드맑다: 아주 맑다.

05 밑줄 친 말과 바꿔 쓸 수 있는 말로는 '한껏 차서 가득하다.'를 뜻하는 '충만하다', 즉 '충만해서'가 적절하다.

오답 풀이
- 가만하다: ① 움직이지 않거나 아무 말도 하지 아니한 상태에 있다. ② 어떤 대책을 세우거나 손을 쓰지 아니하고 그대로 있다. ③ 움직임 따위가 그다지 드러나지 않을 만큼 조용하고 은은하다.
- 교만하다: 잘난 체하며 뽐내고 건방지다.
- 산만하다: 어수선하여 질서나 통일성이 없다.
- 원만하다: ① 성격이 모난 데가 없이 부드럽고 너그럽다. ② 일의 진행이 순조롭다. ③ 서로 사이가 좋다.

06 (1) '묘미'는 '어느 것에서만 느낄 수 있는 특별한 재미.'를 뜻한다.
(2) '인적'은 '사람의 발자취. 또는 사람의 왕래.'를 뜻한다.
(3) '정취'는 '어떤 사물이나 장소가 불러일으키는 감정이나 기분, 분위기.'를 뜻한다.

07 (1) '남을 배척하는. 또는 그런 것.'을 뜻하는 '배타적'이 적절하다.
(2) '속에 품고 있는 참뜻. 또는 진짜 의도.'를 뜻하는 '진의'가 적절하다.

오답 풀이
- 이타적: 자기의 이익보다는 다른 이의 이익을 더 꾀하는. 또는 그런 것.
- 위선: 겉으로만 착한 체함. 또는 그런 짓이나 일.

08 빈칸에는 '초목 따위의 싹이 새로 돋아 나오기 시작하다.' 또는 '기운이나 생각 따위가 새로이 일어나다.'를 뜻하는 '움트다', 즉 '움텄다'가 공통으로 들어가는 것이 적절하다.

오답 풀이
- 파리하다: 몸이 마르고 낯빛이나 살색이 핏기가 전혀 없다.
- 휘황찬란하다: ① 광채가 나서 눈부시게 번쩍이다. ② 행동이 온당하지 못하고 못된 꾀가 많아서 야단스럽기만 하고 믿을 수 없다.

09 (1) 빈칸에는 '한데 모아져서 요약되다.'를 뜻하는 '집약되다', 즉 '집약되는'이 적절하다.
(2) 빈칸에는 '주동적인 처지가 되어 이끌다.'를 뜻하는 '주도하다', 즉 '주도하는'이 적절하다.

오답 풀이
- 장담하다: 확신을 가지고 아주 자신 있게 말하다.

10 '중요한 점을 말하자면.' 또는 '여러 말 할 것 없이.'를 뜻하는 단어는 '요컨대'이다.

book.chunjae.co.kr

교재 내용 문의 ························ 교재 홈페이지 ▸ 중학 ▸ 교재상담
교재 내용 외 문의 ···················· 교재 홈페이지 ▸ 고객센터 ▸ 1:1문의
발간 후 발견되는 오류 ··············· 교재 홈페이지 ▸ 중학 ▸ 학습지원 ▸ 학습자료실

배움으로 행복한 내일을 꿈꾸는

천재교육 커뮤니티 안내

교재 안내부터 구매까지 한 번에!

천재교육 홈페이지

자사가 발행하는 참고서, 교과서에 대한 소개는 물론
도서 구매도 할 수 있습니다. 회원에게 지급되는 별을 모아
다양한 상품 응모에도 도전해 보세요!

다양한 교육 꿀팁에 깜짝 이벤트는 덤!

천재교육 인스타그램

천재교육의 새롭고 중요한 소식을 가장 먼저 접하고 싶다면?
천재교육 인스타그램 팔로우가 필수!
깜짝 이벤트도 수시로 진행되니 놓치지 마세요!

수업이 편리해지는

천재교육 ACA 사이트

오직 선생님만을 위한, 천재교육 모든 교재에 대한 정보가 담긴
아카 사이트에서는 다양한 수업자료 및 부가 자료는 물론
시험 출제에 필요한 문제도 다운로드하실 수 있습니다.

https://aca.chunjae.co.kr

천재교육을 사랑하는 샘들의 모임

천사샘

학원 강사, 공부방 선생님이시라면 누구나 가입할 수 있는 천사샘!
교재 개발 및 평가를 통해 교재 검토진으로 참여할 수 있는 기회는 물론
다양한 교사용 교재 증정 이벤트가 선생님을 기다립니다.

아이와 함께 성장하는 학부모들의 모임공간

튠맘 학습연구소

튠맘 학습연구소는 초·중등 학부모를 대상으로 다양한 이벤트와 함께
교재 리뷰 및 학습 정보를 제공하는 네이버 카페입니다.
초등학생, 중학생 자녀를 둔 학부모님이라면 튠맘 학습연구소로 오세요!

book.chunjae.co.kr

교재 내용 문의 ………………………… 교재 홈페이지 ▸ 중학 ▸ 교재상담
교재 내용 외 문의 ……………………… 교재 홈페이지 ▸ 고객센터 ▸ 1:1문의
발간 후 발견되는 오류 ……………… 교재 홈페이지 ▸ 중학 ▸ 학습지원 ▸ 학습자료실

ISBN 979-11-259-6689-0

정가 13,000원

일등공략 필승학습!
단기간에 끝장내자!

중학 국어 문학 2

상위권으로 가는 쉽고 빠른 내신 전략!

주 3일×3주에 국어 시험 고득점 확보!
시험에 잘 나오는 핵심 개념과 대표 유형만 콕!

신유형·서술형·고난도 문제도 OK!

어렵고 낯선 유형도 문제없다!
자신감을 높여 주는 친절한 해결 전략!

일등공략 필승학습!
단기간에 끝장내자!

중학 국어 문학 2

BOOK 1

학 교 시 험 대 비

언제나 만점이고 싶은 친구들

Welcome!

숨 돌릴 틈 없이 찾아오는 시험과 평가,
성적과 입시 그리고 미래에 대한 걱정.
중·고등학교에서 보내는 6년이란 시간은
때때로 힘들고, 버겁게 느껴지곤 해요.

그런데 여러분, 그거 아세요?
지금 이 시기가 노력의 대가를
가장 잘 확인할 수 있는 시간이라는 걸요.

안 돼, 못하겠어, 해도 안 될 텐데-
어렵게 생각하지 말아요. 천재교육이 있잖아요.
첫 시작의 두려움을 첫 마무리의 뿌듯함으로 바꿔줄게요.

펜을 쥐고 이 책을 펼친 순간
여러분 앞에 무한한 가능성의 길이 열렸어요.

우리와 함께 꽃길을 향해 걸어가 볼까요?